2009年第三季度
Quarter Three, 2009

中国货币政策执行报告
CHINA MONETARY POLICY REPORT

中国人民银行货币政策分析小组
Monetary Policy Analysis Group of
the People's Bank of China

中国金融出版社
China Financial Publishing House

责任编辑：吕冠华
责任校对：潘　洁
责任印制：裴　刚

图书在版编目(CIP)数据

2009年第三季度中国货币政策执行报告／中国人民银行货币政策分析小组编．—北京：中国金融出版社，2010.2
ISBN 978-7-5049-5411-4

Ⅰ.①2…　Ⅱ.①中…　Ⅲ.①货币政策－工作报告－中国－2009　Ⅳ.①F822.0

中国版本图书馆CIP数据核字(2010)第024353号

出版 发行　中国金融出版社
地址　北京市丰台区益泽路2号
发行部：66024766
http://www.chinafph.com
邮编　100071
经销　新华书店
印刷　北京汇元统一印刷有限公司
尺寸　210毫米×285毫米
印张　10.25
字数　240千
版次　2010年2月第1版
印次　2010年2月第1次印刷
定价　98.00元
ISBN 978-7-5049-5411-4/F·4971
如出现印装错误本社负责调换　联系电话：(010)63263947

本书执笔人

总　　纂：张晓慧　　刘　薇

审　　稿：霍颖励　　周学东　　张　涛　　朱　隽　　易　诚　　王允贵

统　　稿：金　玫　　张　文

执　　笔：

第一部分：邱潮斌　　曾冬青　　陈文弢

第二部分：赵　婷　　李　超　　穆争社　　刘　琨

第三部分：张文红　　戴　赜　　罗惟丹

第四部分：刘　迪　　梁　晗　　马凌霄　　付　强　　杨　娉

第五部分：李　斌　　陈高松

附录整理：段　炼　　董　兰等

提供材料的还有：张　蓓　　谢光启　　史蓉菊　　罗　瑜　　张　晶

徐荟竹　　胡　萍　　徐俊超　　那丽丽　　杨　超

徐彩霞　　袁　鹰　　马志扬等

英文总纂：谢　多

英文统稿：曹志鸿

英文翻译：曹志鸿　　滕　锐　　齐　喆　　陈巧娥　　黄亭亭　　王蓓婕

英文审校：Nancy Hearst（美国哈佛大学费正清东亚研究中心）

Contributors to This Report

CHIEF EDITORS:

ZHANG Xiaohui LIU Wei

READERS:

HUO Yingli ZHOU Xuedong ZHANG Tao ZHU Jun YI Cheng
WANG Yungui

EDITORS:

JIN Mei ZHANG Wen

AUTHORS:

PART ONE: QIU Chaobin ZENG Dongqing CHEN Wentao

PART TWO: ZHAO Ting LI Chao MU Zhengshe LIU Kun

PART THREE: ZHANG Wenhong DAI Ze LUO Weidan

PART FOUR: LIU Di LIANG Han MA Lingxiao FU Qiang YANG Ping

PART FIVE: LI Bin CHEN Gaosong

APPENDIX: DUAN Lian DONG Lan et al.

OTHER CONTRIBUTORS: ZHANG Bei XIE Guangqi SHI Rongju LUO Yu
ZHANG Jing XU Huizhu HU Ping XU Junchao
NA Lili YANG Chao XU Caixia YUAN Ying
MA Zhiyang et al.

ENGLISH EDITION

CHIEF EDITOR: XIE Duo

EDITOR: CAO Zhihong

TRANSLATORS: CAO Zhihong TENG Rui QI Zhe CHEN Qiaoe
HUANG Tingting WANG Beijie

PROOFREADER:

Nancy Hearst (Fairbank Center for East Asian Research, Harvard University)

内容摘要

2009年第三季度，在应对国际金融危机的一揽子经济刺激计划作用下，保增长、调结构、促改革、惠民生取得了明显成效。经济增速逐季加快，投资快速增长，消费需求不断扩大，需求结构明显改善，内需对经济增长的拉动作用显著增强。农业生产形势稳定，工业生产增长进一步加快，经济回升向好的趋势得到巩固。前三个季度，实现国内生产总值（GDP）21.8万亿元，同比增长7.7%，第三季度同比增长8.9%；居民消费价格指数（CPI）同比下降1.1%，第三季度同比下降1.3%。

中国人民银行按照党中央、国务院的统一部署，认真贯彻落实适度宽松的货币政策，引导金融机构合理把握信贷投放节奏，发挥好货币政策在支持经济平稳较快发展中的积极作用。适时适度开展公开市场操作，保持银行体系流动性合理充裕。优化信贷结构，防范信贷风险，保证符合条件的中央投资项目配套贷款及时落实到位，认真做好中小企业、“三农”、就业、助学、灾后重建等改善民生类信贷支持工作。加强货币政策与财政政策、产业政策的协调配合，为经济发展创造良好的货币金融环境。

总体看，货币信贷保持快速增长，有力地支持了经济企稳回升。货币总量持续快速扩张，货币流动性增强。2009年9月末，广义货币供应量M2余额为58.5万亿元，同比增长29.3%，增速比上年同期高14.1个百分点；狭义货币供应量M1余额为20.2万亿元，同比增长29.5%，增速比上年同期高20.1个百分点。存款保持较快增长，活期化倾向较为明显。贷款总量保持快速增长，9月末，人民币贷款余额为39.0万亿元，同比增长34.2%，增速比上年同期高19.6个百分点，比年初增加8.7万亿元，同比多增5.2万亿元。金融机构贷款利率平稳运行，9月份非金融性公司及其他部门人民币贷款加权平均利率为5.05%。人民币汇率在合理均衡水平上保持基本稳定，9月末，人民币对美元汇率中间价为6.8290元。

当前我国经济社会发展仍处在企稳回升的关键时期，仍然面临不少困难和问题。从外部环境看，全球经济复苏将是一个缓慢曲折的过程，外需不足的局面及影响还在持续。从国内经济看，经济回升的基础还不稳定、不巩固、不平衡，一些深层次矛盾特别是结构性矛盾仍然突出。经济增长的内生动力不足，民间投资意愿不强；产能过剩的问题更加凸显，产业结构调整压力和难度加大；信贷结构不合理，流动性管理难度增加。

下一阶段，中国人民银行将按照党中央、国务院的统一部署，继续实施适度宽松的货币政策，妥善处理保持经济平稳较快发展、调整经济结构和管理好通货膨胀预期之间的关系，注意防范化解金融风险，提高金融可持续支持经济发展的能力。保持流动性合理适度，引导金融机构优化信贷结构，增强贷款增长的可持续性，维护金融体系稳定。大力发展金融市场，促进民间直接投资。继续推进利率市场化改革，完善人民币汇率形成机制，加强和改善外汇管理。

Executive Summary

As a result of the package of stimulus policies in response to the global financial crisis, efforts to support economic growth, restructure the economy, promote reform, and improve the people's livelihood achieved positive results in the third quarter of 2009. Economic growth accelerated, investment grew rapidly, consumption demand expanded, and the demand structure improved notably, with domestic demand playing a larger role in driving economic growth. Agricultural production remained stable, industrial output grew at a faster pace, and the momentum for an economic upturn was enhanced. In the first three quarters, China's Gross Domestic Product (GDP) registered 21.8 trillion yuan, a year-on-year increase of 7.7 percent, and the Consumer Price Index (CPI) dropped 1.1 percent year on year. In the third quarter, GDP rose 8.9 percent and the CPI declined 1.3 percent from the same period of last year.

In line with the overall arrangements of the CPC Central Committee and the State Council, the People's Bank of China (PBC) implemented an appropriately accommodative monetary policy and guided financial institutions to properly handle the pace of credit supply to ensure that monetary policy would play an active role in supporting sound and relatively rapid economic development. The PBC conducted open market operations to ensure that liquidity in the banking system would remain at a reasonably adequate level. Efforts were made to improve the credit structure and prevent credit risks, to ensure that loans to eligible projects with central government investment were extended in a timely manner and to step up credit support to agriculture, farmers, and rural areas, small and medium enterprises (SMEs), employment programs, students, post-disaster reconstruction projects, and other programs aimed to improve the people's livelihood. The PBC also enhanced coordination between monetary policy, fiscal policy, and industrial policy to create a favorable monetary and financial environment for economic development.

Rapid money and credit supply supported economic stabilization and an economic upturn. Aggregate money supply continued its rapid growth, with M1 accounting for a larger share, indicating more dynamic economic activities. At end-September 2009, broad money supply M2 posted 58.5 trillion yuan, a year-on-year rise of 29.3 percent and an acceleration of 14.1 percentage points from the growth during the same period of last year. Narrow money supply M1 registered 20.2 trillion yuan, an increase of 29.5 percent from the same period of last year, which is 20.1 percentage points higher in year-on-year terms. Deposits increased at a rapid pace, and demand deposits accounted for a larger share, whereas loans expanded rapidly. At end-September, RMB loans stood at 39.0 trillion yuan, a rise of 34.2 percent year on year and an acceleration of 19.6 percentage points. This also represents an increase of 8.7 trillion yuan from the beginning of the year, which is 5.2 trillion yuan more than the increase during the same period of last year. Lending rates offered by financial institutions remained stable. In September, the weighted average RMB lending rate for non-financial institutions and other sectors was 5.05 percent. The RMB exchange rate remained basically stable at an adaptive and equilibrium level. At end-September, the central parity of the RMB against the US dollar posted 6.8290 yuan per dollar.

China's economic and social development is now at a key juncture of stabilization and an upturn, but there are many difficulties and problems. With regard to the external environment, the global economic recovery is likely to be slow, and external demand will remain weak, having a lasting impact on the Chinese economy. Back at home, the foundation for an economic upturn is not firmly established, and is unstable and uneven. Some deeply rooted problems, structural problems in particular, are still acute. Domestic demand needs to contribute more to drive economic growth, and the willingness for private investment needs to increase. The excess capacity issue is becoming worse and industrial restructuring faces increasing pressures and difficulties. The credit structure needs to be improved and liquidity management is more difficult.

During the next stage, in line with the overall arrangements of the CPC Central Committee and the State Council, the PBC will continue to implement a moderately loose monetary policy. It will properly balance relations between supporting sound and rapid economic development, economic restructuring and inflation management, improving risk prevention and resolution, and enhancing the sustainability of financial support to economic development. It will ensure that liquidity remain at a reasonable level, guide financial institutions to improve the credit structure, and enhance the sustainability of lending growth so as to safeguard financial stability. It will vigorously develop financial markets and promote private investment. It will continue the market-based reform of interest rates, improve the RMB exchange rate mechanism, and enhance foreign exchange administration.

目　录

① 数据来源：中国人民银行、国家统计局、商务部、海关总署、国家外汇管理局、世界银行、国际货币基金组织、世界贸易组织、联合国贸易和发展会议等。

② 数据来源：相关中央银行、国家统计机构、世界银行、国际货币基金组织等。

Contents

Figures

1. Source: The People's Bank of China, National Bureau of Statistics, Ministry of Commerce, General Administration of Customs, State Administration of Foreign Exchange, World Bank, International Monetary Fund, World Trade Organization, and United Nations Conference on Trade and Development, etc..

2. Source : Central banks, national statistical agencies in relevant countries, The World Bank, IMF, etc..

第一部分 货币信贷概况

2009年第三季度，国民经济回升向好的趋势得到巩固。货币信贷继续保持快速增长，货币流动性继续增强，中长期贷款增加较多。

一、货币供应量快速增长

9月末，广义货币供应量M2余额为58.5万亿元，同比增长29.3%，增速比上年同期高14.1个百分点，比第二季度末高0.9个百分点。狭义货币供应量M1余额为20.2万亿元，同比增长29.5%，增速比上年同期高20.1个百分点，比第二季度末高4.7个百分点。流通中现金M0余额为3.7万亿元，同比增长16.0%，增速比上年同期高6.7个百分点。第三季度，现金净投放3 147亿元，同比多投放1 603亿元。

前三个季度，M2和M1的增速逐季度加快。其中，M1的增速加快势头更为明显，9月末增速已超过M2，为2008年5月以来首次，可能与上年基数较低有关，也反映出经济活跃度明显提升。总体看，货币总量持续快速扩张，货币流动性增强。

二、金融机构存款增长较快，企业活期存款增加较多

9月末，全部金融机构（含外资金融机构，下同）本外币各项存款余额为59.8万亿元，同比增长27.8%，增速比上年同期高9.6个百分点，比年初增加11.8万亿元，同比多增5.1万亿元。其中，人民币各项存款余额为58.4万亿元，同比增长28.4%，增速比上年同期高9.6个百分点，比年初增加11.7万亿元，同比多增5.2万亿元；外汇存款余额为2 032亿美元，同比增长7.8%，增速比上年同期低1.5个百分点，比年初增加105亿美元，同比少增172亿美元。

从人民币存款的部门分布和期限看，居民户存款增长有所放缓，非金融性公司存款保持较快增长，企业活期存款多增较多。9月末，金融机构居民户人民币存款余额为26.0万亿元，同比增长25.0%，增速比上年同期高3.9个百分点，比第二季度末低3.3个百分点，比年初增加3.8万亿元，同比多增5 745亿元。受房地产、股票市场相对活跃等因素影响，近期居民户存款有所分流。非金融性公司人民币存款余额为28.3万亿元，同比增长34.7%，增速比上年同期大幅提高19.6个百分点，比第二季度末略低0.1个百分点，比年初增加6.6万亿元，同比多增4.4万亿元。企业存款增加较多，前三个季度新增5.6万亿元，同比多增3.8万亿元，企业资金面总体宽松，支付能力较强。其中，前三个季度企业活期存款同比多增2.5万亿元，企业流动资金储备较为充足。9月末，财政存款余额为2.8万亿元，同比增长1.9%，比年初增加1.0万亿元，同比多增263亿元。

三、金融机构贷款保持快速增长，中长期贷款增加较多

9月末，全部金融机构本外币贷款余额为41.4万亿元，同比增长33.8%，增速分别比上年同期和第二季度末高19.0个和1.1个百分点，比年初增加9.3万亿元，同比多增5.6万亿元。人民币贷款总体保持较快增长，9月末余额为39.0万亿元，同比增长34.2%，增速比上年同期高19.6个百分点，比第二季度末略低0.3个百分点，比年初增加8.7万亿元，同比多

增5.2万亿元。分机构看，第三季度，中小金融机构信贷份额相对提升。城市商业银行和农村合作金融机构第三季度新增贷款占全部金融机构新增贷款的比重分别比上半年上升6.1个和5.8个百分点，而国有商业银行和股份制商业银行则分别下降10.1个和19.4个百分点。9月末外汇贷款余额为3 433亿美元，同比增长28.3%，比上年同期回落2.5个百分点，比第二季度末提升20.3个百分点，增速回升较快。外汇贷款比年初增加997亿美元，同比多增505亿美元。第三季度外汇贷款大幅增加479亿美元，其中近50%为进出口贸易融资贷款，对进出口贸易的信贷支持力度明显加大。

从人民币贷款投向看，居民户贷款增长明显加快，非金融性公司及其他部门贷款保持较快增长。9月末，居民户贷款同比增长34.0%，增速比上年同期高19.0个百分点，比第二季度末高10.2个百分点，比年初增加1.8万亿元，同比多增1.2万亿元。居民户消费性贷款比年初增加1.2万亿元，同比多增8 809亿元，增长势头较快。其中，因房地产市场交易活跃，个人住房贷款比年初增加9 520亿元，同比大幅多增7 089亿元。居民户经营性贷款比年初增加5 872亿元，同比多增3 333亿元。非金融性公司及其他部门贷款同比增长34.2%，增速比上年同期高19.8个百分点，比年初增加6.8万亿元，同比多增4.0万亿元，主要是中长期贷款增长较快。其中，中长期贷款同比多增2.7万亿元，有力地满足了国家重大基建项目配套资金需求；票据融资同比多增7 202亿元，但第三季度净下降8 262亿元，这与年初票据集中到期、票据贴现利率回升、票据签发量下降及金融机构压缩票据增加中长期贷款投放等因素有关。中小企业人民币贷款较快增长。据中国人民银行和中国银行业监督管理委员会联合统计，截至2009年9月末，我国银行业机构中小企业人民币贷款余额为14.1万亿元（其中票据融资9 102亿元），比年初增加3.08万亿元，比年初增长28%。

中长期贷款主要投向基础设施行业、租赁和商务服务业、房地产业、制造业。前三个季度，主要金融机构（包括国有商业银行、政策性银行、股份制商业银行和城市商业银行）本外币中长期贷款投向基础设施行业（交通运输、仓储和邮政业，电力、燃气及水的生产和供应业，水利、环境和公共设施管理业）、租赁和商务服务业、房地产业、制造业分别为

表1　分机构人民币贷款情况

单位:亿元

	2009年前三个季度		2008年前三个季度	
	新增额	同比多增	新增额	同比多增
政策性银行[①]	7 895	4 104	3 792	437
国有商业银行[②]	36 974	24 364	12 610	-47
股份制商业银行	21 249	13 766	7 483	813
城市商业银行	7 131	4 203	2 929	180
农村合作金融机构[③]	9 523	4 093	5 430	-251
外资金融机构	-65	-915	850	-264

注：①政策性银行包括：国家开发银行、中国进出口银行、中国农业发展银行。其中，国家开发银行已改制为股份有限公司，目前正处于过渡期，统计上仍纳入政策性银行。
②国有商业银行包括：中国工商银行、中国农业银行、中国银行、中国建设银行。
③农村合作金融机构包括农村合作银行、农村商业银行、农村信用社。
数据来源：中国人民银行。

2.1万亿元、5 910亿元、4 812亿元和4 310亿元，占全部产业新增中长期贷款的比重分别为50.5%、14.0%、11.4%和10.2%。

四、银行体系流动性充裕

9月末，基础货币余额为13.3万亿元，比年初增加4 185亿元，同比增长13.7%。9月末，货币乘数为4.39，比上年同期高0.53，货币扩张能力仍然较强。9月末，金融机构超额准备金率为2.06%。其中，四大国有商业银行为1.80%，股份制商业银行为2.00%，农村信用社为3.96%。

五、金融机构贷款利率平稳运行

第三季度，银行体系流动性合理充裕，金融机构人民币贷款利率平稳运行。9月，非金融性公司及其他部门人民币贷款加权平均利率为5.05%，与6月大体持平。其中，一般贷款加权平均利率为5.74%，票据融资加权平均利率为2.48%。个人住房贷款利率基本稳定，9月加权平均利率为4.38%。

从利率浮动情况看，执行下浮利率和上浮利率的贷款占比增加。9月，非金融性公司及其他部门一般贷款实行下浮利率和上浮利率的占比分别为31.82%和37.57%，比6月分别上升1.35个和1.74个百分点；实行基准利率的贷款占比为30.61%，比6月下降3.09个百分点。

受国际金融市场利率走低影响，境内外币贷款利率总体呈下行走势。9月，3个月以内和3（含3个月）~6个月美元贷款利率分别为1.33%和1.37%，比6月分别下降0.16个和0.11个百分点。境内美元存款利率基本稳定。9月，活期、3个月以内大额美元存款利率分别为0.13%和0.37%，比6月分别上升0.02个和0.05个百分点。2008年年末至2009年上半年，部分金融机构多次自主下调了本行小额外币存款利率，1年期小额美元存款利率由3%下调至0.8%左右，下降约2.2个百分点。为增加外币资金来源，2009年9月，部分金融机构小幅上调了本行小额外币存款利率，调整后的1年期美元存款利率为1%左右。

六、人民币汇率在合理均衡水平上保持基本稳定

2009年以来，为应对全球金融危机，人民币汇率在合理均衡水平上保持基本稳定。9月

表2　2009年1～9月金融机构人民币贷款各利率区间占比表

单位：%

	下浮	基准	上浮					
	[0.9,1.0)	1.0	小计	(1.0,1.1]	(1.1,1.3]	(1.3,1.5]	(1.5,2.0]	2.0以上
1月	23.51	34.27	42.21	14.62	12.79	4.97	6.98	2.86
2月	28.82	33.56	37.62	12.29	10.36	4.82	6.98	3.18
3月	28.38	35.18	36.43	12.21	10.46	4.37	6.64	2.75
4月	26.72	33.48	39.80	12.18	11.07	5.46	7.97	3.12
5月	27.34	32.40	40.26	13.03	11.46	5.18	7.49	3.10
6月	30.47	33.70	35.83	12.66	10.24	4.70	5.82	2.41
7月	32.76	32.18	35.06	11.89	9.16	4.52	6.55	2.94
8月	30.91	30.79	38.31	13.34	10.68	5.03	6.45	2.81
9月	31.82	30.61	37.57	12.55	10.81	5.07	6.41	2.73

数据来源：中国人民银行。

表3　2009年1～9月大额美元存款与美元贷款平均利率表

单位：%

	大额存款						贷款				
	活期	3个月以内	3(含3个月)~6个月	6(含6个月)~12个月	1年	1年以上	3个月以内	3(含3个月)~6个月	6(含6个月)~12个月	1年	1年以上
1月	0.34	0.55	1.36	1.26	1.91	1.46	2.89	3.33	3.48	3.04	3.62
2月	0.16	0.48	1.46	1.79	1.95	5.01	2.18	2.87	3.13	2.61	2.74
3月	0.15	0.55	1.32	1.77	2.20	1.30	2.23	2.44	3.05	2.51	3.39
4月	0.10	0.36	1.13	1.39	1.58	3.73	1.98	2.26	2.37	2.14	3.59
5月	0.11	0.36	0.90	1.17	1.49	5.00	1.59	1.86	1.79	1.49	2.63
6月	0.11	0.32	0.76	1.05	1.68	1.12	1.49	1.48	1.52	1.44	3.53
7月	0.10	0.32	0.65	1.08	1.52	1.98	1.51	1.47	1.51	1.36	2.61
8月	0.10	0.35	0.67	0.93	1.89	1.66	1.41	1.37	1.42	1.53	2.71
9月	0.13	0.37	0.61	0.74	1.82	2.33	1.33	1.37	1.51	1.59	2.59

数据来源：中国人民银行。

末，人民币对美元汇率中间价为6.8290元，比2008年年末升值56个基点，升值幅度为0.08%；人民币对欧元、日元汇率中间价分别为1欧元兑9.9659元人民币、100日元兑7.5747元人民币，分别比2008年年末贬值3.08%和0.13%。汇改以来至2009年9月末，人民币对美元汇率累计升值21.20%，对欧元汇率累计贬值0.48%，对日元汇率累计贬值3.55%。

2009年以来，人民币对美元汇率中间价最高为6.8201元，最低为6.8399元，最大单日升值幅度为0.07%（50点），最大单日贬值幅度为0.07%(50点)，184个交易日中99个交易日升值、85个交易日贬值。2009年以来，人民币对美元双边汇率保持稳定，基本上在6.81～6.85元的区间内运行，人民币汇率预期相对平稳。

第二部分　货币政策操作

2009年第三季度，随着应对国际金融危机一揽子计划发挥效力，中国经济回升向好的趋势得到巩固。中国人民银行继续执行适度宽松的货币政策，并根据形势变化把握政策操作的重点、力度和节奏，保持银行体系流动性合理充裕，引导金融机构优化信贷结构、防范信贷风险，为经济发展创造良好的货币信贷环境，发挥好货币政策在支持经济发展中的积极作用。

一、适时适度开展公开市场操作

2009年第三季度，中国人民银行根据国内外经济金融形势和银行体系流动性变化情况，灵活开展公开市场操作。一是合理把握操作力度与节奏，灵活搭配中央银行票据和短期正回购开展对冲操作，实现了银行体系流动性的合理充裕。第三季度共发行中央银行票据1.3万亿元，开展正回购操作8 700亿元；9月末，中央银行票据余额为3.9万亿元。二是进一步丰富对冲工具组合，于7月初重启1年期中央银行票据发行，有助于优化操作期限结构，促进货币信贷合理适度增长。三是适当提高操作利率弹性，有效引导市场预期。顺应新股IPO重启以来货币市场利率波动性加大且有所上行的新变化，第三季度公开市场操作利率由小步上行到逐步企稳，既有效引导了市场预期，也有助于发挥市场利率调节资金供求关系的作用。9月末，28天期正回购和3个月期中央银行票据操作利率分别企稳于1.18%和1.33%，较年初分别上升28个和36个基点；1年期中央银行票据发行利率企稳于1.76%，自重启以来累计上升近26个基点。四是适时开展中央国库现金管理操作。进一步加强财政政策与货币政策的协调配合，第三季度，共开展了3期国库现金管理商业银行定期存款业务，每期操作量均为300亿元，不仅有助于提高库款收益和保持操作的连续性，而且及时满足了部分中小金融机构的融资需求。

二、加强“窗口指导”和信贷政策引导

引导金融机构合理把握信贷投放节奏，优化信贷结构，防范信贷风险。加强宏观信贷政策指导，加强对十大重点产业调整和振兴的金融支持。认真做好中小企业、“三农”、就业、助学、服务外包、灾后重建等改善民生类信贷支持工作。鼓励发展消费信贷，落实好房地产信贷政策。加大对结构调整、自主创新、兼并重组、产业转移、民族区域经济协调发展的融资支持。严格控制对高耗能、高污染和产能过剩行业劣质企业的贷款。引导和督促金融机构加强内部风险控制，合理把握信贷资金投放节奏，防止产生新的信贷风险。

三、稳步推进跨境贸易人民币结算试点

为顺应国内外市场和企业要求，保持我国与周边国家和地区的贸易正常发展，为企业提供更多便利，国务院于2009年4月8日决定在上海市和广东省的广州、深圳、珠海、东莞四城市现行开展跨境贸易人民币阶段试点工作。2009年7月《跨境贸易人民币结算试点管理办法》和《跨境贸易人民币结算试

点管理办法实施细则》正式发布，统一规范了人民币贸易结算业务活动。

专栏1 稳步推进跨境贸易人民币结算试点 促进贸易和投资便利化

受国际金融危机影响，美元、欧元等主要国际结算货币汇率大幅波动，贸易融资大幅萎缩，我国及周边国家和地区的企业在使用第三国货币进行贸易结算时面临较大的汇率波动风险，一些境内外企业希望用人民币进行贸易结算。另外，我国自1996年以来已经实现了人民币经常项目的可兑换，且在港澳个人人民币业务和边境贸易人民币结算等方面积累了一定的经验。在此背景下，2009年4月8日，国务院第56次常务会议决定在上海市和广东省广州、深圳、珠海和东莞先行开展跨境贸易人民币结算试点，为企业提供更多便利。2009年7月1日，中国人民银行联合财政部、商务部、海关总署、国家税务总局和中国银行业监督管理委员会发布了《跨境贸易人民币结算试点管理办法》，7月3日，中国人民银行发布了《跨境贸易人民币结算试点管理办法实施细则》，随后，国家税务总局和海关总署先后下发了关于人民币结算出口退（免）税及报关等配套政策，统一规范跨境贸易人民币结算业务，稳步推进试点工作。

跨境贸易人民币结算试点总的指导思想是在风险可控的前提下，促进贸易便利化。在此指导思想下，上述管理办法和配套政策一方面注重对跨境贸易人民币结算试点的有效监管，加强了在试点企业的选择、贸易真实性审核和人民币跨境收付信息统计监测等方面的制度安排，同时建立信息共享和管理机制；另一方面适当为企业提供便利，规定了跨境贸易人民币结算不纳入外汇核销管理、使用人民币结算的出口贸易按照规定享受出口货物退（免）税政策、企业可根据实际业务需要将出口应收人民币货款存放境外等内容。

总的来看，跨境贸易人民币结算试点进展顺利，资金清算渠道安全、畅通。根据人民币跨境收付信息管理系统（RCPMIS）的统计，截至2009年9月30日，跨境贸易人民币结算量已超过1亿元人民币，人民币账户融资、贸易融资等相关业务也顺利开展，人民币出口退（免）税及报关等程序日益便捷、顺畅。

在当前复杂多变的国际经济金融环境下，开展跨境贸易人民币结算有助于企业规避汇率风险，减少汇兑损失，对于推动我国与周边国家和地区经贸关系发展、保持对外贸易稳定增长将发挥十分重要的作用。下一步，中国人民银行将会同有关部门，认真总结试点经验，积极研究推广试点的可行性和实施步骤，以切实促进贸易和投资便利化。

四、稳步推进金融企业改革

已改制上市的大型国家控股商业银行改革继续深化，经营业绩不断提高。中国工商银行、中国银行、中国建设银行和交通银行继续完善公司治理，改进决策机制，在认真贯彻执行国家宏观调控政策，合理增加信贷支持经济增长的同时不断强化内部控制和风险防范机制，严防不良率反弹和经营效益下滑。截至2009年第三季度末，中国工商银行、中国银行、中国建设银行和交通银行的资本充足率分别为12.6%、11.6%、12.1%和12.5%；不良贷款率分别为1.7%、1.6%、1.6%和1.4%；税前利润分别为1 288.7亿元、847.6亿元、1 116.0亿元和292.6亿元。

中国农业银行和国家开发银行股份制改革不断深化。中国农业银行稳步推进事业部制管理体制改革，制定面向“三农”的专门信贷政策，构建服务“三农”的正向激励机制，强化“三农”业务风险管控，“三农”和县域重点领域的信贷投入不断增加，农户金融服务不断改善。截至9月末，中国农业银行已为农户发放惠农卡2 967万张，通过惠农卡为216万农户发放小额贷款，贷款余额达568亿元。国家开发银行不断探索建立符合中长期信贷商业银行的运作机制和经营模式。8月末，国开金融有限责任公司挂牌成立，国家开发银行将在传统业务的基础上通过国开金融有限责任公司大力发展股权投资业务。

政策性金融机构改革稳步推进。中国人民银行会同有关单位和部门成立的改革工作小组继续修改完善中国进出口银行和中国出口信用保险公司的改革方案及章程。两家机构仍定位于政策性金融机构，其业务将划分为政策性业务和自营性业务两类，以政策性业务为主，并将通过注资、完善公司治理、加强内部控制和外部约束等改革措施，不断提高其服务对外经贸和企业“走出去”的能力和水平。

农村信用社改革进展顺利。资金支持基本落实到位，截至9月末，已累计向2 321个县（市）农村信用社兑付专项票据1 601亿元，兑付进度达到95%以上；发放专项借款15亿元。资金支持政策实施进展顺利，对支持和推进改革发挥了重要的正向激励作用。农村信用社资产质量显著改善。9月末，按贷款四级分类口径统计，全国农村信用社不良贷款余额和比例分别为3 617亿元和7.7%，比2002年年末分别下降1 530亿元和29个百分点。资金实力明显增强。9月末，全国农村信用社的各项存贷款余额分别为6.7万亿元和4.7万亿元。各项贷款余额所占全国金融机构各项贷款余额的比例为12%，比2002年年末提高1.4个百分点。支农服务力度进一步加大。9月末，全国农村信用社农业贷款余额为2.1万亿元，占其各项贷款和全国金融机构农业贷款的比例分别为44%和96%，比2002年年末分别提高4个和15个百分点。产权制度改革稳步推进。截至9月末，全国共组建农村商业银行29家，农村合作银行181家，组建以县（市）为单位的统一法人机构2 055家。

五、深化外汇管理体制改革

继续推进外汇管理体制改革，改进外汇服务。一是进一步便利出口企业收结汇。改进出口收结汇联网核查制度，在提高预收货款、延期付款及来料加工基础比例的基础上，将预付货款基础比例提高至30%，简化预付货款注销手续，进一步便利企业外贸经营。二是积极支持服务外包产业发展。简化服务外包企业外汇收支审核手续，鼓励离岸外包业务用人民币计价结算，大力推动人民币汇率避险产品的发展，为服务外包企业提供更多的避险工具。三是大力促进投资便利化。将境外投资外汇资金来源的审核方式由事前审查改为事后登记，对资金汇出的管理由核准制调整为登记制。四是加强跨境资金均衡管理和风险防范。允许境内符合条件的中外资银行为境外机构开立境内外汇账户，将境外机构境内外汇账户纳入相关信息系统统一管理。严厉打击地下钱庄、“网络炒汇”等违法违规行为。五是保障外汇储备资产安全。加大对储备经营各环节的合规性检查力度，规范核心业务系统管理和操作流程，保障外汇储备投资平稳、有序进行。按照保证安全、合理回报的原则，参与购买国际货币基金组织债券。六是加强对金融机构外汇流动性的监测，引导金融机构合理平衡境内外投资的安全性、流动性和收益性，调整境内外资产结构，加大对进出口和“走出去”的金融支持力度。

六、完善人民币汇率形成机制

继续按主动性、可控性和渐进性原则，进一步完善以市场供求为基础、参考一篮子货币进行调节、有管理的浮动汇率制度，发挥市场供求在人民币汇率形成中的基础性作用，保持人民币汇率在合理均衡水平上的基本稳定。

第三部分 金融市场分析

2009年第三季度，我国金融市场保持平稳运行，市场流动性合理充裕。货币市场交易活跃，利率稳中有升且波动性加大；债券市场交易活跃，债券指数小幅波动；股票市场交易趋于活跃，股票指数震荡上行。

前三个季度国内非金融机构部门（包括住户、企业和政府部门）融资总量快速增长，累计融资11.27万亿元，同比增长158%。从融资结构看，贷款融资依然是主要融资方式，国债和企业债券融资在全社会资金配置中的作用增强，在融资额中的占比明显上升。

亿元，日均成交726亿元，日均成交同比增长20.5%。从期限结构看，前三个季度，回购市场和拆借市场交易均以隔夜品种为主，交易份额分别为77.0%和82.8%，同比分别上升17.8个和13.0个百分点。交易所市场国债回购累计成交2.50万亿元，同比增长57.3%。

在适度宽松的流动性格局下，前三个季度货币市场融资主体结构主要呈现以下特点：一是国有商业银行资金总体充裕，净融出资金增速和占比均较上年同期有显著提高；二是受自身资产负债结构特点及市场短期流动

表4 国内非金融机构部门融资情况简表

	融资量(亿元人民币)		比重(%)	
	2009年前三个季度	2008年前三个季度	2009年前三个季度	2008年前三个季度
国内非金融机构部门融资总量①	112 689	43 686	100.0	100.0
贷款	93 458	37 089	82.9	84.9
股票②	2 954	3 339	2.6	7.6
国债③	7 566	642	6.7	1.5
企业债④	8 711	2 616	7.7	6.0

注：①表中国内非金融机构部门包括住户、非金融企业和政府部门。
②本表股票融资不包括金融机构上市融资额。
③2009年国债数包含了财政部代理发行的地方政府债。
④包括企业债券、公司债券、短期融资券和中期票据。
数据来源：中国人民银行。

一、金融市场运行分析

（一）货币市场交易规模快速增加，利率稳中有升

货币市场交易活跃，货币市场债券回购交易和拆借交易规模均保持了较快增长。前三个季度，银行间市场债券回购累计成交53.40万亿元，日均成交2 826亿元，日均成交同比增长30.8%；同业拆借累计成交13.72万

性需求增加等因素影响，其他商业银行净融出资金量同比明显少增；三是在资本市场回暖、新股IPO重启等多种因素综合作用下，证券及基金公司、保险公司等其他金融机构的融资需求大幅上升。前三个季度其他金融机构净融入资金同比增长4.4倍，其中，证券及基金公司、保险公司净融入资金同比分别增长3.7倍和1.3倍。

利率衍生产品市场保持平稳运行。2009年前三个季度，市场预期总体平稳，债券远期及

表5　金融机构回购和同业拆借资金净融出、净融入情况表

单位：亿元

	回购市场		同业拆借市场	
	2009年前三个季度	2008年前三个季度	2009年前三个季度	2008年前三个季度
国有商业银行	-206 565	-73 725	-16 876	23 300
其他商业银行	-7 351	14 296	5 274	-30 951
其他金融机构	189 689	35 929	5 790	577
其中：证券及基金公司	77 137	13 904	1 475	2 877
保险公司	32 013	13 739	—	—
外资金融机构	24 226	23 500	5 812	7 073

注：本表其他金融机构包括政策性银行、农信社联社、财务公司、信托投资公司、保险公司、证券公司及基金公司；负号表示净融出，正号表示净融入。

数据来源：中国人民银行。

利率互换成交金额同比分别上升12.8%和下降8.7%；远期利率协议交易相对较少。从期限来看，债券远期交易以2～7天期品种最为活跃，利率互换交易的主要品种为1年及1年以下期品种。Shibor在利率衍生产品交易定价中的作用进一步显现。前三个季度以Shibor为基准的利率互换占人民币利率互换交易总量的28.7%；远期利率协议全部采用Shibor为基准。

货币市场利率稳中有升且波动性加大。在市场流动性总体宽松的环境下，上半年质押式债券回购和同业拆借月加权平均利率基本稳定在0.85%左右；6月下旬以来，受新股发行重启等因素影响，各期限货币市场利率均出现了不同程度的上升，且波动性有所加大。9月质押式债券回购和同业拆借月加权平均利率分别为1.28%和1.27%，分别比6月上升37个和36个基点。第三季度末，隔夜和7天期Shibor分别为1.7742%和1.7983%，比年初分别上升83个和79个基点；比6月末分别上升68个和59个基点；3个月和1年期Shibor分别为1.7687%和2.2000%，比年初分别下降1个和16个基点，比6月末分别上升45个和33个基点。

表6　利率衍生产品交易情况

	债券远期		利率互换		远期利率协议	
	交易笔数	金额(亿元)	交易笔数	名义本金额(亿元)	交易笔数	名义本金额(亿元)
2005年	108	178	—	—	—	—
2006年	398	665	103	356	—	—
2007年	1 238	2 518	1 978	2 187	14	11
2008年	1 327	5 008	4 040	4 122	137	114
2009年第一季度	251	913	721	801	11	38
2009年第二季度	406	1 945	913	1 068	6	10
2009年第三季度	449	1 922	1 170	1 370	2	3

数据来源：中国外汇交易中心。

（二）债券市场交易活跃，债券指数小幅波动

银行间债券市场现券交易规模快速扩大。在流动性总体充裕的市场环境下，受国债供给大量增加、资本市场回暖、新股IPO重启等因素影响，不同类别金融机构的资产配置策略各有侧重，债券市场现券交易活跃。前三个季度，银行间现券市场累计成交36.51万亿元，日均成交1 932亿元，日均成交同比增长37.7%。从交易主体看，国有商业银行是银行间现券市场上的主要净买入方，净买入现券10 210亿元；其他商业银行和其他金融机构分别净卖出现券6 601亿元和3 714亿元。交易所国债现券成交1 694亿元，比上年同期增长36.7%。

债券指数小幅波动。2009年前三个季度，银行间市场和交易所市场债券指数走势大体平稳。中债综合指数财富指数由年初的132.22点降至9月末的130.90点，下跌1.32点，跌幅为1.0%。

银行间市场债券收益率曲线整体有所上移，其中，3～15年期中长端收益率曲线呈陡峭化上行。2009年以来，随着国内经济企稳回升之势的逐步确立，银行间市场国债收益率曲线整体有所上移。其中，3～15年期中长端收益率涨幅较大，个别期限上涨约117个基点。

债券市场发行规模快速扩大。前三个季度，债券一级市场累计发行各类债券（不含中央银行票据）3.61万亿元，同比增加1.65万亿元，增长84.5%。其中国债、银行次级债、混合资本债和企业债发行量快速增加，在促进我国经济企稳回升中发挥了重要作用。截至9月末，财政部代理发行地方政府债券2 000亿元已全部发行完毕，有助于更好地满足中央投资项目配套资金需要和保证中央投资项目的顺利实施。分期限看，5年期以下中短期债券品种发行量占比为65.6%，同比上升0.6个百分点。2009年9月末，中央国债登记结算有限责任公司债券托管量余额为16.48万亿元，同比增长13.9%。受流动性持续宽松、债券供给充足等因素影响，债券市场发行利率总体呈波动上升态势。2009年9月发行的10年期记账式附息国债利率为3.44%，较上年12月发行的同期限国债利率上升54个基点。其他债券发行利率也有不同程度的上升。

Shibor在债券发行定价中的作用日益突出。前三个季度共发行企业债券139只，总发行量为2 696亿元，全部参照Shibor定价；短期融资券参照Shibor定价的为71只，发行量

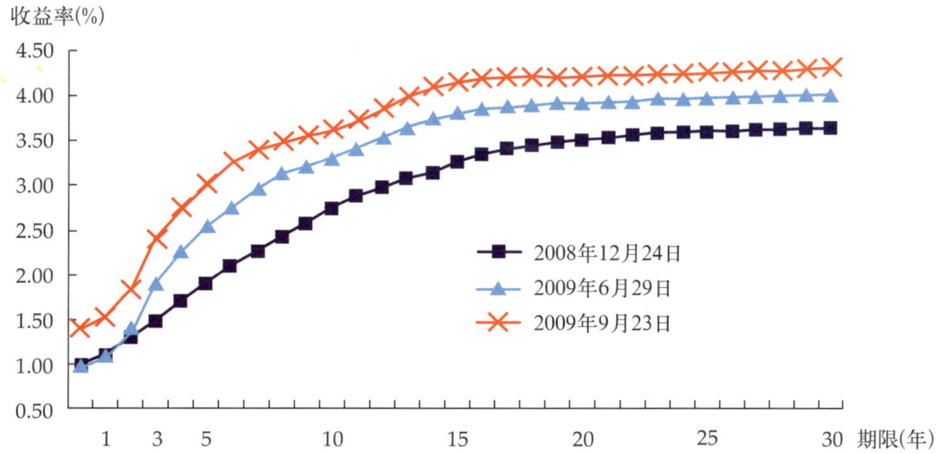

数据来源：中央国债登记结算有限责任公司。

图1　银行间市场国债收益率曲线变化情况

表7　2009年前三个季度主要债券发行情况

债券品种	发行额(亿元)	同比增长(%)
国债①	14 350	130.4
政策性金融债	7 178	1.1
银行次级债、混合资本债	2 429	356.5
银行普通债	50	-80.0
企业债券②	11 909	125.5
其中：短期融资券	3 100	5.2
中期票据	5 752	682.6

注：①国债含财政部代理发行的地方政府债券2 000亿元。
②包括企业债券、短期融资券、中期票据和公司债券。
数据来源：中国人民银行。

为943亿元，占总发行量的30%；中期票据参照Shibor定价的为20只，发行量为386亿元，占总发行量的7%。

（三）票据融资余额逐步回落，票据利率小幅回升

前三个季度，企业累计签发商业汇票7.8万亿元，同比增长53%；累计贴现18.1万亿元，同比增长90%；累计办理再贴现101.7亿元，同比增长9%。9月末，商业汇票未到期金额为4.3万亿元，同比增长41%；贴现余额为2.8万亿元，同比增长95%；再贴现余额为87.7亿元，同比增长100%。受货币市场利率及票据市场供求变化等多种因素影响，第三季度票据利率继续呈现小幅回升的态势。

第三季度，票据承兑和贴现余额逐月回落。当季票据贴现余额下降8 220亿元，季度末贴现余额占贷款余额的比例由上季度末的9.6%降至7.2%。总体看，在信贷投放快速增长的情况下，第三季度票据融资回落既与金融机构加大贷款结构调整力度、压缩票据规模以满足中长期贷款需求的行为密不可分，也是金融机构加强票据业务风险防范、规范票据业务操作的必然结果，同时也有年初大量签发票据集中到期的因素。

（四）股票市场交易趋于活跃，股票指数震荡上行

随着国民经济企稳回升趋势的进一步明确，受主要经济体股票市场总体上涨、市场流动性充裕等多种因素影响，股票市场交易趋于活跃，股票指数波动上行。前三个季度，沪、深股票市场累计成交38.75万亿元，同比多成交17.15万亿元；日均成交2 106亿元，日均成交为上年同期的1.8倍。9月末，市场流通市值为10.07万亿元，比上年年末增长1.2倍。9月末，上证综合指数、深证综合指数分别收于2 779点和949点，分别比上年年末上涨52.7%和71.6%，基本回升至上年第二季度末水平。沪、深两市A股平均市盈率分别从上年年末的15倍和17倍，回升到2009年9月末的24.1倍和35.4倍。

第三季度新股发行重启显著改善了2009年上半年股票市场融资额同比下降的状况。初步统计，前三个季度非金融企业及金融机构在境内外股票市场上通过发行、增发、配股以及权证、可转债累计筹资2 954亿元，筹资额同比减少385亿元。其中第三季度融资额为2 021亿元，约占前三个季度融资总额的68.4%，同比多融资1 424亿元。9月创业板市场开启融资，当月融资66.8亿元，标志着中国境内多层次资本市场体系正在初步形成。

（五）保险业总资产增速稳步回升

保费收入增长好于预期。前三个季度，保险业累计实现保费收入8 580亿元，同比增长8.1%，增速比上半年提高1.5个百分点。其中，财产险业务收入同比增长21.4%，增速同比上升2.8个百分点；寿险业务在上年同期基数较大的情况下仍实现了4.1%的稳定增长。前三个季度，保险业累计赔款、给付2 342亿元，同比增长5.2%。

表8　2009年9月末主要保险资金运用余额及占比情况表

	余额(亿元人民币)		占资产总额的比重(%)	
	2009年9月末	2008年9月末	2009年9月末	2008年9月末
资产总额	37 880	31 854	100.0	100.0
其中：银行存款	10 058	7 040	26.6	22.1
投资	24 232	21 722	64.0	68.2

数据来源：中国保险监督管理委员会。

保险业总资产增速稳步回升。9月末，保险总资产为3.8万亿元，同比增长18.9%，增幅分别比上年同期和上年年末上升5个和3.7个百分点。其中，投资类资产同比增长11.6%，增幅比上年年末上升0.4个百分点；银行存款同比增长42.9%，增幅比上年年末上升18.8个百分点。

（六）外汇市场保持平稳运行，掉期交易量快速增加

外汇市场运行总体平稳，掉期交易量继续快速增加，远期交易量与“货币对”交易量稳中有升。第三季度，外汇即期市场由于美元交易活跃使得整个外汇即期市场日均成交量环比与同比增长较为明显；人民币外汇掉期市场成交2 519亿美元，日均成交量同比增长115%，日均成交量环比增长27%；在外汇掉期市场交易中，美元币种仍然是交易的主要货币，其中隔夜人民币对美元外汇掉期成交量占掉期总成交量的65.7%，比第二季度下降1.5个百分点；第三季度，人民币对美元掉期1年期报价在7月、8月升水幅度一度有所扩大，9月由升水转为贴水；人民币外汇远期市场累计成交21.2亿美元，日均成交量环比增长33.4%；八对“货币对”累计成交折合83亿美元，日均成交量环比增长11.1%，成交品种主要为美元/港元和欧元/美元，其成交量占全部成交量的75.8%。

（七）黄金市场交易量回升，黄金价格震荡上行

第三季度，上海黄金交易所市场运行平稳。黄金成交1 149.90吨，同比减少6.68%；成交金额为2 434.91亿元，同比增长2.91%。白银成交4 746.75吨，同比增长301.97%；成交金额为164.74亿元，同比增长313.09%。铂金成交15.51吨，同比增长10.39%；成交金额为43.80亿元，同比下降13.01%。

第三季度，上海黄金交易所黄金价格震荡上行，与国际市场黄金价格走势大体一致。第三季度，国际市场黄金价格创历史新高，并首次在多个交易日保持在1 000美元/盎司高位，国内黄金价格也表现为波动上涨的态势。第三季度黄金最高价为224.95元/克，最低价为200元/克，加权平均价为211.80元/克，同比上涨18.86元/克。9月末，黄金价格为219元/克，比年初上涨13.71%。

二、金融市场制度性建设

（一）加强银行间债券市场基础建设

进一步规范金融债券信息披露工作。按照《全国银行间债券市场金融债券发行管理操作规程》关于做好信息披露服务工作的有关要求，2009 年 10 月 13 日，经中国人民银行批准，全国银行间同业拆借中心与中央国债登记结算有限责任公司联合制定并对外发布了《全国银行间债券市场金融债券信息披露操作细则》，规范与细化了银行间债券市场金融债券信息披露操作相关行为，有助于进一步提高市场透明度。

允许金融租赁公司和汽车金融公司发行金融债券。2009 年 9 月 1 日，中国人民银行和中国银行业监督管理委员会正式对外公布了《中国人民银行、中国银行业监督管理委员会公告》，明确了汽车金融公司和金融租赁公司的发债条件，规范这两类机构的发债行为。允许金融租赁公司和汽车金融公司发行金融债券，是在控制风险的前提下稳步扩大发债主体的范围、加快债券市场发展的重要步骤。

推动证券公司资产管理计划进入银行间债券市场，进一步丰富银行间债券市场投资者类型。2009 年 7 月，中国人民银行发布第 11 号公告，允许证券公司资产管理计划（包括集合资产管理计划、专项资产管理计划和定向资产管理计划）在银行间债券市场分别开立专用债券账户，并对其业务运作进行了具体规范。证券公司资产管理计划进入银行间债券市场不仅有助于提高市场流动性，同时也有利于切实保护投资者的利益，落实相关监管要求。至此，银行间债券市场非法人机构投资者类型已涵盖企业年金、保险机构产品、信托产品、基金公司特定资产管理组合和证券公司资产管理计划五个类别，银行间债券市场投资者类型正在不断丰富。

（二）完善证券市场基础性制度建设

创业板市场正式启动。《创业板市场投资者适当性管理暂行规定》和《深圳证券交易所创业板市场投资者适当性管理实施办法》自 2009 年 7 月 15 日起施行。创业板市场于 10 月 23 日正式启动，首批 28 家公司获准发行，并于 10 月 30 日在深圳证券交易所上市。创业板的推出有利于多层次资本市场体系建设进一步完善，对于我国资本市场乃至经济社会持续健康发展都具有重要的意义。

完善期货市场制度建设。《期货公司分类监管规定（试行）》自 2009 年 9 月 1 日起施行，明确了 5 类 11 个级别的期货公司分类标准和评价程序。期货公司分类监管的实施有利于合理配置期货监管资源，提高期货公司监管的有效性，同时还有利于强化期货公司合规经营意识，督促其完善包括法人治理、内部控制在内的自我约束机制，形成期货公司外部监管和主体自我约束的良性互动，促进期货行业稳定健康发展。《期货市场客户开户管理规定》自 9 月 1 日起施行，期货市场将统一开户，严格落实开户实名制。期货市场实施统一开户制度有利于提升期货市场风险防范能力，强化期货市场开户实名制，提高期货市场运行效率。

（三）加强对保险资金债券投资的管理

2009 年 8 月 28 日，中国保险监督管理委员会发布《关于加强保险机构债券回购业务管理的通知》，要求保险机构完善债券回购管理制度，加强回购融入资金管理，防范回购业务风险，并严格执行各项报告制度。2009 年 9 月 22 日，中国保险监督管理委员会发布《关于债券投资有关事项的通知》，对保险机构投资企业（公司）债券的比例、债券发行人资质及信用评级、评级人员配备等规定进行调整，以进一步加强保险机构债券投资管理，改善资产配置、优化资产结构、分散投资风险。

第四部分　宏观经济分析

一、世界经济金融形势

2009年第三季度，在国际社会和各国大规模宏观经济刺激政策的作用下，全球经济出现企稳迹象，主要经济指标好转。市场信心有所恢复，全球股票市场强劲上扬。主要发达经济体继续维持“量化宽松”的货币政策并着手研究退出的方式与策略。但全球贸易水平持续萎缩，主要经济体失业率居高不下，财政赤字水平令人担忧，金融危机的影响远未消除，未来全球经济复苏仍将面临较大的不确定性。

（一）主要经济体经济状况

美国经济复苏迹象显现。2009年第三季度，美国GDP季节调整后环比折年率为3.5%，为连续四个季度下滑后的首次正增长。失业率继续攀升，第三季度各月失业率分别为9.4%、9.7%和9.8%（26年来新高）。出口萎缩小于进口，贸易赤字明显减少，1～8月进出口同比分别下降29.1%和20.3%，贸易赤字累计为2 380亿美元，远低于上年同期的4 913亿美元。财政赤字继续大幅上升，在9月30日结束的2009财年，财政赤字高达1.42万亿美元，是2008财年赤字额的3.1倍。价格水平环比出现企稳迹象，CPI同比降幅在7月显著扩大之后，8月和9月两个月逐步收窄。第三季度各月CPI环比分别上涨0、0.4%和0.2%，同比分别下降2.1%、1.5%和1.3%。

欧元区经济出现企稳迹象。受消费和政府大规模经济刺激计划带来的公共支出拉动，欧元区第二季度GDP环比下降0.2%，远好于第一季度的-2.5%，同比下降4.8%。就业形势持续恶化，失业率逐月递增，第三季度各月失业率分别为9.5%、9.6%和9.7%。对外贸易由逆差转为顺差，1～8月进出口同比分别下滑25%和22%，累计贸易顺差52亿欧元，而上年同期为逆差405亿欧元。价格下滑速度逐步缓和，第三季度各月HICP同比分别下降0.7%、0.2%和0.3%，环比涨幅分别为-0.7%、0.3%和0。

日本经济有所好转。2009年第二季度，GDP季节调整后环比折年率为2.3%，为近五个季度以来的首次正增长。就业形势依然严峻，第三季度各月失业率分别为5.7%（创历史新高）、5.5%和5.3%。对外贸易继续大幅萎缩，但由于进口下降更快，由贸易逆差转为顺差，第三季度进出口同比分别下降39.7%和34.4%，累计贸易顺差1.1万亿日元，而上年同期为逆差1 413亿日元。价格水平继续回落，第三季度各月CPI同比下降幅度均为2.2%，环比涨幅分别为-0.3%、0.3%和0。

主要新兴市场经济体和发展中国家（地区）经济出现复苏迹象。在各国政府大规模救市举措的刺激下，部分新兴市场经济体经济逐步企稳，尤其是亚洲新兴市场经济体由于财政和国际收支状况较好，外债负担较轻，复苏迹象最为明显。但一些东欧国家经济复苏步伐缓慢。

（二）国际金融市场概况

主要货币间汇率宽幅波动，美元持续走弱。各国经济指标继续改善促使美元避险需求减弱，而美国财政赤字的急剧扩大又加大了投资者对美元稳定性的担忧，美元持续贬值。截至9月末，欧元兑美元、美元兑日元分别收于1.464美元/欧元和89.8日元/美元，美元较6月末分别贬值4.3%和6.8%。

伦敦同业拆借市场美元 Libor 震荡下行。在美联储量化宽松的货币政策作用下，联邦基金利率处于历史低位，受此影响，美元 Libor 总体呈下行走势。2009 年 9 月 30 日，1 年期美元 Libor 降至 1.26%，比 6 月末下降 0.35 个百分点；欧元区同业拆借利率 Euribor 也维持低位。9 月 30 日 1 年期 Euribor 为 1.236%，比 6 月末下降 0.268 个百分点。

主要经济体国债收益率冲高回落。第三季度，全球经济出现复苏迹象，季度初国债收益率快速反弹，但 8 月中下旬，由于市场预期通货膨胀水平将保持低位，各主要中央银行短期内加息可能性不大，主要国债收益率稳步回落。截至 9 月末，美国、欧元区和日本的 10 年期国债收益率分别收于 3.308%、3.227% 和 1.292%，较 6 月末分别下降 0.235 个、0.154 个和 0.060 个百分点。

全球主要股票市场强劲反弹。继第二季度全球主要股票市场稳步上扬之后，自 7 月中旬起，在各种经济利好数据的刺激下，市场信心大增，以欧美股票市场为主的全球主要股票市场出现了新一轮的快速反弹行情。截至 9 月末，道琼斯工业平均指数、纳斯达克指数、欧元区 STOXX50 指数和日经 225 指数分别收于 9 712.3 点、2 122.4 点、2 872.6 点和 10 133.2 点，较 6 月末分别上涨 15.0%、15.7%、19.6% 和 1.8%。

（三）主要经济体房地产市场走势

美国房地产市场显现回暖迹象。2009 年第三季度，美国全国房价指数环比涨跌互现，7 月和 8 月环比涨幅分别为 0.3% 和 -0.3%。9 月，经季节调整后的新房销售数、新房开工数和待售新房数分别为 40.2 万户、59.0 万户和 25.1 万户，环比涨幅分别为 -3.6%、0.5% 和 -3.8%。英国房地产市场好转。由于需求增长以及房价水平较低，第三季度英国房价不断上涨。Halifax 房价指数在经历了上半年的涨跌互现后连续三个月上涨，第三季度各月环比涨幅分别为 1.2%、0.8% 和 1.6%，同时，英国第三季度住房抵押贷款数据也显示英国住房市场开始复苏。日本房地产市场持续低迷。由于需求不振、资金外流，日本新房开工数量持续萎缩，单月同比降幅不断扩大，第三季度各月新房开工数同比降幅分别为 32.1%、38.3% 和 37.0%。

（四）主要经济体货币政策

第三季度，美联储、日本中央银行以及欧洲中央银行继续维持各自 0～0.25%、0.1% 和 1% 的基准利率水平。同时，日本中央银行延长了金融支持措施期限，欧洲中央银行在 7 月 6 日启动 600 亿欧元资产担保债券购买计划，而美联储则在连续数月宣布维持对抵押贷款支持证券、机构债、国债的购买规模之后，9 月 24 日宣布降低紧急信贷计划资金规模。

2009 年以来，各主要经济体中央银行继续维持接近零的基准利率水平，主要通过变动资产负债表规模的数量调节机制，即所谓的非常规货币政策增加货币供给、调节金融市场。但随着经济复苏迹象的逐渐显现，各主要经济体中央银行在下一步货币政策取向上也更为谨慎。在慎言非常规货币政策退出的同时，已开始研究退出的策略与方式。9 月初，G20 财长和央行行长会议之后发表的最终公报中，各国表示将继续实施果断的、必要的财政支持措施和扩张性货币政策和财政政策直至经济稳固复苏，同时提出有必要在经济实现稳固复苏后，撤销特殊的财政、货币和金融部门支持措施，但退出过程必须透明、可信。9 月 25 日 G20 匹兹堡峰会发表声明，进一步承诺在确保经济持久复苏之前，将继续实施强有力的应对政策，以同步实现经济复苏和就业增长，避免过早撤出刺激计划。

就在各国开始探讨政策退出并预期在经

济稳固复苏后实施有关退出策略时，澳大利亚储备银行理事会出于对通货膨胀的担忧和对经济复苏可持续的预期，分别于10月6日和11月3日，两次上调政策利率累计50个基点至3.5%，成为G20中首家开始退出刺激性政策的中央银行。10月27日，印度储备银行宣布，停止部分流动性支持措施并对银行发行的抵押借贷债券要求缴存准备金。挪威中央银行鉴于通货膨胀率高于预期、失业率低于预期，于10月28日宣布上调其政策利率25个基点至1.5%。但俄罗斯中央银行则认为，在通货膨胀率较低的情况下仍可继续采取经济刺激政策，进一步扩大银行贷款，于10月29日下调再融资利率50个基点至9.5%。而美联储、欧洲中央银行、日本银行及英格兰银行则分别在10月末和11月初的例会上维持基准利率水平不变。

（五）国际经济形势展望

国际货币基金组织10月预测，世界经济开始复苏，但复苏步伐缓慢且具有不确定性，2009年全球经济增长率为-1.1%，比7月的预测上调了0.3个百分点。其中，美国、欧元区、日本和新兴市场与发展中国家的经济增长率分别为-2.7%、-4.2%、-5.4%和1.7%，分别比2008年的实际经济增长率低3.1个、4.9个、4.7个和4.3个百分点。预测同时指出，2009年新兴市场经济体和发展中国家通货膨胀的压力将受到抑制，通货膨胀率为5.5%，比2008年的实际通货膨胀率低3.8个百分点；发达国家出现温和通货紧缩的风险则相对较高，通货膨胀率为0.1%。

从主要经济指标，尤其是全球主要金融市场表现来看，全球经济出现了较强的触底信号，但宏观经济刺激政策退出策略的选择、财政刺激政策的可持续性、价格水平走势的不确定性、失业率居高不下而可能引发的新一轮贸易和金融保护主义等都可能成为未来影响全球经济增长的主要风险因素，复苏进程存在很大的不确定性。

专栏2 应对国际金融危机 加强宏观审慎管理

国际金融危机爆发以来，虽然就危机成因还有一些不同认识，但在金融机构行为、金融体系顺周期性以及缺乏对系统性风险的防控是导致危机的重要原因这一点上，各方均已达成共识。G20匹兹堡峰会领导人声明指出，金融监管和规制的重大失效，造成了金融脆弱与风险，为形成当前危机推波助澜。从监管的角度看，现有的微观审慎监管体系主要强调个体稳健，但个体稳健并不意味着整体稳健，反而可能因此强化银行行为的顺周期性，加之金融发展加快了跨部门的风险传播，从而可能在宏观层面累积系统性风险，加剧经济波动。鉴于此，历次G20峰会都强调了国际金融监管改革的重要性，匹兹堡峰会明确提出通过增加银行资本与拨备、改善资本质量以缓解顺周期波动等监管改革的指导性建议。包括金融稳定理事会（FSB）、国际货币基金组织（IMF）、巴塞尔银行监管委员会（BCBS）在内的主要国际组织以及美、欧、英等重要经济体，也都在着力推动改革金融监管体制。

加强宏观审慎管理是当前推动金融监管改革的核心内容。从跨机构维度看，宏观审慎管理要考虑不同机构间相互影响导致的系统性风险，通过加强对具有系统重要性的金融机构监管、改进对交易对手的风险计量和控制等来维护金融体系的整体稳定。从跨时间维度看，宏观审慎管理旨在防范金融体系的顺周期性导致的系统性风险，就政策工具来讲，一方面是要缓解《巴塞尔新资本协议》和现行会计准则所具有的顺周期性，另一方面是要实施逆周期的最低资本要求和资本缓冲，并采取更为稳健的拨备方法，以增强金融体系抵御风险的能力，平滑跨周期的贷款投放和经济波动。也就是说，只有银行在经济高涨时计提充足的损失准备，在衰退到来时才不至于因拨备不足而被迫紧缩贷款。逆风向调节作为一项跨周期的中性制度安排，就是要在经济衰退、银行资产收缩的阶段降低拨备和资本要求，以缓解信贷紧缩、平滑经济波动；在经济快速增长、银行资产扩张过快的阶段增加拨备和资本要求，以加强风险防范，提高金融持续支持经济发展的能力。另外，还要通过强化对杠杆率指标的运用、加强对场外衍生品市场的监管等完善金融监管体系。从近期实践看，G20和FSB明确主张金融当局应当拥有应对系统脆弱性的宏观审慎工具，正在推动国际机构和标准制定组织开发并向各国金融当局提供此类工具。美国奥巴马政府的金融监管改革方案强调了对大型金融集团系统性风险的评估和管理，提议将系统性风险监管职责赋予美联储。英国提出建立宏观审慎分析框架，并在监管方式上从关注微观层面向关注整个金融体系和系统性风险管理转变。欧盟则将成立欧洲系统性风险委员会（ESRC），负责整个欧盟金融市场系统性风险的评估和预警，并在必要时提出应对建议。

另外，也要关注宏观政策对保持经济平稳增长的重要意义。2001年网络泡沫破裂后，一些发达国家采取了扩张性的宏观政策，财政赤字快速增长，并长期保持了宽松的货币条件，更多依赖以房地产市场膨胀为特征的过度消费来拉动经济增长。这些措施虽有助于经济在短期内复苏，但也在中长期潜藏了金融泡沫和通货膨胀的风险。还要看到，近些年来，经济全球化发展大大增强了工业生产和供给能力，抑制了一般性商品价格上涨，同时供给有限的初级产品和资产价格波动明显加大，对金融稳定及经济运行的影响显著增加。但由于相对稳定的CPI甚至核心CPI在国际上长期被视为主要的通货膨胀"锚"，相应的政策选择可能在一定程度上纵容了全球的资产和金融泡沫，累积了巨大的金融风险。因此，在金融调控上也有必要进一步完善货币政策框架，更加关注更广泛意义上的整体价格稳定，并加强国际间的沟通、协调，共同维护币值和金融体系的稳定。

二、我国宏观经济运行分析

2009年第三季度，我国国民经济运行持续向好的积极因素继续增多，经济增长持续回升，经济主体信心日益加强；农业生产形势稳定，工业生产增速稳步提升；国内需求稳步走高，投资快速增长，消费需求不断扩大，进出口降幅明显收窄。前三个季度，实现国内生产总值（GDP）21.8万亿元，同比增长7.7%，增速比上半年加快0.6个百分点；其中，最终消费、资本形成、货物和服务净出口分别拉动GDP增长4.0个、7.3个和-3.6个百分点。居民消费价格指数（CPI）同比下降1.1%，与上半年持平。贸易顺差1 355亿美元，比上半年增加385亿美元。

（一）国内需求稳步走高，进出口降幅明显收窄

城乡居民收入不断提高，国内市场销售继续稳步增长。前三个季度，城镇居民人均可支配收入为1.3万元，同比增长9.3%，扣除价格因素，实际增长10.5%，增速比上年同期加快3.0个百分点。农村居民人均现金收入为4 307元，同比增长8.5%，扣除价格因素，实际增长9.2%，增速比上年同期回落1.8个百分点。城乡居民收入的快速增长带动国内消费需求不断扩大。前三个季度，社会消费品零售总额同比增长15.1%，扣除价格因素，实际增长17.0%，比上年同期加快2.8个百分点，创历史最高水平。分城乡看，城市消费品零售额为6.1万亿元，增长14.8%，县及县以下消费品零售额为2.9万亿元，增长16.0%，县域消费增速快于城市消费增速1.2个百分点。

专栏3　改善国民收入分配格局　着力扩大居民消费需求

目前全球经济出现企稳迹象，但复苏将是一个缓慢而曲折的过程，我国经济将在较长时期内继续面临外需萎缩的压力，要进一步加快推动经济增长向内需特别是居民消费需求拉动的转变。当前，在“家电汽车下乡”、“以旧换新”等一系列政策措施刺激下，我国居民消费保持了较为良好的增长势头，但由于“家电汽车下乡”等通过财政补贴来刺激消费的效应主要着眼于短期，其可持续性难以保证。从中长期看，我国居民消费需求的持续扩大尚存在较多体制性障碍，除经常提到的社保、住房、教育、医疗等关涉民生的问题外，进一步改善国民收入分配格局的任务也十分艰巨。

在我国，国民收入分配结构失衡以及居民收入差距扩大的现象一直比较突出，严重制约了居民整体消费能力和意愿的提升。一方面劳动者报酬占GDP的比例偏低，国民收入分配向政府和企业倾斜。根据国民经济核算统计，在20世纪90年代以前，代表劳动者所得的劳动者报酬占GDP的50%以上，2001年后这个比重不断下降，到2007年已降至39.7%。而代表政府所得的生产税净额和代表企业所得的固定资产折旧及营业盈余占GDP的比重则分别由1990年的11.7%和34.9%上升到2007年的14.2%和46.1%。另一方面，居民收入分配差距也出现不断扩大的趋势。根据联合国发展计划署（UNDP）发布的2007/2008年度报告，我国居民收入的基尼系数高达0.469，不仅超过国际上0.4的警戒线，而且高于报告中127个国家的平均值，属于收入分配差距较大的国家。国际经验表明，国民收入分配问题的改善对于促进经济的进一步增长十分关键。日本在20世纪60年代实施“国民收入倍增计划”，由此发起了一场消费者革命，成为日本经济起飞的转折点，中产阶层迅速崛起，大部分家庭耐用消费品的普及率达到90%以上。

近期，有关部门为调整收入分配格局已经采取了一系列措施，但从总体看，财政、企业、居民三者之间尚未形成合理的利益分配机制，有必要借鉴国际经验，通过一揽子措施，彻底扭转居民收入增长滞后和差距扩大的局面。一是在初次分配领域，应加强对不同地区和行业工资水平的指导，同时充分发挥工会等部门的作用，增强企业职工利益话语权；进一步完善公务员和事业单位职工的薪酬管理，规范津补贴的同时实施绩效工资，

逐步形成合理的工资水平决定机制以及与经济增长相适应的工资增长机制。二是在再分配领域，应进一步完善宏观收入分配调节机制，通过加强税收调节、转移支付和增加公共财政投入等方式让利于民、调节收入分配差距。三是要进一步完善资本市场运行机制，为居民提供更多的财产性收入渠道，如发展多种形式的员工持股、股权激励制度，以及划拨国有股做实个人养老金账户等方式提高居民参与资本分配的程度，使社会各阶层能更加均衡地享受企业利润增长的收益和经济发展的成果。另外，还要进一步推动社保、医疗、住房、教育等领域的改革，逐步降低居民在这些领域的支出负担，为中长期居民消费增长提供持续动力。

固定资产投资快速增长。前三个季度，全社会固定资产投资完成15.5万亿元，同比增长33.4%，增速比上年同期加快6.4个百分点，比上半年回落0.1个百分点；扣除价格因素，实际增长39.3%，比上年同期加快21.2个百分点，比上半年加快1.0百分点。分城乡看，城镇固定资产投资完成13.3万亿元，同比增长33.3%，比上年同期加快5.7个百分点；农村固定资产投资完成2.2万亿元，同比增长33.6%，比上年同期加快10.3个百分点。在城镇固定资产投资中，分地区看，东、中、西部地区城镇投资分别增长28.1%、38.3%和38.9%，中西部投资增速明显快于东部；分产业看，三次产业投资分别增长54.8%、26.9%和38.1%，第一产业投资增速明显高于第二、第三产业。

进出口降幅明显收窄。前三个季度，进出口总额为1.6万亿美元，同比下降20.9%，降幅比上半年缩小2.6个百分点。其中，出口总额为8 466亿美元，同比下降21.3%，降幅比上半年缩小0.5个百分点；进口总额为7 112亿美元，同比下降20.4%，降幅比上半年缩小5.0个百分点。贸易顺差为1 355亿美元，比上年同期减少455亿美元，比上半年增加385亿美元。前三个季度，实际使用外商直接投资638亿美元，同比下降14.2%，降幅比上半年缩小3.7个百分点。

（二）农业生产形势稳定，工业生产增速稳步提升

前三个季度，第一产业实现增加值为2.3万亿元，同比增长4.0%，对经济增长的贡献率为4.8%；第二产业增加值为10.6万亿元，同比增长7.5%，对经济增长的贡献率为49.4%；第三产业增加值为8.9万亿元，同比增长8.8%，对经济增长的贡献率为45.8%。

农业生产形势稳定，全年粮食产量有望连续六年增产。全国夏粮产量为2 467亿斤，同比增长2.2%。前三个季度，猪牛羊禽肉产量为5 280万吨，同比增长5.6%。前三个季度，全国农产品生产价格（指农产品生产者直接出售其产品时的价格）同比下降5.0%，农业生产资料价格同比下降2.0%，农产品生产价格降幅高于农业生产资料价格降幅3.0个百分点，农民增收仍存在困难。

工业生产稳步回升，企业利润状况持续改善。前三个季度，全国规模以上工业增加值同比增长8.7%，增幅较上年同期低6.5个百分点，比上半年加快1.7个百分点；工业产品销售率为97.4%，比上年同期低0.3个百分点。工业企业利润同比增速降幅持续缩小。1～8月，全国规模以上工业企业实现利润16 747亿元，同比下降10.6%，比上年同期低30.0个百分点，但较1～5月的增速降幅缩小12.3个百分点。

（三）价格总水平同比降幅开始收窄

居民消费价格同比降幅快速收窄。第三季度，CPI同比下降1.3%，降幅比上个季度缩小0.2个百分点，其中各月降幅分别为1.8%、1.2%和0.8%。从食品和非食品分类看，食品价格开始上涨，非食品价格降幅有所扩大。第三季度，食品价格同比上涨0.3%，涨幅比上个季度提高1.3个百分点；非食品价格同比下降2.0%，降幅比上个季度扩大0.3个百分点。从基期因素和新涨价因素看，基期因素明显缩小。第三季度，基期因素为-1.3%，比第二季度缩小0.3个百分点，新涨价因素为0.1%。

受国际原油等大宗商品价格上涨，以及国内经济企稳回升加大了对原材料的需求等因素影响，生产价格同比降幅开始逐月收窄。第三季度，原材料、燃料、动力购进价格同比下降11.1%，各月分别下降11.7%、11.4%和10.1%；工业品出厂价格同比下降7.7%，各月分别下降8.2%、7.9%和7.0%。农业生产资料价格同比下降7.3%，第三季度各月分别下降7.2%、7.5%和7.3%。

国际大宗商品价格上涨较快。2009年第三季度，纽约商品交易所原油期货和布伦特原油现货当季平均价格比第二季度分别上涨14.1%和15.9%；伦敦金属交易所铜和铝现货当季平均价格比第二季度分别上涨21.6%和25.2%。

进口价格降幅缩小。第三季度，进口价格同比下降17.5%，降幅比上个季度缩小1.2个百分点，第三季度各月同比降幅分别为16.7%、20.4%和15.3%；出口价格同比下降8.5%，降幅比上个季度扩大1.5个百分点，第三季度各月同比降幅分别为7.1%、9.3%和9.1%。

劳动报酬同比继续增长。前三个季度，全国城镇单位在岗职工月平均工资为2 475元，同比增长12.9%。其中，城镇国有经济单位为2 662元，增长14.2%；城镇集体经济单位为1 543元，增长15.8%；城镇其他经济类型单位为2 353元，增长10.4%。

GDP缩减指数降幅缩小。前三个季度，我国GDP为21.8万亿元，实际增长率为7.7%，GDP缩减指数（按当年价格计算的GDP与按固定价格计算的GDP的比率）为-2.8%，比上年同期回落11.3个百分点，比上半年提高0.3个百分点。

资源性产品价格改革继续推进。第三季度，国家发展和改革委员会根据完善后的成品油价格形成机制，并结合国际市场油价变化情况，先后三次调整成品油价格。7月29日起，将汽、柴油价格每吨均降低220元；9月2日起，将汽、柴油价格每吨均提高300元；9月30日起，将汽、柴油价格每吨均降低190元。7月，国家发展改革委与住房和城乡建设部明确了水价调整的总体要求，提出要建立有利于促进节约用水、合理配置水资源和提高用水效率为核心的水价形成机制，促进水资源的可持续利用。

（四）财政收入恢复正增长，财政支出增长平稳

前三个季度，全国财政收入（不含债务收入）为5.2万亿元，同比增长5.3%，增速比上年同期降低20.5个百分点，比上半年回升7.7个百分点；全国财政支出为4.5万亿元，同比增长24.1%，增速比上年同期降低1.4个百分点，比上半年减慢2.2个百分点；收支相抵，收大于支6 316亿元，比上年同期减少6 203亿元，财政收支压力依然很大。

从财政收入情况看，受经济企稳回升、企业效益提高以及成品油税费改革后消费税增收较多等因素的影响，前三个季度，财政收入增幅总体呈回升态势，其中，第三季度各月同比分别增长10.2%、36.1%和33.0%。前三个季度，税收收入同比增长2.2%，为2009年以来首次正增长，其中，国内消费税和营业税同比

分别增长 79.1% 和 13.6%。

从财政支出情况看，财政支出继续加大对一系列保增长、扩内需、改善民生等政策措施的支持力度，增加基础设施、环境保护、社会保障、医疗卫生等领域的投入规模。前三个季度，交通运输、环境保护、农林水事务、医疗卫生、科学技术以及社会保障和就业支出同比分别增长 66.3%、56.4%、51.2%、30.5%、28.7% 和 17.7%。

（五）国际收支继续保持顺差

受国际金融危机影响，我国国际收支交易总规模和顺差额有所下降，国际收支平衡状况有所改善，但仍保持一定的外汇净流入。上半年，国际收支总顺差为 1 955 亿美元，同比下降 26%。其中，经常项目顺差为 1 345 亿美元，同比下降 30%；资本项目顺差为 610 亿美元，同比下降 15%。9 月末，国家外汇储备余额为 22 726 亿美元，较 2008 年年末增加 3 266 亿美元，比上年同期少增 508 亿美元。

外债规模总体微降，外债期限结构有所改善。截至 2009 年 6 月末，外债余额为 3 605.79 亿美元，比上年年末减少 140.82 亿美元，下降 3.76%。其中，登记外债余额为 2 510.79 亿美元，比上年年末减少 94.82 亿美元，下降 3.64%，占外债余额的 69.6%；短期外债余额为 1 943.65 亿美元，比上年年末减少 164.2 亿美元，下降 7.79%，占外债余额的 53.9%。

（六）行业分析

工业利润状况继续改善，生产加快增长。1～8 月，39 个工业大类中，36 个行业利润同比增长或降幅缩小。其中，电力、建材、交通运输设备制造、专用设备制造和化纤行业利润同比增幅分别比 1～5 月提高 179.4 个、7.7 个、21.8 个、8.2 个和 77.1 个百分点；石油加工及炼焦业由上年同期净亏损转为盈利。原材料工业生产恢复较快。高新技术产品和机电产品出口明显改善。煤电油运生产明显回升。前三个季度，原煤产量和发电量分别为 21.4 亿吨和 26 511 亿千瓦时，同比分别增长 10.3% 和 1.9%；原油产量为 1.4 亿吨，同比下降 0.5%，降幅较上半年收窄 0.5 个百分点；货运量为 201.7 亿吨，同比增长 5.0%，增速较上半年提高 2.5 个百分点。

1. 房地产行业

2009 年前三个季度，全国商品房销售快速增长，房价回升，房地产开发投资增速逐步提高，金融机构房地产贷款增速随之上升。

房地产开发投资增速逐步提高，竣工、施工面积增长，土地购置和房屋新开工面积降幅缩小。前三个季度，全国完成房地产开发投资 2.51 万亿元，同比增长 17.7%，增幅比上半年提高 7.8 个百分点，但比同期全国城镇固定资产投资增速低 15.6 个百分点。其中，商品住宅投资 1.76 万亿元，同比增长 13.4%，比上半年加快 6.1 个百分点，占房地产开发投资的 70.2%。前三个季度，全国房地产竣工面积为 3.34 亿平方米，同比增长 24.7%，比上半年加快 2.4 个百分点；施工面积为 27.75 亿平方米，同比增长 15.4%，比上半年加快 2.7 个百分点。前三个季度，全国房地产开发企业完成土地购置面积为 2.15 亿平方米，同比下降 22.1%；房屋新开工面积为 7.32 亿平方米，同比下降 0.4%，两者降幅均逐月缩小。

商品房销售快速增长。前三个季度，全国商品房累计销售面积为 5.84 亿平方米，同比增长 44.8%，比上半年加快 13.1 个百分点；累计销售额为 2.75 万亿元，同比增长 73.4%，比上半年加快 20.4 个百分点。前三个季度的销售面积和销售额比以往历史同期最高水平（2007 年前三个季度）分别高出 23.2% 和 47.3%。

房屋销售价格继续回升。9 月，全国 70 个大中城市房屋销售价格同比上涨 2.8%，已连续4个月正增长；环比价格上涨0.7%，已连续7个月正增长，但9月环比增幅较8月缩小。其中，新建住宅销售价格同比上涨2.7%，环比上涨0.8%；二手住宅销售价格同比上涨3.8%，环比上涨0.5%。在全国70个大中城市中，9月新建住宅价格环比上涨的城市有66个，二手住宅价格环比上涨的城市有60个。

商业性房地产贷款余额增速继续回升。截至2009年9月末，主要金融机构商业性房地产贷款余额为6.81万亿元，同比增长28.3%，增速比上年同期高14个百分点，比6月末高9.5个百分点。其中，房地产开发贷款余额为2.47万亿元，同比增长25.3%，增速比6月末高4.8个百分点；购房贷款余额为4.35万亿元，同比增长30.1%，增速比6月末高12.3个百分点。

2. 交通运输行业

交通运输业是国民经济重要的基础性和先导性产业，对推动国民经济发展具有不可替代的重要作用。国际金融危机对交通运输业产生了重要影响，交通运输业在应对挑战的同时抓住机遇、加快发展、突出结构转型，在国家宏观经济政策、产业振兴规划的推动下逐步走出低谷。

交通运输业投资快速增长。在国家一揽子经济刺激计划作用下，交通和多数运输行业的固定资产投资增速高于全社会固定资产投资33.4%的增幅。前三个季度，全国交通固定资产投资为7 555亿元，同比增长43.0%；铁路、道路、城市公共交通和水上运输业固定资产投资同比分别增长87.5%、50.7%、66.2%和38.3%；航空运输业在国内航空业务快速增长的背景下，固定资产投资增速由2008年的负增长转变为同比增长28.0%。

交通运输行业恢复性增长。前三个季度，货运量同比增长5.0%，增速比上半年提高2.5个百分点；客运量同比增长3.7%，增速与上半年持平。大宗货物运输明显升温，外贸货物增速低于总体增速。前三个季度，沿海主要港口完成货物吞吐量为35.2亿吨，同比增长6.1%，增幅较上半年提高4.2个百分点，其中外贸货物吞吐量为14.5亿吨，同比增长3.1%，增幅较上半年提高3.8个百分点。

交通运输行业仍然面临一些困难。当前国际经济形势还不明朗，外需下滑的压力仍然存在，尽管国内宏观经济整体企稳向好，但快速增长的交通运输能力与逐步恢复的交通运输需求不匹配，企业经营仍不乐观，道路运输企业面临着需求降低的压力，航运和港口企业的经营效益出现了不同程度的下滑。交通基础设施规划建设任务重，资金需求大，资金供给能力不足，2009年新开工项目多、重点项目建设加快等，都加剧了资金投入的压力。如铁路基本建设投资2009年计划完成6 000亿元，还有43.3%需在第四季度内完成。在投资大幅增长和运输需求尚未完全恢复的情况下，交通运输行业短期内面临较大的盈利压力。但随着国际国内经济的逐步恢复，政策措施效应的不断显现，交通运输行业总体将保持向好的发展势头。

第五部分　货币政策趋势

一、我国宏观经济展望

2009年前三个季度，在应对国际金融危机一揽子计划和政策措施的作用下，我国经济依靠强劲的内需增长抵御了罕见的外部冲击，较快地扭转下滑局面，经济企稳回升的势头逐步增强。随着国际金融危机最坏阶段的过去，外部经济环境可能逐步趋好，加之应对危机的一揽子计划进一步落实、补充和完善，总体看我国经济仍将保持平稳较快增长的基本态势。

综合各方面情况，下一阶段有利于经济发展的因素将继续增多。一方面，一揽子经济刺激措施将继续发挥效应。当前新开工项目增长很快，前三个季度，施工项目计划总投资同比增长37.1%，增速比上年同期加快19.0个百分点；新开工项目计划总投资同比增长83.0%，增幅比上年同期大幅提高81.3个百分点。地方加快发展和扩大投资的热情较高，财政和金融对经济发展的支持力度较大，投资有望继续保持较快增长。另一方面，国家较大幅度提高社会保障水平，推进医疗卫生体制改革，增加农业补贴，实施了一系列促进消费的政策措施，加之经济回升、企业效益改善、就业状况好转，都有利于提升居民收入和消费倾向，促进消费增长。各方面对未来经济平稳较快增长的信心进一步提升。中国人民银行2009年第三季度全国城镇储户问卷调查显示，居民收入感受指数出现了近两年来的首次回升，居民对下季度就业形势的预期也继续好转，就业预期指数较上季度上升了2.7个百分点。第三季度企业家问卷调查显示，宏观经济热度预期指数较上季度再升4.4个百分点。全国银行家问卷调查显示，银行家宏观经济信心指数较上季度大幅反弹15.4个百分点，宏观经济预期指数延续上季度回升走势，较上季度上升6.8个百分点。另外，随着国际经济环境逐步改善，2009年净出口对经济增长负贡献的状况在2010年有望改善，有利于实现经济的平稳较快增长。

不过也要看到，保持我国经济平稳较快发展也还面临不少困难。一方面，尽管近一段时期以来世界经济运行中的积极变化增多，但全球经济回稳复苏的前景尚不明朗，贸易摩擦加剧及刺激政策退出等不确定因素也会对国际经济运行产生重要影响，外需不足对我国的影响仍将持续。另一方面，目前内需回升的基础还不巩固，经济仍主要依赖刺激政策推动，民间投资有待进一步启动，内生增长动力尚待强化，政府主导投资持续快速增长中可能潜藏的结构性和产能过剩加剧问题值得关注，进一步挖掘消费市场的空间有多大也还有不确定性。

价格走势值得关注。一揽子计划的出台和实施有效地遏制了上年第三季度后出现的价格下行态势，通货紧缩预期显著缓解，市场信心明显增强。受全球主要经济体普遍采取大规模经济刺激措施等因素影响，2009年以来还出现了国际初级商品价格大幅上涨以及资产价格明显反弹等现象，也反映出市场上形成了一定的通货膨胀预期。总体来看，未来实体经济运行态势以及宏观政策力度、节奏的把握，将对通货膨胀预期和价格走势产生重要影响。当前，国内外经济总体好转，全球货币条件较为宽松，在经济持续回升过程中，要密切关注各类价格走势，并注意更长期及广泛意义上的整体价格水平稳定。

二、下一阶段主要政策思路

当前我国经济发展仍处在企稳回升的关键时期。中国人民银行将按照党中央、国务院的统一部署，继续实施适度宽松的货币政策，并根据国内外经济形势和价格变化，把握好政策的节奏和力度，增强政策的灵活性和可持续性，妥善处理支持经济平稳较快发展与防范化解金融风险的关系，注意管理好通货膨胀预期，提高金融可持续支持经济发展的能力，维护金融体系健康稳定运行。同时，也要进一步加强财政政策与货币政策之间的协调配合，科学合理地安排投资计划，加快经济结构调整和关键领域改革，增强民营经济活力，更大程度地发挥市场机制有效配置资源的作用，通过转型和调整提升经济增长潜力，形成新的内生增长动力。

一是保持市场流动性合理适度，引导货币信贷合理增长。根据经济金融形势和外汇流动的变化情况，合理安排货币政策工具组合、期限结构和操作力度，保持银行体系流动性合理适度，促进货币信贷合理增长。

二是合理把握信贷投放节奏，增强信贷支持经济发展的均衡性和可持续性，维护金融体系稳定。引导商业银行平滑贷款投放，调整优化信贷结构，按照相关产业政策和有保有控的信贷政策要求，继续加强对中小企业、“三农”、就业等薄弱环节的信贷支持，特别是要全面落实支持小企业发展的金融政策；限制对产能过剩、“两高一资”和重复建设行业的贷款，防范潜在信贷风险。总结国际金融危机教训，逐步建立起宏观审慎管理的制度并纳入宏观调控政策框架，发挥其跨周期的逆风向调节功能，保持金融体系稳健，增强金融持续支持经济发展的能力。

三是大力发展金融市场，促进民间直接投资。在控制风险、完善制度的基础上，完善地方政府债务融资体制，增强地方政府负债行为透明度和内外部约束。加大金融产品创新力度，丰富金融机构发债主体类型，继续推动资产支持票据、中小企业集合债等创新试点工作。稳步扩大在境内发债的境外主体范围。

四是稳步推进利率市场化改革，完善人民币汇率形成机制，加强和改善外汇管理。继续推进货币市场基准利率体系建设。按照主动性、可控性和渐进性原则，结合国际资本流动和主要货币走势变化，完善人民币汇率形成机制。积极推动外汇市场发展，丰富汇率风险管理工具，提高金融机构的自主定价和风险管理能力。继续推进跨境贸易人民币结算试点工作。进一步便利国内机构境外投资，稳步扩大国内资本市场开放。

另外，着力推动改革和结构调整，促进经济平稳可持续发展。继续推进以扩大消费内需为核心的经济结构调整和改革，转变经济发展方式。财政政策应在优化结构、改善分配、扩大民生支出等方面发挥更加突出的作用。改善收入分配结构，提高居民部门收入占比，进一步提高社会保障水平。大幅增加对劳动者的人力资本投资，实施积极的就业促进计划。加快城市化步伐，放松投融资管制，启动民间投资，推进资源能源等部门市场化改革，增强民营经济的活力，提升经济效率和内生增长动力。

PART 1 Monetary and Credit Performance

In the third quarter of 2009, China's economy saw a strengthened momentum for stabilization and recovery. Money and credit continued their rapid growth, with M1 accounting for a greater share and medium- and long-term loans increasing by a large margin.

I. Money supply grew rapidly

At end-September, the outstanding balance of broad money M2 grew 29.3 percent year on year to 58.5 trillion yuan, an acceleration of 14.1 and 0.9 percentage points from the same period of 2008 and the end of the second quarter respectively. The outstanding balance of narrow money M1 reached 20.2 trillion yuan, an increase of 29.5 percent year on year, representing an acceleration of 20.1 percentage points from the same period of 2008 and an acceleration of 4.7 percentage points from the second quarter. Cash in circulation M0 grew 16.0 percent year on year to 3.7 trillion yuan, an acceleration of 6.7 percentage points from the same period of 2008. Net cash injections in the third quarter of 2009 totaled 314.7 billion yuan, 160.3 billion yuan more than that recorded during the same period of 2008.

In the first three quarters of 2009, growth of M2 and M1 accelerated quarter by quarter. In particular, at end-September M1 accelerated more markedly and grew faster than M2 for the first time since May 2008, which may be attributed to the level in the previous year and reflect more vibrant economic activities. In general, money aggregates continued to expand at a rapid pace and the share of M1 increased.

II. Deposits of financial institutions grew rapidly and the growth of corporate demand deposits accelerated

At end-September, the outstanding balance of deposits of all financial institutions (throughout this Report, "all financial institutions" includes foreign-funded financial institutions) denominated in RMB and foreign currencies increased by 27.8 percent year on year to 59.8 trillion yuan, an acceleration of 9.6 percentage points from the same period of 2008, representing an increase of 11.8 trillion yuan from the beginning of the year and an acceleration of 5.1 trillion yuan year on year. In particular, the outstanding balance of RMB deposits rose 28.4 percent year on year to 58.4 trillion yuan, an acceleration of 9.6 percentage points from the same period of 2008, representing an increase of 11.7 trillion yuan from the beginning of the year and an acceleration of 5.2 trillion yuan year on year. The outstanding balance of foreign currency deposits rose 7.8 percent year on year to USD203.2 billion, a deceleration of 1.5 percentage points from the previous year, representing an increase of USD10.5 billion from the beginning of the year and a deceleration of USD17.2 billion year on year.

Broken down by sectors and maturities of local currency deposits, the growth of household deposits slowed down, deposits by non-financial companies continued to grow rapidly, and the growth of corporate demand deposits accelerated. At end-September, the outstanding balance of household RMB deposits increased by 25.0 percent year on year to 26.0 trillion yuan, an acceleration of 3.9 percentage points from the same period of 2008 but a deceleration of 3.3 percentage points from the second quarter of 2009, representing an increase of 3.8 trillion yuan from the beginning of the year and an acceleration of 574.5 billion yuan year on year. Recent relatively brisk real estate market and stock market activities diverted household deposits. The outstanding balance of non-financial corporate RMB deposits stood at 28.3 trillion yuan, an increase of 34.7 percent year on year, 19.6 percentage points higher than the growth during the same period of 2008 and 0.1 percentage point lower than that recorded in the second quarter, representing an increase of 6.6 trillion yuan from the beginning of the year and an acceleration of 4.4 trillion yuan year on year. Corporate deposits accelerated and increased by 5.6 trillion yuan in the first three quarters of 2009, an acceleration of 3.8 trillion yuan year on year, indicating adequate funds and strong payment capability in the corporate sector. Specifically, the growth of corporate demand deposits accelerated by 2.5 trillion yuan year on year, suggesting relatively sufficient enterprise working capital. At end-September, the outstanding balance of fiscal deposits rose 1.9 percent year on year to 2.8 trillion yuan, representing an increase of 1.0 trillion yuan from the beginning of the year and an acceleration of 26.3 billion yuan year on year.

III. RMB loans issued by financial institutions continued their rapid growth, with medium- and long-term loans increasing by a large margin

At end-September, the outstanding balance of loans issued by all financial institutions in RMB and foreign currencies stood at 41.4 trillion yuan, a growth of 33.8 percent year on year, 19.0 and 1.1 percentage points higher than the growth during the same period of 2008 and the second quarter of 2009 respectively, representing an increase of 9.3 trillion yuan from the beginning of the year and an acceleration of 5.6 trillion yuan year on year. RMB loans increased rapidly, with the outstanding balance growing 34.2 percent year on year to 39.0 trillion yuan at end-September, 19.6 percentage points higher than the growth during the same period of 2008 but 0.3 percentage point lower than the growth in the second quarter of 2009, representing an increase of 8.7 trillion yuan from the beginning of the year and an acceleration of 5.2 trillion yuan year on year. Broken down by institutions, the share of small- and medium-sized financial institutions in the aggregate credit increased in the third quarter. In the third quarter, the shares of city commercial banks and rural cooperative financial institutions in the new loans of all financial institutions increased by 6.1 and 5.8 percentage points respectively from the first half of 2009, whereas the shares of state-owned commercial banks and joint-stock commercial banks declined by 10.1 and 19.4 percentage points respectively. At end-September, the outstanding balance of foreign currency loans stood at USD343.3 billion, representing an increase of 28.3 percent year on year, down 2.5 percentage points from the growth during the same period of the previous year but up 20.3 percentage points from the end of the second quarter, indicating a relatively rapid rebound. Foreign currency loans increased by USD99.7 billion from the beginning of the year, an acceleration of USD50.5 billion year on year. In the third quarter, foreign currency loans saw substantial growth of USD47.9 billion, nearly

Table 1 RMB Loans by Financial Institutions

Unit: RMB100 million yuan

	The first three quarters of 2009		The first three quarters of 2008	
	New loans	Acceleration year on year	New loans	Acceleration year on year
Policy banks[1]	7,895	4,104	3,792	437
State-owned commercial banks[2]	36,974	24,364	12,610	-47
Joint-stock commercial banks	21,249	13,766	7,483	813
City commercial banks	7,131	4,203	2,929	180
Rural cooperative financial institutions[3]	9,523	4,093	5,430	-251
Foreign-funded financial institutions	-65	-915	850	-264

Notes: 1.Policy banks include the China Development Bank, the Export-Import Bank of China, and the Agricultural Development Bank of China. Since the reform, the China Development Bank has become a share-holding company and it is now in a transition period, so it is included among the policy banks in terms of statistics.

2.State-owned commercial banks include the Industrial and Commercial Bank of China, the Agricultural Bank of China, the Bank of China, and the China Construction Bank.

3.Rural cooperative financial institutions include rural cooperative banks, rural commercial banks, and rural credit cooperatives.

Source: The People's Bank of China.

50 percent of which went to trade financing, indicating intensified credit support to external trade.

In terms of loan destinations, the growth of household loans accelerated notably, whereas lending to non-financial institutions and other sectors continued their relatively rapid growth. At end-September, the outstanding balance of household loans grew 34.0 percent year on year, 19.0 and 10.2 percentage points higher than the growth during the same period of 2008 and the growth in the second quarter respectively, representing an increase of 1.8 trillion yuan from the beginning of the year and an acceleration of 1.2 trillion yuan year on year. The outstanding balance of consumer loans grew 1.2 trillion yuan from the beginning of the year, representing an acceleration of 880.9 billion yuan year on year and a momentum of rapid growth. In particular, due to brisk transactions in the real estate market, individual housing loans increased by 952 billion yuan from the beginning of the year, an acceleration of 708.9 billion yuan. Household business-oriented loans grew 587.2 billion yuan from the beginning of the year, an acceleration of 333.3 billion yuan year on year. Supported by the rapid growth of medium- and long-term loans, loans to non-financial companies and other sectors grew 34.2 percent year on year, an acceleration of 19.8 percentage points from the same period of 2008, representing an increase of 6.8 trillion yuan from the beginning of the year and an acceleration of 4.0 trillion yuan year on year. Specifically, medium- and long-term loans accelerated by 2.7 trillion yuan year on year, effectively satisfying the need for funds for important infrastructure projects. Paper financing accelerated by 720.2 billion yuan year on year. However, with the large number of bills issued at the beginning of the year coming due, and affected by other factors such as the rebounding of the bill discount rate, declining bill issuances, and the reduction in paper financing by financial institutions to provide more medium- and long-term loans, paper financing decreased by 826.2 billion yuan on a net basis in the third quarter. RMB loans to small- and medium-sized enterprises grew at a rapid pace. According to statistics jointly released by the PBC and the China Banking Regulatory Commission (CBRC), at end-September, the outstanding balance of RMB loans from Chinese banking institutions issued to SMEs totaled 14.1 trillion yuan (among which 910.2 billion yuan consisted of paper financing), an increase of 3.08 trillion yuan or 28 percent from the beginning of the year.

The bulk of RMB medium- and long-term loans went to the infrastructure sector, the leasing and business services sector, the real estate sector, and the manufacturing sector. In the first three quarters of 2009, new medium- and long-term loans of major financial institutions (including state-owned commercial banks, policy banks, joint-stock commercial banks, and city commercial banks) in RMB and foreign currencies totaled 2.1 trillion yuan to the infrastructure sector (transportation and communication, warehousing and postal services, electricity, gas, water production and supply, water conservancy, environmental protection, and public facility management), 591 billion yuan to leasing and business services, 481.2 billion yuan to the real estate sector, and 431 billion yuan to manufacturing respectively, accounting for 50.5 percent, 14.0 percent, 11.4 percent, and 10.2 percent of all new medium- and long-term loans respectively.

IV. Liquidity in the banking system was sufficient

By end-September, the outstanding balance of base money had increased 13.7 percent year on year to 13.3 trillion yuan, an increase of 418.5 billion yuan from the beginning of the year. The money multiplier at end-September was 4.39, representing growth of 0.53 from the same period of 2008 and thus representing a stronger capacity for money creation. At end-September, the excess reserve ratio of financial institutions registered 2.06 percent. In particular, the excess reserve ratios of the four state-owned commercial banks, joint-stock commercial banks, and rural credit cooperatives were 1.80 percent, 2.00 percent, and 3.96 percent respectively.

V. The lending rates of financial institutions remained stable

In the third quarter, liquidity in the banking system was abundant and the RMB lending rates of financial institutions remained stable. In September, the weighted average lending rate to non-financial companies and other sectors stood at 5.05 percent, flat with that recorded in June. In particular, the weighted average lending rate of loans and the weighted average paper financing rate stood at 5.74 percent and 2.48 percent respectively. The lending rate of individual housing loans remained broadly stable, with the weighted average interest rate for individual housing loans standing at 4.38 percent in September.

Compared with the benchmark interest rate, the share of loans with an interest rate lower or higher than the benchmark interest rate increased. In September, the share of loans to non-financial companies and other sectors with an upward or downward adjusted interest rate registered 31.82 percent and 37.57 percent respectively, up 1.35 and 1.74 percentage points from June; the share of loans with an interest rate at the benchmark accounted for 30.61 percent, down 3.09 percentage points from June.

Table 2 Shares of RMB Loans with Rates Adjusting at Various Ranges in the First Three Quarters of 2009

Unit: %

	Lower than benchmark	At benchmark	Higher than benchmark					
	[0.9,1.0)	1.0	Sum	(1.0,1.1]	(1.1,1.3]	(1.3,1.5]	(1.5,2.0]	Above 2.0
January	23.51	34.27	42.21	14.62	12.79	4.97	6.98	2.86
February	28.82	33.56	37.62	12.29	10.36	4.82	6.98	3.18
March	28.38	35.18	36.43	12.21	10.46	4.37	6.64	2.75
April	26.72	33.48	39.80	12.18	11.07	5.46	7.97	3.12
May	27.34	32.40	40.26	13.03	11.46	5.18	7.49	3.10
June	30.47	33.70	35.83	12.66	10.24	4.70	5.82	2.41
July	32.76	32.18	35.06	11.89	9.16	4.52	6.55	2.94
August	30.91	30.79	38.31	13.34	10.68	5.03	6.45	2.81
September	31.82	30.61	37.57	12.55	10.81	5.07	6.41	2.73

Source: The People's Bank of China.

Affected by the decline in interest rates in international financial markets, the interest rates of domestic foreign currency loans declined. In September, the domestic U.S. dollar lending rate for loans with a maturity of within 3 months and loans with a maturity of 3-6 months stood at 1.33 and 1.37 percent respectively, down 0.16 and 0.11 percentage points respectively from June. The domestic U.S. dollar deposit rate remained stable. In September, U.S. dollar demand deposits and large-value U.S. dollar deposits with a 3-month maturity stood at 0.13 and 0.37 percent respectively, up 0.02 and 0.05 percentage points from June. From the end of 2008 to June 2009, some financial institutions on several occasions cut their interest rates for small-value foreign currency deposits, with the one-year rates of small-value U.S. dollar deposits decreasing from 3 percent to 0.8 percent, down 2.2 percentage points. In an effort to expand the sources of foreign currency funds, some financial institutions slightly increased the interest rate for their small-value foreign currency deposits in September, with the one-year U.S. dollar deposit rate reaching 1 percent.

VI. The RMB exchange rate remained broadly stable at an adaptive and equilibrium level

Since the beginning of 2009, to cope with the global financial crisis the RMB exchange rate remained broadly stable at an adaptive and equilibrium level. At end-September the central parity of the RMB against the U.S. dollar was 6.8290 yuan per U.S. dollar, an appreciation of 56 bps, or 0.08 percent, from the end of 2008; the central parity of the RMB against the euro and the Japanese yen was 9.9659 yuan per euro and 7.5747 yuan per 100 yen, a depreciation of 3.08 and 0.13 percent respectively from the end of 2008. Beginning from the exchange rate regime reform in July 2007 to end-September 2009, the RMB cumulatively appreciated 21.20 percent against the U.S. dollar, and depreciated 0.48 percent against the euro and 3.55 percent against the Japanese yen.

Since the beginning of 2009, the peak and trough central parities of the RMB against the U.S. dollar were 6.8201 yuan per U.S. dollar and 6.8399 yuan

Table 3 The Average Interest Rate for Large-value Deposits and Loans Denominated in USD in the First Three Quarters of 2009

Unit: %

	Large-value deposits						Loans				
	Demand deposits	Within 3 months	3-6 months (including 3 months)	6-12 months (including 6 months)	1 year	Above 1 year	Within 3 months	3-6 months (including 3 months)	6-12 months (including 6 months)	1 year	Above 1 year
Jan.	0.34	0.55	1.36	1.26	1.91	1.46	2.89	3.33	3.48	3.04	3.62
Feb.	0.16	0.48	1.46	1.79	1.95	5.01	2.18	2.87	3.13	2.61	2.74
Mar.	0.15	0.55	1.32	1.77	2.20	1.30	2.23	2.44	3.05	2.51	3.39
Apl.	0.10	0.36	1.13	1.39	1.58	3.73	1.98	2.26	2.37	2.14	3.59
May	0.11	0.36	0.90	1.17	1.49	5.00	1.59	1.86	1.79	1.49	2.63
Jun.	0.11	0.32	0.76	1.05	1.68	1.12	1.49	1.48	1.52	1.44	3.53
Jul.	0.10	0.32	0.65	1.08	1.52	1.98	1.51	1.47	1.51	1.36	2.61
Aug.	0.10	0.35	0.67	0.93	1.89	1.66	1.41	1.37	1.42	1.53	2.71
Sept.	0.13	0.37	0.61	0.74	1.82	2.33	1.33	1.37	1.51	1.59	2.59

Source: The People's Bank of China.

per U.S. dollar respectively. The largest appreciation of the RMB central parity against the U.S. dollar in a single business day was 0.07 percent (50 basis points) and the largest depreciation in a single business day was 0.07 percent (50 basis points). Among the 184 trading days, the RMB appreciated on 99 days and depreciated on 85 days against the U.S. dollar on the inter-bank market. The RMB/U.S. dollar exchange rate was relatively stable, basically in a range between 6.81 yuan per U.S. dollar and 6.85 yuan per U.S. dollar, leading to relatively stable expectations for the RMB exchange rate.

PART 2 Monetary Policy Conduct

In the third quarter of 2009, due to the effects of the policy package adopted to cope with the global financial crisis, the trend of a national economic recovery was strengthened. The PBC continued to carry out a relatively easy monetary policy, adjusted the focus, strength, and pace of policy operations to keep reasonably sufficient liquidity in the banking system, and guided financial institutions to optimize the credit structure and prevent credit risks, in order to create a good monetary and credit environment for economic development and to enable monetary policy to play an active role in supporting economic growth.

I. Open market operations were conducted in a timely manner and with appropriate strength

In the third quarter of 2009, the PBC conducted open market operations flexibly in line with the external and internal economic and financial situations and the changes in banking liquidity. First, the PBC managed the strength and pace of open market operations to maintain reasonably sufficient liquidity in the banking system along with a flexible supplement of hedging operations through central bank bills and short-term repo transactions. In the third quarter, 1.3 trillion yuan of central bank bills were issued, and 870 billion yuan of repo operations were conducted. At end-September, the volume of outstanding central bank bills was 3.9 trillion yuan. Second, hedging instruments were further expanded with the resumption of the issuance of one-year central bank bills at the beginning of July to optimize the maturity structure of operations and promote stable growth of money and credit. Third, the flexibility of interest rate operations was enhanced to effectively guide market expectations. When interest rate volatility in the money market intensified and interest rates increased with the resumption of IPOs in the stock market, open market operation rates gradually stabilized after moderate increases in the third quarter so that market expectations were effectively guided and the market interest rate played a role in adjusting the demand and supply of funds. At end-September, the interest rates of 28-day repo and 3-month central bank bills were stabilized at 1.18 percent and 1.33 percent respectively, up 28 and 36 basis points from the beginning of the year. The issuance rate of one-year central bank bills stood steadily at 1.76 percent, up almost 26 basis points since the resumption of the issuance of central bank bills. Fourth, state treasury cash management was carried out in a timely manner. In order to further strengthen coordination between fiscal policy and monetary policy, time deposit business with commercial banks for state treasury cash management was carried out on three occasions in the third quarter at a volume of 30 billion yuan each time; this helped increase the return on treasury cash and maintained continuity in operations, and also helped satisfy the funding requirements of some small- and medium-sized financial institutions in a timely manner.

II. Window guidance and credit policy guidance were enhanced

Financial institutions were guided to control the pace of credit extensions, improve the credit structure, and prevent credit risks. Efforts were made to strengthen macro-credit policy guidance and financial support for the restructuring and revitalization of ten key industries. Efforts were also made to strengthen credit support to SMEs, the agricultural sector, the countryside, and farmers, employment creation, students in need, out-sourcing of services, post-disaster reconstruction, and other projects to improve the people's well-being. Consumer credit development and implementation of a housing credit policy were encouraged. Funding support to economic restructuring, independent innovation, M&As, industry relocation, and concerted economic development in ethnic regions was strengthened. Credit to weak enterprises in high energy consuming, heavily polluting industries with excessive production capacity was strictly limited. Financial institutions were also guided and urged to strengthen internal risk controls, to manage the structure, pace, and progress of loan disbursements, and to prevent new credit risks.

III. The pilot RMB settlement of cross-border trade transactions was steadily promoted

To meet the requirements of domestic and overseas markets and enterprises, to support the development of trade between China and its neighboring countries and regions, and to provide more conveniences for enterprises, on April 8, 2009, the State Council decided to conduct pilot RMB settlement of cross-border trade transactions in Shanghai, and Guangzhou, Shenzhen, Zhuhai, and Dongguan of Guangdong province. In July 2009, the *Administrative Rules for the Pilot RMB Settlement of Cross-border Trade Transactions* and the *Regulation for Implementing the Administrative Rules on the Pilot Program for RMB Settlement of Cross-border Trade Transactions* were released to regulate RMB settlement of trade transactions.

Box 1 Steadily Promote the Pilot RMB Settlement of Cross-border Trade Transactions to Enhance Facilitation of Trade and Investment

Affected by the global financial crisis, major international settlement currencies such as the U.S. dollar and the euro experienced large exchange-rate volatility and trade financing decreased, posing substantial risks for Chinese enterprises and enterprises in neighboring countries and regions when settling trade transactions in a third currency. Some enterprises, both in China and other countries, hoped to use the RMB as a payment instrument. At the same time, China had realized the convertibility of the RMB under the current account since 1996 and had accumulated experience in personal RMB business in Hong Kong and Macau and RMB settlement of border trade. Against such a background, on April 8, 2009, the 56th regular meeting of the State Council decided to launch a pilot program for RMB settlement of cross-border trade transactions in Shanghai, and Guangzhou, Shenzhen, Zhuhai, and Dongguan of Guangdong province to provide conveniences for enterprises. On

July 1, 2009, the PBC, jointly with the Ministry of Finance, the Ministry of Commerce, the General Administration of Customs, the State Administration of Taxation, and the China Banking Regulatory Commission, issued the Administrative Rules on the Pilot Program for RMB Settlement of Cross-border Trade Transactions. On July 3, the PBC released the Regulation for Implementing the Administrative Rules on the Pilot Program for RMB Settlement of Cross-border Trade Transactions. Thereafter, the State Administration of Taxation and the General Administration of Customs issued supporting policies on export tax rebates and customs declarations for RMB settlements in order to standardize RMB settlements for cross-border trade transactions and to steadily carry out the pilot program.

The general principle for RMB settlement of cross-border trade transactions is to facilitate trade activities while ensuring that risks remain controllable. Under this principle, the above-mentioned administrative rules and supporting policies stress, on the one hand, the importance of effective supervision over the pilot RMB settlement of cross-border trade transactions through strengthening the institutional arrangements in selecting the pilot enterprises, verification of trade authenticity, and statistical monitoring of RMB payments and receipt information and establishing an information-sharing and management system, and, on the other hand, to provide conveniences to enterprises by stipulating that RMB settlements of cross-border trade transactions need not go through the foreign exchange verification procedures, that exports settled with RMB are eligible for the export tax rebate (exemption) in line with the relevant rules, and that enterprises can deposit RMB revenue from export transactions overseas to meet their business needs.

Generally, the pilot program for RMB settlement of cross-border trade transactions progressed smoothly and the fund-clearing channel was safe and efficient. According to statistics of the Cross-border RMB Receipt and Payment Information Management System (RCPMIS), as of September 30, 2009, the total amount of RMB settlement of cross-border trade transactions was over 100 million yuan, and financing under RMB accounts, trade financing, and other related businesses were conducted successfully. The export tax rebate (exemption) claim and customs declaration for RMB settled transactions were gradually streamlined.

In the changing global economic and financial environment, the launch of RMB settlement of cross-border trade transactions will help enterprises manage foreign exchange rate risks and reduce foreign exchange losses, will be important to promote economic and trade development between China and its neighboring countries and regions, and will support stable foreign trade development. The PBC, together with the relevant departments, will build on the experiences of the pilot program and actively study the feasibility and implementation procedures for expanding the pilot program in an effort to promote facilitation of trade and investment.

IV. Reform of financial enterprises was advanced

Reform of the listed large state-owned commercial banks was further deepened and there was improved performance. The Industrial and Commercial Bank of China, the Bank of China, the China Construction Bank, and the Bank of

Communications continued to improve governance, advance decision-making mechanisms, strengthen internal controls and risk prevention mechanisms to prevent a rebounding of the NPL ratio and a decline in profits, while earnestly implementing the state macro-adjustment policy and increasing credit support for economic growth. At the end of the thrid quarter of 2009, the capital adequacy ratio of the Industrial and Commercial Bank of China, the Bank of China, the China Construction Bank, and the Bank of Communications registered 12.6 percent, 11.6 percent, 12.1 percent, and 12.5 percent respectively, the NPL ratio was 1.7 percent, 1.6 percent, 1.6 percent, and 1.4 percent respectively, and pre-tax profits were 128.87 billion yuan, 84.76 billion yuan, 111.6 billion yuan, and 29.26 billion yuan respectively.

The joint stock reform of the Agricultural Bank of China and the China Development Bank made good progress. The Agricultural Bank of China steadily advanced the reform of its multi-divisional structure system, formulated a special credit policy for the agricultural economy, established a positive incentive mechanism to serve the agricultural economy, strengthened risk management and control in sectors serving the agricultural economy, increased credit extensions to the agricultural economy and key fields at the county level, and improved financial services for farmers. At end-September, the Agricultural Bank of China issued 29.67 million bankcards to farmers and issued micro credits to 2.16 million farmers through bankcards, with an outstanding balance of 56.8 billion yuan. The China Development Bank (CDB) continued exploring the establishment of an operational mechanism and mode suitable for medium- and long-term credit-lending banks. At end-August, the CDB established its PE-focus unit to develop the equity investment business.

The reform of policy financial institutions advanced steadily. The reform working group established by the PBC and relevant departments continued to improve the reform plan and articles of association of the Export-Import Bank of China and the China Export Credit Insurance Corporation. The nature of these two institutions will remain as policy financial institutions, with their business classified into policy business and commercial business and with a focus on policy business. They will enhance their service capacity for foreign trade and "going abroad" enterprises by injecting capital, improving corporate governance, strengthening internal controls and external constraints, and other reform measures.

The reform of the rural credit cooperatives (RCCs) advanced smoothly and the bulk of the financial support was disbursed. At end-September, a total of 160.1 billion yuan of special bills was redeemed for rural credit cooperatives in 2,321 counties and cities, accounting for more than 95 percent of all the bills issued for this purpose; and 1.5 billion yuan of earmarked loans were disbursed. The smooth implementation of the financial support policy served as a positive incentive to promote the rural credit cooperative reform. The asset quality of the rural credit cooperatives was significantly improved. At end-September, based on the four categories of loan classifications, the total volume and ratio of NPLs in the rural credit cooperatives was 361.7 billion yuan and 7.7 percent respectively, representing a reduction of 153 billion yuan and 29 percentage points from end-2002. Their lending ability increased by a fairly large margin. At end-September, total deposits and outstanding loans of the rural credit cooperatives posted 6.7 trillion and 4.7 trillion yuan respectively, the latter accounting for 12 percent of the outstanding loans of all financial institutions, 1.4 percentage points higher than that at end-2002. The RCCs have further enhanced support to the agricultural sector. At end-September, outstanding agricultural loans issued by the RCCs stood at 2.1 trillion yuan, accounting for 44 percent and 96 percent of the RCCs' total credits and the total agricultural credit of all financial institutions respectively, up 4 percentage points and 15 percentage points from end-2002. The reform of the property rights system continued. By end-September, 29 rural commercial banks, 181 rural cooperative banks, and 2,055 institutions with legal person status at the county level had been established.

V. Foreign exchange administration reform was deepened

The reform of the foreign exchange administration system was further deepened and foreign exchange services were improved. First, foreign exchange receipts and sales by export enterprises were made more convenient. The network verification and examination system for foreign exchange receipts and sales from export transactions was improved. Based on increasing the basic ratio of advanced sales revenue, deferred payments, and supplied processing materials, the basic ratio of advance payments was raised to 30 percent, and advance payment writing-off procedures were streamlined to further facilitate the foreign trade operations of enterprises. Second, measures were taken to actively support the development of the out-sourcing services industry. Foreign exchange receipt and payment approval procedures were streamlined for enterprises in the out-sourcing services business and off-shore out-sourcing services business was encouraged to use RMB as the denomination for settlement currency. RMB denominated instruments were developed to provide enterprises in outsourcing services with more tools to manage exchange-rate risks. Third, investment facilitation was promoted. Ex-post record disclosure-based registering replaced ex-ante approval and verification in the treatment of fund sources of outward investments. In terms of the administration of capital remittances, a filing system replaced the approval system. Fourth, balanced administration and risk prevention of cross-border capital were strengthened. Qualified domestic Chinese commercial banks and foreign-capital- funded banks were allowed to open foreign exchange accounts for overseas institutions and these foreign exchange accounts were included in the relevant information system. Efforts were made to crack down on the underground money shops, internet-based foreign exchange trading, and other illegal activities. Fifth, efforts were made to safeguard the safety of foreign exchange reserve assets, by strengthening examination of the procedures for foreign exchange reserve management to ensure compliance and standardizing core business management and operational procedures to guarantee the sound and orderly investment of foreign exchange reserves. In line with the principle of ensuring safety and reasonable returns, foreign exchange reserves were used to purchase International Monetary Fund bonds. Sixth, monitoring of the foreign exchange liquidity of financial institutions was strengthened to guide financial institutions to strike a balance between safety, liquidity, and profits of domestic and overseas investments, adjust the domestic and overseas asset structure, and increase financial support for imports and exports and "going global" strategies.

VI. The RMB exchange rate regime was improved

The managed floating exchange rate regime based on market supply and demand with reference to a basket of currencies was further improved in a self-initiated, controllable, and gradual manner to enable market supply and demand to play a fundamental role in the yuan exchange-rate formation and to keep the exchange rate basically stable at an adaptive and equilibrium level.

PART 3

Financial Market Analysis

In the thrid quarter of 2009, the financial market continued to function in a sound and stable manner and market liquidity was adequate. Trading on the money market was active and interest rates edged up amid larger fluctuations. Trading on the bond market remained brisk and bond indices fluctuated slightly. Trading on the stock market became more brisk and stock indices rallied among fluctuations.

In the first three quarters, the aggregate financing volume of the domestic non-financial sectors (including the household, corporate, and public sectors) rose 158 percent year on year to 11.27 trillion yuan. Loans still dominated the financing structure. Government securities and enterprise bonds accounted for a larger percentage of the total financing volume and played a more important role in fund allocations.

I. Financial market analysis

1. Trading volume on the money market rose rapidly and interest rates edged up

Trading on the money market was brisk. The volume of bond repos and inter-bank borrowing on the money market continued to grow rapidly. In the first three quarters of 2009, the turnover of bond repos on the inter-bank market totaled 53.40 trillion yuan, with the daily turnover averaging 282.6 billion yuan, representing year-on-year growth of 30.8 percent. The turnover of inter-bank borrowing

Table 4 Financing by the Domestic Non-financial Sectors

	Volume of financing (RMB100 million yuan)		As a percentage of total financing(%)	
	The first three quarters of 2009	The first three quarters of 2008	The first three quarters of 2009	The first three quarters of 2008
Financing by the domestic non-financial sectors 1	112,689	43,686	100.0	100.0
Bank loans	93,458	37,089	82.9	84.9
Equities2	2,954	3,339	2.6	7.6
Government securities3	7,566	642	6.7	1.5
Enterprise bonds4	8,711	2,616	7.7	6.0

Notes: 1. Non-financial sectors in this table include the household sector, non-financial enterprises, and the public sector.

2. Equity financing in this table does not include financing by financial institutions on the stock market.

3. The financing volume of government securities in 2009 includes municipal bonds issued by the Ministry of Finance on behalf of local governments.

4. Enterprise bonds refer to enterprise bonds, corporate bonds, short-term financing bills, and medium-term notes.

Source: The People's Bank of China.

reached 13.72 trillion yuan, with the average daily turnover growing 20.5 percent year on year to 72.6 billion yuan. In terms of the maturity structure, overnight products were traded most frequently on the repo and inter-bank borrowing market, accounting for 77.0 percent and 82.8 percent respectively, up 17.8 percentage points and 13.0 percentage points respectively year on year. The turnover of government securities repos on the stock exchanges increased 57.3 percent year on year to 2.50 trillion yuan.

With the liquidity supply relatively adequate, the financing structure on the money market was characterized by the following: 1) The liquidity of state-owned commercial banks was abundant. Their net lending grew significantly over the same period of last year and accounted for a much larger share in the net lending of all financial institutions. 2) Net lending growth of other commercial banks moderated greatly due to their balance-sheet structure and the greater demand for short-term liquidity in the market. 3) Factors such as the recovery of the capital market and the resumption of IPOs substantially boosted the financing demands of securities and fund management companies, insurance companies, and other financial institutions. In the first three quarters of 2009, net borrowing of other financial institutions increased 4.4 times over the same period of last year. Net borrowing of securities and fund management companies and insurance companies rose 3.7 times and 1.3 times year on year respectively.

The interest rate derivatives market operated in a sound manner. In the first three quarters of 2009, market expectations remained generally stable. The turnover of bond forward and interest rate swap transactions grew 12.8 percent and -8.7 percent respectively year on year. The trading volume of forward rate agreements was relatively small. In terms of the maturity structure, 2-7 day products were traded most frequently on the bond forward market and interest rate swaps with a maturity of one year or less were traded most frequently on the interest rate swap market. The Shibor played a greater role in the pricing of interest rate derivative products. In the first three quarters, Shibor-based interest rate swaps accounted for

Table 5 Fund Flows among Financial Institutions in the First Three Quarters of 2009

Unit: RMB100 million yuan

	Repo		Inter-bank borrowing	
	The first three quarters of 2009	The first three quarters of 2008	The first three quarters of 2009	The first three quarters of 2008
State-owned commercial banks	-206,565	-73,725	-16,876	23,300
Other commercial banks	-7,351	14,296	5,274	-30,951
Other financial institutions	189,689	35,929	5,790	577
Of which: Securities and fund management companies	77,137	13,904	1,475	2,877
Insurance companies	32,013	13,739	—	—
Foreign financial institutions	24,226	23,500	5,812	7,073

Note: Other financial institutions in this table include policy banks, associations of rural credit cooperatives, finance companies, trust and investment companies, insurance companies, securities companies, and fund management companies. A negative sign indicates net lending; a positive sign indicates net borrowing.
Source: The People's Bank of China.

Table 6 Transactions of Interest Rate Derivatives

Year/quarter	Bond forward		Interest rate swaps		Forward rate agreement	
	Transactions	Amount (RMB100 million yuan)	Transactions	Nominal principal amount (RMB100 million yuan)	Transactions	Nominal principal amount (RMB100 million yuan)
2005	108	178	—	—	—	—
2006	398	665	103	356	—	—
2007	1,238	2,518	1,978	2,187	14	11
2008	1,327	5,008	4,040	4,122	137	114
Q1 2009	251	913	721	801	11	38
Q2 2009	406	1,945	913	1,068	6	10
Q3 2009	449	1,922	1,170	1,370	2	3

Source: China Foreign Exchange Trade System.

28.7 percent of the total RMB interest rate swaps; forward rate agreements were all traded based on the Shibor.

Money market interest rates edged up amid larger fluctuations. With abundant supply of liquidity in the market, the monthly weighted average interest rates of bond pledged repo and inter-bank borrowing basically remained at around 0.85 percent. Since late-June, due to the resumption of IPOs and other factors, money market interest rates of all maturities rose by various margins amid larger fluctuations. In September, the monthly weighted average interest rates of bond pledged repo and inter-bank borrowing registered 1.28 percent and 1.27 percent respectively, up 37 basis points and 36 basis points over June. At the end of the third quarter, overnight and 7-day Shibor posted 1.7742 percent and 1.7983 percent, up 83 basis points and 79 basis points respectively over the beginning of 2009 and 68 basis points and 59 basis points from end-June. Three-month and 1-year Shibor stood at 1.7687 percent and 2.2000 percent, down 1 basis point and 16 basis points respectively from the beginning of 2009, and a decrease of 45 basis points and 33 basis points from end-June.

2. Trading on the bond market was brisk and bond indices fluctuated slightly

The volume of spot bond trading rose rapidly. In the context of adequate liquidity and affected by factors such as the greater supply of government bonds, the recovery of the capital market, and the resumption of IPOs, financial institutions adopted different asset allocation strategies and spot bond trading was brisk. In the first three quarters, the turnover of spot bond trading on the inter-bank market totaled 36.51 trillion yuan, with an average daily turnover of 193.2 billion yuan, up 37.7 percent year on year. State-owned commercial banks were the major net buyers on the inter-bank spot bond market, with net purchases of 1.021 trillion yuan; other commercial banks and financial institutions had net sales of 660.1 billion yuan and 371.4 billion yuan respectively. The spot trading of government bonds on the stock exchanges registered 169.4 billion yuan, up 36.7 percent year on year.

Bond indices fluctuated by small margins. In the first three quarters of 2009, bond indices on the inter-bank market and stock exchanges remained generally stable. The China Bond

Figure 1 Yield Curves of Government Securities on the Inter-bank Bond Market in 2009

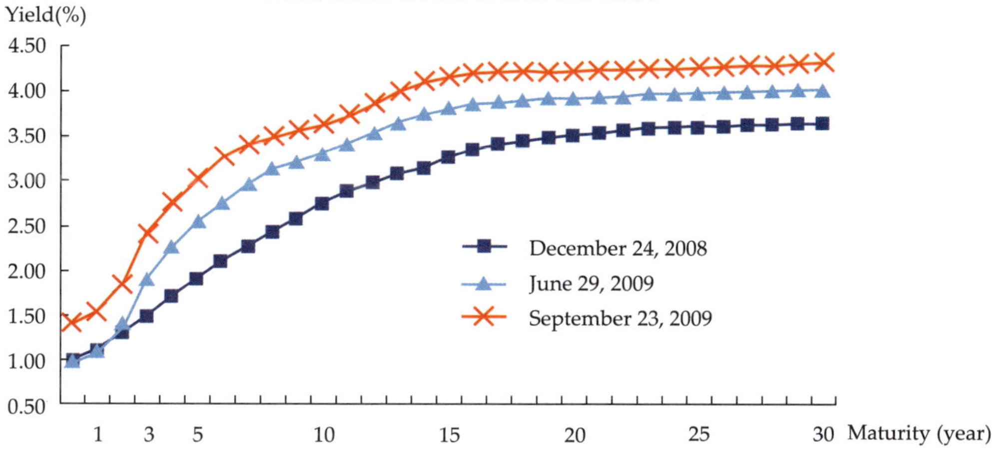

Source: China Government Securities Depository Trust and Clearing Co., Ltd.

Composite Total Return Index fell 1.32 points, or 1.0 percent, from 132.22 points at the beginning of this year to 130.90 points at the end of September.

The yield curve of government bonds on the inter-bank market moved upward. The medium- and long-term end bonds with maturities ranging from 3 to 15 years steepened and moved up. Since 2009, with economic stabilization and recovery taking hold, the overall yield curve of government bonds on the inter-bank market moved upward. The yields of medium- and long-term government bonds with maturities ranging from 3 to 15 years grew by a larger margin, some as much as 117 basis points.

Bond issuances grew rapidly. In the first three quarters, a total of 3.61 trillion yuan of bonds (excluding central bank bills) was issued on the primary market, up 1.65 trillion yuan over the same period of last year, representing growth of 84.5 percent. The issuance of government bonds, bank subordinated bonds, hybrid capital bonds, and enterprise bonds accelerated significantly, playing an important role in promoting economic stabilization and recovery. By the end of September, the Ministry of Finance had completed the planned 200 billion yuan municipal bond issuance on behalf of local governments, which provided capital support for central-government-invested projects. Divided by maturities, the issuance of short- and medium-term bonds with maturities of less than 5 years accounted for 65.6 percent of the total, up 0.6 percentage point year on year. At the end of September 2009, outstanding bonds deposited with China Government Securities Depository Trust and Clearing Co., Ltd. totaled 16.48 trillion yuan, up 13.9 percent year on year. Affected by the sustained supply of abundant liquidity and the adequate supply of securities, the issue rates on the bond market rose among fluctuations. The interest rate of book-entry 10-year government bonds issued in September 2009 registered 3.44 percent, up 54 basis points over that of such bonds issued in December 2008. The issue rates of other bonds also grew by various margins.

Table 7 Issuances of Bonds in the First Three Quarters of 2009

Types of bonds	Issuances (RMB100 million yuan)	Year-on-year growth (%)
Government securities [1]	14,350	130.4
Policy financial bonds	7,178	1.1
Bank subordinated bonds and hybrid capital bonds	2,429	356.5
Bank ordinary bonds	50	-80.0
Enterprise bonds [2]	11,909	125.5
Of which: Short-term financing bills	3,100	5.2
Medium-term notes	5,752	682.6

Notes: 1. Including 200 billion yuan of municipal bonds issued by the Ministry of Finance.

2. Including enterprise bonds, short-term financing bills, medium-term notes, and corporate bonds.

Source: The People's Bank of China.

The Shibor played an increasingly important role in the pricing of bonds. In the first three quarters of 2009, all 139 enterprise bonds with a total value of 269.6 billion yuan were priced based on the Shibor, and 71 short-term financing bills worth 94.3 billion yuan were issued based on Shibor, accounting for 30 percent of the total; 20 medium-term notes with a total value of 38.6 billion yuan were issued based on the Shibor, accounting for 7 percent of the total issuance.

3. The outstanding volume of paper financing gradually declined and the interest rates of bills rebounded by a small margin

In the first three quarters, a total of 7.8 trillion yuan of commercial bills was issued by the corporate sector, up 53 percent year on year. Discounted bills totaled 18.1 trillion yuan, up 90 percent year on year. Rediscounted bills amounted to 10.17 billion yuan, up 9 percent year on year. At the end of September, outstanding commercial bills stood at 4.3 trillion yuan, up 41 percent year on year. Outstanding discounted bills registered 2.8 trillion yuan, up 95 percent over the same period of last year. Outstanding rediscounted bills posted 8.77 billion yuan, twice as much the value of such bills during the previous year. Influenced by money market interest rates and the change in demand and supply on the bill market, the interest rates of bills continued to edge up in the third quarter.

In the third quarter, bill acceptances and bill discounts declined month by month. The value of outstanding discounted bills decreased by 822 billion yuan in the third quarter and the share of outstanding discounted bills in all outstanding loans decreased from 9.6 percent at the end of the second quarter to 7.2 percent at the end of the third quarter. Generally, given the accelerated growth of credit extensions, the decline of bill financing in the third quarter can be attributed to adjustments in the loan structure of financial institutions and reductions of bill financing to meet medium- and long-term loan demands to prevent risks of bill financing and to regulate bill transactions. The maturing of a large amount of bills issued at the beginning of this year also contributed to the decline in bill financing.

4. Trading on the stock market became more brisk and stock indices rose amid fluctuations

With economic stabilization and recovery taking hold and influenced by the rallying of the stock markets in the major economies, the abundant liquidity supply, and other factors, trading on the domestic stock market became more brisk and stock indices rose amid fluctuations. In the first three quarters, the total turnover on the Shanghai and Shenzhen Stock Exchanges amounted to 38.75 trillion yuan, up 17.15 trillion yuan year on year. The average daily turnover posted 210.6 billion yuan, 1.8 times as much as that during the same period of last year. At the end of September, the market capitalization of tradable shares totaled 10.07 trillion yuan, an increase of 120 percent over the end of last year. At end-September, the Shanghai Composite Index and Shenzhen Composite Index closed at 2,779 points and 949 points respectively, up 52.7 percent and 71.6 percent year on year and basically flat with the level during the second quarter of 2008. At end-September, the average P/E ratios of A-shares on the Shanghai and Shenzhen Stock Exchanges reached 24.1 times and 35.4 times respectively from 15 times and 17 times at the end of 2008.

In the third quarter, the resumption of IPOs significantly moderated the year-on-year decline of stock market financing in the first half of 2009. According to preliminary statistics, a total of 295.4 billion yuan was raised by non-financial enterprises and financial institutions through IPOs, secondary offerings, rights issues, warrants, and the issuance of convertible bonds on equity markets both at home and abroad, a reduction of 38.5 billion yuan year on year. The value of funds raised in the third quarter totaled 202.1 billion yuan, accounting for 68.4 percent of the total in the first three quarters, an increase of 142.4 billion yuan over the same period of last year. The Growth Enterprise Market (GEM) was launched in September and a total of 6.68 billion yuan was raised during the month. A multi-tiered capital market has taken form in China.

5. The growth of total assets in the insurance industry recovered steadily

The growth of premium income exceeded expectations. In the first three quarters, premium income in the insurance industry registered 858 billion yuan, up 8.1 percent year on year, an acceleration of 1.5 percentage points. Among this total, premium income of property insurance grew 21.4 percent year on year, an acceleration of 2.8 percentage points. Premium income of life insurance rose steadily by 4.1 percent year on year despite the large base value during the same period of last year. In the first three quarters, total compensation and benefit payments in the insurance industry increased 5.2 percent year on year to 234.2 billion yuan.

Growth in the total assets of the insurance industry rallied steadily. At the end of September, the total assets of the insurance industry amounted to 3.8 trillion yuan, up 18.9 percent year on year, an acceleration of 5 percentage points over the same period of last year and an

Table 8 Use of Insurance Funds in the First Three Quarters of 2009

	Outstanding balance(RMB100 million yuan)		As a share of total assets (%)	
	End-September 2009	End-September 2008	End-September 2009	End-September 2008
Total assets	37,880	31,854	100.0	100.0
Of which: Bank deposits	10,058	7,040	26.6	22.1
Investment	24,232	21,722	64.0	68.2

Source: The China Insurance Regulatory Commission.

acceleration of 3.7 percentage points over end-2008. In particular, investment-type assets grew 11.6 percent year on year, an acceleration of 0.4 percentage point; and bank deposits increased 42.9 percent over the same period of last year, an acceleration of 18.8 percentage points.

6. The foreign exchange market developed in a stable manner and the trading volume of swap transactions grew rapidly

The foreign exchange market operated in a sound manner and the trading volume of swap transactions continued to rise rapidly. The trading volume of forward transactions and currency pairs grew steadily. In the third quarter, the average daily turnover on the spot foreign exchange market registered significant quarter-on-quarter and year-on-year growth due to the active trading of the U.S. dollar. The turnover of RMB foreign exchange swap transactions totaled USD251.9 billion, with the average daily turnover increasing 115 percent year on year and 27 percent quarter on quarter. The U.S. dollar was still the most frequently traded currency on the foreign exchange swap market, with the turnover of overnight RMB/USD swaps accounting for 65.7 percent of the total turnover in swap transactions, down 1.5 percentage points over the second quarter. In the third quarter, the premium of 1-year RMB/USD swaps increased in July and August, and turned into a discount in September. The turnover on the RMB foreign exchange forward market totaled USD2.12 billion, and the average daily turnover increased 33.4 percent quarter on quarter. The turnover of 8 currency pairs reached USD8.3 billion, and the average daily turnover rose 11.1 percent quarter on quarter. The bulk of the transactions were USD/HKD and EUR/USD currency pairs, accounting for 75.8 percent of the total.

7. The trading volume on the gold market recovered and gold prices grew amid fluctuations

In the third quarter of 2009, the Shanghai Gold Exchange operated in a stable manner. The trading volume of gold stood at 1,149.90 tons, down 6.68 percent year on year. The turnover of gold transactions totaled 243.491 billion yuan, up 2.91 percent over the same period of the previous year. The trading volume of silver registered 4,746.75 tons, up 301.97 percent year on year and the turnover of silver totaled 16.474 billion yuan, an increase of 313.09 percent compared with the same period of last year. The trading volume of platinum amounted to 15.51 tons, up 10.39 percent year on year, and the turnover of platinum stood at 4.38 billion yuan, down 13.01 percent over the same period of the previous year.

In the third quarter, the price of gold on the Shanghai Gold Exchange rose amid fluctuations, which was consistent with that on the international market. In the third quarter, the price of gold on international markets hit a record high, for the first time standing at USD1,000 per ounce for many days. The domestic price of gold also rose amid fluctuations. In the third quarter, the peak and bottom price of gold reached 224.95 yuan per gram and 200 yuan per gram and the weighted average stood at 211.80 yuan per gram, up 18.86 yuan per gram year on year. As of end-September, the price of gold registered 219 yuan per gram, an increase of 13.71 percent over the beginning of 2009.

II. Financial market institutional building

1. Improve the basic institutional arrangements of the inter-bank bond market

Information disclosures of financial securities were further standardized. In accordance with the *Administrative Procedures for the Issuance of Financial Bonds on the Inter-bank Bond Market* and as approved by the PBC, the National Inter-bank Funding Center and the China Government Securities Depositary Trust and Clearing Company jointly formulated and released the *Detailed Operational Rules on Information Disclosures of Financial Securities on the Inter-bank Bond Market* on October 13, 2009, defining the details of information disclosures by financial securities on the inter-bank bond market. This move will help improve market transparency.

Financial leasing companies and automobile financing companies were permitted to issue financial securities. On September 1, 2009, the PBC and CBRC issued the *Announcement of the People's Bank of China and the China Banking Regulatory Commission*, specifying the conditions for the issuance of financial securities by automobile financing companies and financial leasing companies and regulating their practices. This was an important step forward in diversifying securities issuers and accelerating the development of the securities market while making sure that risks remain within control.

Securities companies were allowed to invest on the inter-bank bond market as a part of their asset management plans, further diversifying the investor structure on the inter-bank bond market. *PBC Announcement No. 11* issued in July 2009 allowed securities companies to open single-purpose bond accounts for their asset management plans (including their collective asset management plan, specific asset management plan, and directed asset management plan) on the inter-bank bond market and established detailed rules and standards to regulate their business practices. Investments of asset management plans operated by securities companies in the inter-bank bond market will improve the supply of liquidity and better protect investors' interests. At present, there are five categories of non-legal person institutional investors, namely enterprise annuities, insurance products, trust products, asset management services of fund management companies for specific clients, and asset management plans of securities companies, indicating a more inclusive investor structure on the inter-bank bond market.

2. Strengthen the fundamental institutional arrangements in the securities market

The Growth Enterprise Market (GEM) was officially launched. The *Trial Provisions on the Management of the Suitability and Appropriateness of Investors on the Growth Enterprise Market* and the *Implementation Measures for the Management of the Suitability and Appropriateness of Investors on the Growth Enterprise Market of the Shenzhen Stock Exchange* entered into force on July 15, 2009. The GEM was officially launched on October 23, and the first 28 enterprises were approved to be listed on the Shenzhen Stock Exchange on October 30. The launching of the GEM enriched the multi-tiered capital market in China, and is important for the sustainable and healthy development of the capital market and China's economic and social progress.

The institutional arrangements of the futures market were improved. The *Provisions on Classified Supervision of Futures Companies (Trial)* that entered into force on September 1, 2009 defined the classification standards and evaluation processes of 11 classes in 5 categories of futures companies. The classified supervision will help optimize allocation of regulatory resources, enhance the effectiveness of regulation over futures companies, improve the awareness of compliance of futures companies, and help them establish self-regulatory mechanisms, including legal person governance and internal control. This move aimed to promote self-discipline by implementing external supervision so as to facilitate the stable and healthy development of the futures industry. Taking effect on September 1, the *Regulations on the Management of the Opening of Accounts on the Futures Market* provided that an applicant must use a real name to open an account and must follow a unified account-opening process in order to prevent risks and improve the efficiency of the futures market.

3. Improve management of insurance fund investments on the bond market

The China Insurance Regulatory Commission (CIRC) issued the *Notice on Strengthening Management of Bond Repurchase Transactions of Insurance Companies* on August 28, 2009, requiring that insurance companies improve the bond repo management system, strengthen management of funds raised via bond repo, prevent risks, and fulfill reporting obligations. The CIRC released the *Notice on Relevant Issues on Bond Investment* on September 22, 2009, amending the provisions on the share of enterprise (corporate) bonds in the investment portfolios of insurance companies, and the qualifications and credit ratings for bond issuances and the staffing of credit-rating personnel, so as to better regulate investments by insurance companies on the bond market, improve the asset allocation and structure, and diversify investment risks.

PART 4 Macroeconomic Analysis

I. Global economic and financial developments

In the third quarter of 2009, driven by the large-scale macroeconomic stimulus policies taken by various countries, the global economy showed signs of stabilization and major economic indicators improved. Market confidence picked up somewhat and stock markets rallied worldwide. While continuing "quantitative easing", the major developed economies began to consider exit plans and strategies. However, contractions in the volume of global trade, high unemployment rates in the major economies, and a bleak fiscal outlook indicate that the impact of the financial crisis will linger on and the economic recovery will face large uncertainties.

1. Economic development of the major economies

The U.S. economy showed signs of recovery. In the third quarter of 2009, the seasonally adjusted annualized GDP was 3.5 percent, the first quarterly growth after four straight declines. The unemployment rate continued to climb, with the monthly rates for the three months of the third quarter registering 9.4 percent, 9.7 percent, and 9.8 percent (a record high in 26 years). Imports contracted more than exports, resulting in a noteworthy reduction in the trade deficit. From January to August, imports and exports fell by 29.1 percent and 20.3 percent respectively and the trade deficit totaled USD238 billion, much smaller than the deficit of USD491.3 billion during the same period of last year. For the fiscal year ending on September 30, 2009, the accumulated fiscal deficit stood at USD1.42 trillion, 3.1 times that of fiscal year 2008. Month-on-month price levels showed signs of stabilizing, with the year-on-year (YOY) CPI smoothing out in August and September after dropping notably in July. The month-on-month CPI growth for the three months of the third quarter registered 0 percent, 0.4 percent, and 0.2 percent respectively, down 2.1 percent, 1.5 percent, and 1.3 percent compared with that during the same period of last year.

The euro area showed signs of stabilization. Driven by consumption and public expenditures created by the governments' considerable stimulus packages, the month-on-month GDP slid by 0.2 percent in the second quarter, much better than the -2.5 percent in the first quarter, and the YOY figure fell by 4.8 percent. The employment situation deteriorated further with the unemployment rate climbing month after month, registering 9.5 percent, 9.6 percent, and 9.7 percent respectively in the three months of the third quarter. Trade changed from a deficit to a surplus, with YOY imports and exports slumping by 25 percent and 22 percent respectively from January to August, registering a 5.2 billion euro surplus, a large contrast with the 40.5 billion euro deficit during the same period of last year. The price level declined at a slower pace with the YOY HICP dropping by 0.7 percent, 0.2 percent, and 0.3 percent and the month-on-month figures increasing by -0.7 percent, 0.3 percent, and 0 percent for the three months of the third quarter.

The Japanese economy picked up. In the second quarter of 2009, the seasonally adjusted annualized GDP registered 2.3 percent, the first positive reading in five quarters. In the third quarter, the employment situation remained grave, with the unemployment rate reaching a record high of 5.7 percent, 5.5 percent, and 5.3 percent in the three months of the third quarter. Trade contracted dramatically and changed from a deficit to a surplus due to the fact that imports plummeted more than exports. In the third quarter, YOY imports and exports declined by 39.7 percent and 34.4 percent respectively and the accumulated trade surplus totaled 1.1 trillion yen, whereas the same period of last year saw a deficit of 141.3 billion yen. Price levels fell steadily, reflected in a 2.2 percent decrease in the YOY monthly CPI for the three months of the third quarter and the month-on-month growth rates were -0.3 percent, 0.3 percent, and 0 percent respectively.

The economies of the major emerging markets and developing countries (regions) showed signs of recovery. Driven by the considerable stimulus of the market rescue measures taken by the various governments, economic activities in a number of emerging economies gradually stabilized. In particular, the Asian emerging economies, with their fiscal accounts and balance of payments in good shape and a low external debt level, experienced a strong rebound. But some Eastern European countries lagged behind on the path toward recovery.

2. Global financial market development

The exchange rates of the major currencies saw large fluctuations and the U.S. dollar moved continuously downward. Better readings of the economic indicators in several countries weakened the demand for the U.S. dollar as a safe-haven and the soaring U.S. fiscal deficit added to investors' worries about the greenback's sustainability, which caused U.S. dollar to depreciate continuously. At the end of September, the exchange rates of the euro against the U.S. dollar and the U.S. dollar against the yen closed at 1.464 U.S. dollar per euro and 89.8 yen per U.S. dollar, a depreciation of the U.S. dollar by 4.3 percent and 6.8 percent respectively compared with end-June.

The U.S. dollar Libor fluctuated downward. The historically low federal funds rate as a result of the Federal Reserve's quantitative easing monetary policy affected the movement of the U.S. dollar Libor. On September 30, the 1-year U.S. dollar Libor slumped to 1.26 percent, 0.35 percentage points lower than that at end-June. The Euribor was also low. On September 30, the 1-year Euribor posted 1.236 percent, down 0.268 percentage points from that at end-June.

The yields of government securities of the major countries lost their gains from earlier rallies. At the beginning of the third quarter, supported by signs of a global economic recovery, yields rebounded rapidly. However, yields began to fall back from mid- to late August with market expectations that the inflation would remain subdued and the possibility that the major central banks would increase interest rates low. At the end of September, the yield of 10-year treasury bonds of the United States, euro area, and Japan closed at 3.308 percent, 3.227 percent, and 1.292 percent, down 0.235, 0.154, and 0.060 percentage points respectively.

The major stock indices rebounded strongly. Since mid-July, maintaining the steady upward momentum of the second quarter and boosted by the positive economic data, the major stock indices, especially those in Europe and the U.S., had enhanced market confidence and there was a new round of rallying. At end-September, the Dow Jones Industrial Average, the NASDAQ, the STOXX50, and the Nikkei 225 closed at 9,712.3, 2,122.4, 2,872.6, and 10,133.2, up 15.0 percent, 15.7 percent, 19.6 percent, and 1.8 percent respectively from end-June.

3. Housing market development in the major economies

There have been signs of recovery in the U.S. housing market. In the third quarter of 2009, the national housing price index was volatile, with a 0.3 percent month-on-month increase in July and -0.3 percent in August. In September, seasonally adjusted new home sales, start of new homes, and new homes yet to be sold stood at 402,000, 590,000, and 251,000 respectively, growing by -3.6 percent, 0.5 percent, and -3.8 percent month on month. The British housing market improved. Expanding demand and the low housing-price level pushed up housing prices in the UK. The Halifax housing index rose by 1.2 percent, 0.8 percent, and 1.6 percent month on month for the three months of the third quarter after fluctuating in the first half of the year. Meanwhile, mortgage loan data from the third quarter also pointed to a recovery in the British housing market. Japanese housing market activity remained weak. Due to sluggish demand and the outflow of capital, the start of new homes continued to decrease, as reflected in the declining monthly YOY figures, which were down 32.1 percent, 38.3 percent, and 37.0 percent respectively for the three months of the third quarter.

4. The monetary policy of the major economies

In the third quarter, the Federal Reserve, the Bank of Japan, and the European Central Bank (ECB) kept their policy rates unchanged at 0-0.25 percent, 0.1 percent, and 1 percent respectively. At the same time, the Bank of Japan extended its financial support measures. On July 6, the ECB commenced a covered bond purchase program in the amount of 60 billion euro. After keeping the purchase amounts of mortgage-backed securities, agency debts, and treasury bonds unchanged for several months, on September 24 the Federal Reserve scaled back the amounts offered in the Terms Securities Lending Facility auctions.

Since 2009, in the context of close to zero interest rates, the central banks of the major economies relied mainly on a quantitative easing mechanism, or the so-called unconventional monetary policy, by changing the size of their balance sheets to increase money supply and shore up the financial markets. However, when signs of recovery appeared, the central banks of the major economies became more cautious in choosing their policy stance. Although reticent about the unwinding of the unconventional measures, they had already initiated studies on exit strategies and methods. In the communiqué released after the September G20 meeting of finance ministers and central bank governors, the participants pledged to continue to decisively implement necessary financial support measures and expansionary monetary and fiscal policies until recovery was secured. The communiqué also stressed the need for a transparent and credible process for withdrawing extraordinary fiscal, monetary, and financial sector support as recovery became firmly secured. Furthermore, the leaders' statement at the Pittsburgh Summit published on September 25 expressed a commitment to sustain a strong policy response until a durable recovery was secured and to ensure that when growth returned, jobs would return as well. In addition, the statement also warned of a premature withdrawal of the stimulus.

When countries around the world began to talk about withdrawal and planned to implement exit strategies after the economic recovery was secured, the Board of the Reserve Bank of Australia, out of concerns of inflation and expectations of a sustained economic recovery, raised its cash rate on October 6 and November 3 for a total of 50 basis points to 3.5 percent and became the first G20 country to end its stimulus policy. On October 27, the Reserve Bank of India declared the termination of some liquidity supporting measures and required reserves for mortgage lending securities issued by banks. The Norges Bank believed inflation had been higher than expected and unemployment lower than previously projected. As a result, it raised its key interest rate by 25 basis points to 1.5 percent. On October 29, the Central Bank of the Russian Federation cut the refinancing rate by 50 basis points to 9.5 percent out of belief that it was possible to stick to the stimulus policy and further expand bank credit in the context of relatively low inflation. However, the Federal Reserve, the European Central Bank, the Bank of Japan, and the Bank of England decided to maintain their benchmark rates unchanged at their end-October or early-November meetings.

5. World economic outlook

In October the International Monetary Fund (IMF) projected that the global economy had begun to recover, although at a slow pace and with many uncertainties. It predicted that the world economic growth rate would be -1.1 percent in 2009, up 0.3 percentage point from July's projection, with the U.S., the euro area, Japan, and the emerging and developing countries slowing to -2.7, -4.2, -5.4, and 1.7 percent respectively in 2009, 3.1, 4.9, 4.7, and 4.3 percentage points lower than the real growth rate of 2008. According to the IMF, inflation in the emerging markets and developing countries would be suppressed at around 5.5 percent in 2009, down 3.8 percentage points from a year earlier. The risks of a moderate deflation in the developed countries grew and inflation was forecast to be 0.1 percent.

Major economic indicators and the performance of the global financial markets suggested that the world economy had already bottomed out. However, factors such as the choice of macroeconomic exit strategies, the sustainability of the fiscal stimulus, uncertain price movements, and the possibility of a new round of trade and financial protectionism brought about by the high unemployment rates might cast a shadow over global economic growth and many uncertainties on the path of recovery remain.

Box 2 Enhance Macro-prudential Oversight in Response to the Financial Crisis

Though there are different understandings about the root causes of the international financial crisis since its outbreak, a consensus has been reached that the behavior of financial institutions, the pro-cyclicality of the financial system, and the lack of prevention of systemic risks were important factors behind the crisis. The G20 leaders' statement at the Pittsburgh Summit indicates that major failures in regulation and supervision created dangerous financial weaknesses that contributed significantly to the current crisis. The existing micro-prudential oversight system mainly focuses on the health of individual institutions. However, the health of individual institutions cannot guarantee the stability of the entire system; instead it might encourage the pro-cyclical behavior of banks. In addition, financial development has accelerated the spread of risks across different sectors. Therefore, risks might accumulate at the macro-level, adding to economic fluctuations. In view of these new developments, all the G20 summits stressed the importance of reforming the international financial regulatory system, and the Pittsburgh Summit proposed clear guidelines to improve the level and quality of capital and to adopt forward-looking provisioning to mitigate pro-cyclical fluctuations. Major international organizations including the Financial Stability Board (FSB), the IMF, and the Basel Committee on Banking Supervision (BCBS), as well as large economies such as the U.S., the Euro area, and the U.K. are also committed to facilitating reform of the international financial regulatory system.

The enhancement of macro-prudential oversight is the core of the reform of the financial regulatory system. From a cross-sectoral dimension, macro-prudential oversight shall take into account the systemic risks from the inter-linkages of different institutions, and, at the same time, safeguard the overall stability of the system through strengthening regulation of important systemic institutions and improving counter-party risk measurements and controls. From a time dimension, the aim of macro-prudential oversight is to prevent systemic risks caused by pro-cyclicality. And in terms of the purpose of the policy tools, on the one hand, the purpose is to mitigate the pro-cyclicality of new capital agreement and current accounting standards; on the other hand, by implementing counter-cyclical measures such as a minimum capital requirement, capital buffers, and a stricter provisioning policy, it is to strengthen the ability of financial institutions to withstand the crisis and to level out the through-the-cycle credit growth and economic fluctuations. That is to say, banks can avoid being forced to tighten up credit for lack of provision in times of recession only by setting aside enough provisions against loan losses during times of boom. The function of a counter-cyclical adjustment, which is a neutral and through-the-cycle arrangement, is to lower provisioning and capital requirements during a downturn and capital contractions so as to ease the credit crunch and level out the economic fluctuations, while tightening up provisioning and capital requirements during a boom and credit expansion so as to prevent risks and to enhance support for sustained economic growth. In addition, the financial supervisory and regulatory system can be strengthened through better utilization of the leverage ratio indicator and improved regulation over OTC derivatives. Recently, the G20 and FSB explicitly proposed that financial authorities should possess macro-prudential tools to tackle systemic fragility, and they are facilitating the development of such tools by international agencies and standard-setting organizations. The financial regulation reform plan of the Obama administration emphasizes the appraisal and management of the systemic risks posed by large financial institutions and gives the Federal Reserve responsibility for supervising systemic risks on the Federal Reserve. The UK has introduced a macro-prudential analysis framework and shifted the focus of supervision from micro-level toward system-wide risks. The EU will establish an European Systemic Risk Council (ESRC) to take charge of appraisal and early warning of systemic risks in EU financial markets and when necessary provide suggestions for corresponding solutions.

In addition, the importance of macro policy in sustaining economic growth should not be neglected. After the burst of the Internet bubble in 2001, some developed countries adopted an expansionary macro policy, which led to a soaring fiscal deficit, and later maintained a loose monetary condition for a very long period. At the same time, they relied too much on excessive consumption based on the housing market boom to stimulate economic growth. Although these measures contributed to an economic recovery in the short term, they also sowed the seeds of a mid- and long-term financial bubble and inflation. Furthermore, industrial production and supply were promoted by economic globalization, which helped contain overall price levels. But the volatility of the prices of primary goods increased notably due to the limited supply, as was the case with asset prices. Such volatility has an increasingly important influence on financial stability and economic growth. Unfortunately, since a relatively stable CPI or core CPI was always regarded as an anchor of inflation, the policy chosen against such a backdrop more or less might have given rise to the worldwide asset and financial bubble, leading to the huge financial risks. Therefore, in terms of financial adjustments, it is necessary to further improve the monetary policy framework, pay more attention to overall price stability, strengthen international communications and coordination, and safeguard the stability of both the currency and the financial system.

II. Analysis of China's macroeconomic performance

In the third quarter of 2009, with the emergence of more positive factors, the economy continued to recover and confidence rebounded further. Performance of the agricultural sector was stable, and industrial production gathered speed. With domestic demand steadily expanding, investment growing rapidly, and consumer demand on the rise, exports and imports declined by a smaller margin. In the first three quarters, GDP grew 7.7 percent year on year to 21.8 trillion yuan, accelerating 0.6 percentage point from the level in the first half of 2009. The contribution of final consumption, capital formation, and the net export of goods and services contributed 4 percentage points, 7.3 percentage points, and -3.6 percentage points respectively to GDP growth. The CPI was down 1.1 percent year on year, flat with the level in the first half of 2009. The trade surplus expanded by USD38.5 billion yuan to USD135.5 billion.

1. Domestic demand steadily increased whereas the decline in imports and exports decreased

Urban and rural household income continued to improve and sales on the domestic market continued to grow steadily. In the first three quarters of the year, the per capita disposable income of urban residents registered 13,000 yuan, up 9.3 percent year on year in nominal terms, or 10.5 percent in real terms, an acceleration of 3.0 percentage points from the same period of last year. The per capita cash income of farmers grew by 8.5 percent in nominal terms, or 9.2 percent in real terms, to 4,307 yuan, representing a deceleration of 1.8 percentage points from the same period of last year. Household income gains supported the expansion of consumer demand. In the first three quarters of the year, retail sales grew 15.1 percent in nominal terms year on year, or 17.0 percent in real terms, representing an acceleration of 2.8 percentage points from the same period of 2008 and their highest level since recording began. In particular, retail sales in cities were up 14.8 percent to 6.1 trillion yuan, and retail sales in counties, townships, and villages were up 16.0 percent to 2.9 trillion yuan. Consumption growth in counties, townships, and villages outperformed that in cities by 1.2 percentage points.

Box 3 Improving Income Distribution and Supporting the Expansion of Household Consumer Demand

The global economy has stabilized, yet recovery will be a slow process. The Chinese economy is expected to face persistent pressures of shrinking external demand, and thus it is necessary to accelerate a shift to domestic-demand-driven growth, in particular consumer-demand-driven growth. As a result of a series of policy measures, such as electronic appliances and automobiles to the countryside and cash for old appliances, consumer demand has maintained a good momentum of growth. Yet, as the fiscal subsidy only aims to stimulate consumption in the short run, this is not expected to be sustainable. In the medium and long run, there are structural impediments to expansion of consumer demand, including not only the often-mentioned problems of social security, housing, education, and health care, but also the arduous task of improving the pattern of income distribution.

In China, structural imbalances in the pattern of income distribution and the rising income gap have limited the rise of ability and willingness of households to consume. On the one hand, the share of labor compensation in GDP is relatively low, and the distribution tilts toward government and enterprises. According to national economic accounting, labor compensation accounted for over 50 percent of the GDP before 1990s. The share started to decline in 2001 and reached a mere 39.7 percent in 2007. In contrast, the share of the net product tax (as a proxy for government revenue) and the share of the depreciation of fixed assets and the operating surplus (as a proxy for enterprise income) was up from 11.7 percent and 34.9 percent respectively in 1990 to 14.2 percent and 46.1 percent in 2007. On the other hand, the income gap has been widening. According to the 2007/2008 annual report released by the UNDP, China's Gini coefficient was 0.469. This is above the internationally accepted warning level of 0.4 and above the average of the 127 countries covered by the report. International experience has shown that improvements in income distribution play a major role in supporting economic growth. In the 1960s, Japan launched a plan to double national income. The program led to a consumer revolution and eventually the take-off of the Japanese economy. With the rise of the middle class, most consumer durable goods reached more than 90 percent of Japanese households.

Recently, the authorities have taken a number of measures to adjust the pattern of income distribution. But a balanced income distribution pattern among the government, businesses, and households is not yet in place. It is necessary to implement a package of measures to prevent the income gap from further widening and to accelerate the growth of household income. First of all, in terms of primary distribution, there should be stronger guidance for wage levels in different regions and different industries; trade unions and other association should play a role, and the voice of workers should be enhanced; compensation of civil servants and personnel of government agencies and institutions needs to be managed in a better way, and regulation of subsidies should be combined with performance-based pay. Second, in terms of redistribution, it is necessary to improve the macro-mechanism to adjust income distribution. Tax-based adjustments, transfer payments, and public expenditures should be enhanced to benefit the people and to reduce the income gap. Third, it is desirable that the operating mechanism of the capital market be improved to provide households with more channels to generate property income and to enhance household participation in capital distributions, such as developing employee stock ownership plans of various forms and other types of equity incentives and transferring state-owned stocks to personal pension accounts, so that people of various income levels can benefit from economic development and the growth of enterprise profits. In addition, it is necessary to promote social security, medical services, housing, and educational reform in order to reduce household expenditures in these areas and to sustain the expansion of household consumption in the medium and long run.

Fixed-asset investments continued to increase rapidly. In the first three quarters of the year, completed fixed-asset investments rose by 33.4 percent to 15.5 trillion yuan, an acceleration of 6.4 percentage points from the same period of the last year and a deceleration of 0.1 percentage point from the first half of 2009; inflation-adjusted real growth posted 39.3 percent, representing an acceleration of 21.2 percentage points from the same period of last year and an acceleration of 1.0 percentage points from the first half of 2009. In terms of the rural-urban breakdown, fixed-asset investment in urban areas was up 33.3 percent year on year to 13.3 trillion yuan, representing an acceleration of 5.7 percentage points from the same period last year, whereas fixed-asset investment in rural areas was up 33.6 percent to 2.2 trillion yuan, representing an acceleration of 10.3 percentage points. With respect to the geographic breakdown of fixed-asset investment in urban areas, investment in East, Central and West China grew 28.1 percent, 38.3 percent, and 38.9 percent respectively, with investment growth in Central and West China exceeding that in East China. As for the industrial breakdown of investment, primary, secondary, and tertiary industry investment were up 54.8 percent, 26.9 percent and 38.1 percent respectively, with primary industry growing notably faster than secondary and tertiary industry.

The decline of imports and exports moderated. In the first three quarters, the volume of imports and exports totaled USD1.6 trillion, down 20.9 percent year on year, representing a moderation of 2.6 percentage points from the decline in the first half of 2009. In particular, the export volume totaled USD846.6 billion, down 21.3 percent year on year, representing a moderation of 0.5 percentage point from the decline in the first half of 2009, whereas the import volume totaled USD711.2 billion, down 20.4 percent year on year, representing a moderation of 5.0 percentage points from the first half of 2009, resulting in a surplus of USD135.4 billion, down USD45.5

billion from the corresponding period last year but up USD38.5 billion from the first half of 2009. In the first three quarters, actually utilized foreign direct investment posted USD63.8 billion, down 14.2 percent year on year and representing a deceleration of 3.7 percentage points.

2. Performance of the agricultural sector was stable and growth of industrial production accelerated

In the first three quarters of the year, the value added of primary industry was up 4.0 percent year on year to 2.3 trillion yuan, contributing 4.8 percent to economic growth; the value added of secondary industry was up 7.5 percent year on year to 10.6 trillion yuan, contributing 49.4 percent to economic growth; the value added of tertiary industry grew 8.8 percent year on year to 8.9 trillion yuan, representing a 45.8 percent contribution to economic growth.

Performance of the agricultural sector was stable, and annual grain output is expected to grow for the six successive year. The output of summer grain totaled 123.35 million tons, an increase of 2.2 percent year on year. In the first three quarters of the year, meat (including pork, beef, mutton, and poultry) production posted 52.8 million tons, up 5.6 percent year on year. In the first three quarters, the producer prices of agricultural products (the price at which farmers sell their products) fell 5.0 percent. The prices of agricultural capital goods posted a year-on-year decline of 2.0 percent. The producer prices of agricultural products fell at a higher rate than the producer prices of agricultural capital goods, making it difficult for farmers to increase their incomes.

Industrial production rebounded steadily, and the profit situation improved. In the first three quarters, the value added of statistically large enterprises rose 8.7 percent year on year, representing a deceleration of 6.5 percentage points from the same period of the previous year and an acceleration of 1.7 percentage points from the first six months of 2009. The sales ratio of industrial products declined by 0.3 percentage point from the same period of last year to 97.4 percent. Industrial enterprise profits grew at a decelerated pace. In the first eight months, profits of statistically large enterprises totaled 1,674.7 billion yuan, down 10.6 percent year on year, representing a deceleration of 30.0 percentage points from the same period of last year and a moderation of 12.3 percentage points from the decline during the first five months.

3. The general price level dropped year on year, but by a smaller margin

The CPI dropped year on year, but by a smaller margin. In the third quarter, the CPI was down 1.3 percent year on year, representing a deceleration of 0.2 percentage point from the second quarter. In the third quarter, the CPI was down 1.8 percent, 1.2 percent, and 0.8 percent in the three months respectively. In the CPI basket, food prices began to rise whereas non-food prices declined further. In the third quarter, food prices were up 0.3 percent year on year, representing an acceleration of 1.3 percentage points from the second quarter, whereas non-food prices were down 2.0 percent year on year, representing a decline that is 0.3 percentage point larger than that in the second quarter. In terms of the base period factor and the new rise in price factor, the contribution of the base period factor dwindled. In the third quarter, the base period factor was -1.3 percent, a decline of 0.3 percentage point from the second quarter, and the new rise in price factor was 0.1

percent.

Due to the rise in oil and other commodity prices in the global market and stronger domestic demand for raw materials as a result of the economic recovery, the year-on- year decline in producer prices declined month by month. In the third quarter, the purchase price of raw materials, fuel, and power was down 11.1 percent year on year, or down 11.7 percent, 11.4 percent, and 10.1 percent respectively in the three months. The factory price of industrial products declined year on year by 7.7 percent in the third quarter, or by 8.2 percent, 7.9 percent, and 7.0 percent respectively in the three months. The price of agricultural capital goods was down 7.3 percent year on year, or down 7.2 percent, 7.5 percent, and 7.3 percent respectively in the three months.

International commodity prices moved up rapidly. In the third quarter, average crude oil futures on the New York Mercantile Exchange and the average Brent Crude Oil spot price were up 14.1 percent and 15.9 percent respectively quarter by quarter; the average spot price of copper and aluminum on the London Metals Exchange climbed 21.6 percent and 25.2 percent respectively quarter by quarter.

Import prices declined at a moderate pace. In the third quarter, import prices declined 17.5 percent year on year, representing a deceleration of 1.2 percentage points from the second quarter. Import prices declined 16.7 percent, 20.4 percent, and 15.3 percent year on year respectively in the three months of the third quarter. Export prices declined 8.5 percent year on year, representing an acceleration of 1.5 percentage points from the second quarter, or a decline of 7.1 percent, 9.3 percent, and 9.1 percent in the three months respectively.

Labor income continued to grow year on year. In the first three quarters, the average monthly salary of urban employees was up 12.9 percent year on year to 2,475 yuan. In particular, the average monthly salary in state-owned entities was up 14.2 percent to 2,662 yuan, that in collectively-owned entities was up 15.8 percent to 1,543 yuan, and that in other categories of entities was up 10.4 percent to 2,353 yuan.

The GDP deflator declined by a smaller margin. In the first three quarters, GDP was up 7.7 percent in real terms to 21.8 trillion yuan. The GDP deflator (as a ratio of nominal GDP to real GDP) was -2.8 percent, down 11.3 percentage points from the same period of last year and up 0.3 percentage point from the first six months of 2009.

The reform of resource pricing continued. In the third quarter, the National Development and Reform Commission adjusted the price of oil products based on the improved oil products pricing mechanism and price movements on the international market. On July 29, gasoline and diesel prices were both cut by 220 yuan per ton; on September 2, gasoline and diesel prices were increased by 300 yuan per ton; on September 30, gasoline and diesel prices were both cut by 190 yuan per ton. In July, the National Development and Reform Commission and the Ministry of Housing and Urban-Rural Development established general principles for a water price adjustment, that is, to establish a pricing mechanism that allocates water resources efficiently and enhances water efficiency to promote water conservation and sustainable use of water resources.

4. Fiscal revenues resumed growth, and fiscal expenditures expanded in a stable manner

In the first nine months of 2009, fiscal revenues (excluding debt income) reached 5.2 trillion yuan, up 5.3 percent year on year, representing a deceleration of 20.5 percentage points from the same period of last year and a rebound of 7.7 percentage points from the first half of 2009; fiscal expenditures totaled 4.5 trillion yuan, up 24.1 percent year on year, representing a deceleration of 1.4 percentage points from the same period of the last year and a deceleration of 2.2 percentage points from the first half of 2009; as a result, expenditures exceeded revenues by 631.6 billion yuan, representing a reduction of 620.3 billion yuan from the same period of last year and indicating strong fiscal pressures.

On the revenue side, fiscal revenues in the first three quarters of 2009 recovered as a result of positive economic performance, a good corporate profit situation, and large gains in consumption tax revenue after the oil products fee-to-tax reform. In particular, fiscal revenue was up 10.2 percent, 36.1 percent, and 33.0 percent year on year respectively in the three months of the third quarter. From January through September, with the domestic consumption tax revenue and business tax revenue up 79.1 percent and 13.6 percent respectively, tax revenue increased 2.2 percent year on year, its first positive growth since the beginning of 2009.

On the expenditure side, fiscal expenditures will be enhanced to support policy measures designed to maintain growth, expand domestic demand, and improve the people's welfare, with more inputs into infrastructure, environmental protection, social security, medical services, and other areas. From January through September, expenditures on transportation, environmental protection, agriculture, forestry, and water conservancy, medical services, science and technology, and social security and employment were up 66.3 percent, 56.4 percent, 51.2 percent, 30.5 percent, 28.7 percent, and 17.7 percent respectively year on year.

5. There remained a surplus in the balance of payments (BOP)

Due to the impact of the international financial crisis, the total volume of both the BOP and the surplus declined. The balance of payments improved, yet a net inflow remained. In the first half of the year, the BOP surplus was down 26 percent year on year to USD195.5 billion, including USD134.5 billion in the current account balance (down 30 percent year on year) and USD61 billion in the capital account balance (down 15 percent year on year). At end-September, foreign exchange reserves reached USD2,272.6 billion, an increase of USD326.6 billion from end-2008 and a deceleration of USD50.8 billion from the same period of last year.

The total volume of the outstanding external debt fell with the improved maturity structure. As of end-June 2009, the outstanding external debt posted USD360.579 billion, a reduction of USD14.082 billion, or down 3.76 percent from the end of 2008. Among this total, the registered outstanding external debt was USD251.079 billion, down USD9.482 billion or 3.64 percent from end-2008, accounting for 69.6 percent; the outstanding short-term debt stood at USD194.365 billion, a decrease of USD16.42 billion or down 7.79 percent from end-2008, accounting for 53.9 percent.

6. Sectoral analysis

The profits profile continued to improve and industrial production accelerated. From January through August, 36 out of 39 sectors saw year-on-year profit growth or a moderate decline. In particular, year-on-year growth of power generation, building materials, transportation equipment manufacturing, specialized equipment manufacturing, and the chemical fiber industries accelerated 179.4 percentage points, 7.7 percentage points, 21.8 percentage points, 8.2 percentage points, and 77.1 percentage points respectively from the first five months of this year, whereas petroleum processing and the coking sector resumed making profits. Raw material production quickly recovered. Exports of high-tech products and mechanical and electrical equipment improved remarkably. Coal, power, and oil output and transportation recovered substantially. From January through September, crude coal output and power generation were 2.14 billion tons and 2.6511 trillion kilowatts per hour respectively, up 10.3 percent and 1.9 percent year on year; crude oil output was 140 million tons, down 0.5 percent year on year, representing a moderation of 0.5 percentage point from the first half of 2009; freight volume grew 5.0 percent year on year to 20.17 billion tons, representing a year-on-year rise of 5.0 percent and an acceleration of 2.5 percentage points from the first half of 2009.

(1) The real estate industry

In the first nine months of the year, sales of commercial property grew rapidly throughout the country. Property prices rallied, growth of investment in real estate development accelerated gradually, and real estate lending surged.

Investment in real estate development accelerated. The completed floor area and area under construction both increased. Land acquisitions and the floor area of new projects declined by a smaller margin. From January through September, investment in real estate development was up 17.7 percent year on year to 2.51 trillion yuan, representing an acceleration of 7.8 percentage points from the first half of 2009 but a gap of 15.6 percent points with the year-on-year urban fixed-asset investment growth. In particular, investment in commercial residential housing was 1.76 trillion yuan, representing year-on-year growth of 13.4 percent and an acceleration of 6.1 percentage points from the first two quarters, accounting for 70.2 percent of the total. From January through September, completed floor area reached 334 million square meters, up 24.7 percent year on year and representing an acceleration of 2.4 percentage points from the first half of 2009, whereas floor area under construction was 2.775 billion square meters, up 15.4 percent year on year and representing an acceleration of 2.7 percentage points from the first six months of the year. From January through September, land acquisitions by developers declined 22.1 percent year on year to 215 million square meters, and the floor area of new projects declined 0.4 percent year on year to 732 million square meters, both declining by a smaller margin month by month.

Sales of commercial real estate increased rapidly. In the first three quarters, the total floor area of sold commercial real estate grew 44.8 percent year on year to 584 million square meters, an acceleration of 13.1 percentage points from the first half of 2009. Total sales revenue increased 73.4 percent year on year to 2.75 trillion yuan, an acceleration of 20.4 percentage points from the first six months of 2009. Sold acreage and sales revenue of commercial housing were up 23.2 percent and 47.3 percent respectively from the peak during corresponding periods, that is, the first three quarters of 2007.

Property prices rebounded further. In September, property prices in 70 large- and medium-sized cities were up 2.8 percent year on year (representing positive growth for four successive months), and were up 0.7 percent month on month (representing positive growth for seven successive months and a deceleration from August). The price of new homes was up 2.7 percent year on year and 0.8 percent month on month, whereas the price of pre-owned homes was up 3.8 percent year on year and 0.5 percent month on month. In September, 66 out of 70 large- and medium-sized cities saw price hikes for new homes, whereas 60 cities saw hikes in the prices of pre-owned homes.

Outstanding commercial real estate loans accelerated. As of end-September 2009, outstanding commercial real estate loans of major financial institutions totaled 6.81 trillion yuan, up 28.3 percent year on year and representing an acceleration of 14 percentage points year on year and 9.5 percentage points from end-June. Among this total, outstanding real estate development loans registered 2.47 trillion yuan, up 25.3 percent year on year and representing an acceleration of 4.8 percentage points from end-June, and outstanding home purchase loans posted 4.35 trillion yuan, an increase of 30.1 percent year on year and an acceleration of 12.3 percentage points from the end of June.

(2) Communications and transportation industry

Communications and transportation as an important basic industry in the national economy play an irreplaceable role in promoting growth. The industry was significantly affected by the international financial crisis. While addressing the challenge, there were efforts to restructure and the industry gradually recovered with the support of the macroeconomic policies and industrial rejuvenation program.

Investment in the communications and transportation industry rose rapidly. Due to the economic stimulus package, fixed-asset investments in the communications sector and most transportation sectors increased more rapidly than the 33.4 percent growth in total fixed-asset investments. From January through September, fixed-asset investment in communications was up 43.0 percent year on year to 755.5 billion yuan; fixed-asset investments in railways, roads, intra-city communications, and marine transportation were up 87.5 percent, 50.7 percent, 66.2 percent, and 38.3 percent respectively; fixed-asset investment in civil aviation reversed its 2008 decline and grew 28.0 percent against the background of the rapid growth in the domestic aviation industry.

The communications and transportation industry recovered. From January through September, cargo volume was up 5.0 percent year on year, representing an acceleration of 2.5 percentage points from the first half of 2009; the volume of passenger transport was up 3.7 percent year on year, flat with that during the first half of 2009. The volume of bulk cargo picked up notably, but import and export goods grew at a slower rate. In the first three quarters, major ports handled a total of 3.52 billion tons of cargo, up 6.1 percent year on year and an acceleration of 4.2 percentage points from the first half of 2009; cargo of import and export goods totaled 1.45 billion tons, up 3.1 percent year on year and representing an acceleration of 3.8 percentage points.

The communications and transportation industry still faces difficulties. With uncertainties remaining in the global economy, the risk of a decline in external demand still exists. Although the domestic economy is recovering, there is a mismatch between the rapidly expanding communications and transportation ability and the recovering demand for such services. Moreover, because enterprise performance is lackluster, the road transportation sector is under pressure of shrinking demand and the profits of aviation and port transportation enterprises have declined to varying degrees. The supply of funds faces a bottleneck because of huge construction and fund demands in the communications and transportation infrastructure programs. In 2009, a large number of planned communications and transportation infrastructure projects was launched and the pace of construction in key projects was accelerated. This has intensified pressures for the input of funds. For example, a total of 600 billion yuan was planned for railway infrastructure investment in 2009, 43.3 percent of which was to be made in the fourth quarter. Having received a large amount of investments, the communications and transportation industry faces strong profit pressures for the near term as demand for transportation has yet to fully recover. However, as the global and domestic economy gradually recover and the effects of the policy measures unfold, the communications and transportation industry as a whole will maintain a good momentum of development.

PART 5 Future Monetary Policy Stance

I. Macroeconomic outlook

As a result of the package of plans and policy measures introduced to address the global financial crisis, China fended off the unprecedented external shock in the first three quarters of 2009, supported by expansion of strong domestic demand. The decline in economic growth has been quickly reversed, and the Chinese economy is gaining momentum for stabilization and an upswing. In general, as the global economy is likely to improve since the worst of the crisis is over and as the package of measures aimed to deal with the crisis is further implemented and enhanced, the Chinese economy is expected to continue its sound and relatively rapid growth.

In general, going forward, more factors supportive of economic development will emerge. On the one hand, the stimulus package will continue to work. Newly started projects are increasing rapidly. In the first three quarters, total planned investment for projects under construction rose 37.1 percent year on year, an acceleration of 19.0 percentage points, whereas total planned investment for newly started projects saw year-on-year growth of 83.0 percent, which represents a dramatic acceleration of 81.3 percentage points. As local governments are eager to promote development and expand investment, and fiscal and financial supports remain strong, investment is expected to maintain its momentum of growth. On the other hand, the higher social security level, medical and health care reform, increased agricultural subsidies, and a series of measures to expand consumption, plus the improving economic situation, corporate profits, and employment, will help increase household income and the propensity to consume, and will contribute to stronger consumption. Confidence in the prospects of sound and rapid economic growth has been further enhanced. According to the urban depositors' survey conducted by the PBC in the third quarter of 2009, there was the first feeling of a recovery in income in two years, and expectations for employment in the fourth quarter improved, with employment sentiment rising 2.7 percentage points quarter-on-quarter. The business survey in the third quarter shows macroeconomic expectations jumped 4.4 percentage points from the second quarter, whereas the survey of bankers indicates that the sentiment of bankers regarding the macro economy showed a strong rebound of 15.4 percentage points from the previous quarter, and macroeconomic expectations continued to improve, up 6.8 percentage points from the previous quarter. Moreover, as the global economy gradually improves, the contribution of net exports to economic growth, which is negative this year, is expected to become positive in 2010 and to contribute to sound and relatively rapid economic growth.

In spite of these supportive factors, there are many difficulties to sustain sound and rapid economic growth. At the global level, although the world economy has recently displayed increasing positive signals, the prospects for a global recovery, remain uncertain. Intensifying trade frictions, the exit from the stimulus policies, as well as other uncertainties, will affect global economic performance. The weak external demand will continue to have an impact on the Chinese economy. At the domestic level, the current rise in domestic demand is not firmly established, and economic growth is primarily driven by the stimulus policies. Efforts are needed to jump-start private investment, enhance the contribution of domestic demand to economic growth, and address the structural issues and the worsening overcapacity problem that may arise from the rapid growth in government investment. There is also uncertainty over the extent to which the consumer market can be further tapped.

Price movements call for attention. With the introduction of the stimulus package, the downward price movements since the fourth quarter of 2008 were curbed, deflation expectations were eased notably, and market confidence was greatly enhanced. There is also a certain degree of inflation expectations in the market, as reflected by the sharp rise in commodity and asset prices since 2009 as a result of, among others, the massive stimulus programs of the major economies. In general, inflation expectations and price movements will be subject to the future performance of the real economy and the intensity and pace of the macroeconomic policies. As the global and domestic economies improve and global monetary conditions remain loose, the movements of various prices and broader overall price stability in the longer-term need to be closely watched.

II. Policy stance for the next stage

The Chinese economy is still at a key juncture of moving toward stabilization and an upswing. In accordance with the overall arrangements of the CPC Central Committee and the State Council, the PBC will continue to implement a relatively loose monetary policy. It will properly handle the pace and intensity of policies, and increase policy flexibility and sustainability in line with international and domestic economic developments and price movements. Efforts will be made to achieve the right balance between supporting sound and relatively rapid economic growth and preventing and resolving financial risks, improve management of inflation expectations, enhance the sustainability of financial support to economic development, and ensure that the financial system will perform in a sound and stable fashion. Coordination and cooperation between fiscal and monetary policy will be strengthened, and investment plans will be implemented in a scientific and reasonable manner. Moreover, it is important to speed up the economic restructuring, accelerate reforms in key areas, enhance the vitality of private businesses, ensure that the market mechanism plays a greater role in allocating resources effectively, and enhance the growth potential and build new endogenous economic driving forces by shifting the growth pattern and adjusting the economic structure.

First, the PBC will maintain adequate liquidity in the market and guide money and credit to grow properly. To this end, the PBC will carefully arrange the mix and term of monetary policy tools and manage the intensity of monetary policy operations in line with economic and financial developments and changes in foreign exchange flows.

Second, the PBC will properly handle the pace of credit supply and provide more balanced and sustainable credit support to safeguard financial stability. It will guide commercial banks to smooth the credit supply, optimize the credit structure, and, in line with the industrial policies and the differentiated credit policies, continue to give strong support to SMEs, agriculture, farmers, and rural areas, employment programs, and other weak links. In particular, it will encourage commercial lenders to fully implement financial policies aimed at supporting SMEs. To prevent potential credit risks, it will rein in lending to industries with excess capacity, highly polluting, highly energy- and resource-consuming industries, as well as industries with inefficient duplicate construction. Drawing on the lessons from the global financial crisis, the PBC will establish a macro-prudential management system step by step and integrate it into the macroeconomic management framework. The system is expected to play a counter-cyclical adjustment role across business cycles, enhancing the resilience of the financial system and the sustainability of financial support to economic development.

Third, the PBC will endeavor to promote financial market development and direct private investment. It is necessary to improve the debt-financing system for local governments and to increase the transparency of and internal and external restrictions on local governments' debts based on risk controls and proper institutional arrangements. It is also desirable to step up innovation of financial products, allow a wider range of financial institutions to issue debts, and continue to move ahead with the pilot innovation programs, including asset-backed bills and collective bonds of SMEs. A larger range of overseas institutions will be granted access to the domestic bond market.

Fourth, the PBC will steadily advance the reform of market-based interest rates, improve the RMB exchange rate mechanism, and strengthen and improve foreign exchange administration. The PBC will continue the establishment of a benchmark interest rate system on the money market. In line with international fund flows and the exchange rate movements of the major currencies, the RMB exchange rate mechanism will be improved in accordance with the principle of making it a self-initiated, controllable, and gradual process. Development of the foreign exchange market will be advanced, more tools for exchange rate risk management will be introduced, and the capability of financial institutions for independent risk pricing and risk management will be improved. The pilot program of RMB settlement of cross-border trade transactions will be continued. It is also necessary to further facilitate outbound investments and steadily open up the domestic capital market.

Furthermore, efforts will be made to vigorously advance reform and structural adjustments to promote stable and sustainable economic development. The economic structural adjustments and reform aimed at promoting consumption and expansion of domestic demand will continue to transform the pattern of economic development. Fiscal policy should play a greater role in optimizing the economic structure, improving income distribution, and increasing expenditures on programs aimed at improving the people's livelihood. More efforts will be made to improve the structure of income distribution, increase the share of household income, and further improve the social security level. Capital investment in human resources will be increased by a large margin, and proactive policies will be implemented to support employment. Efforts will be made to accelerate urbanization, relax controls on investment and financing, and boost private investment. Measures will also be taken to promote market-oriented reforms in resources, energy, and other sectors, strengthen private business, improve economic efficiency, and allow economic growth to be more solidly based on domestic demand.

附录一 2009年前三个季度中国货币政策大事记

1月7日，中国人民银行发布公告（中国人民银行公告[2009]第1号），取消了在银行间债券市场交易流通的债券发行规模须超过5亿元才可交易流通的限制条件，为中小企业通过发债进行小额融资创造了较好的政策条件。

1月20日，中国人民银行与香港金融管理局签署货币互换协议，互换规模为2 000亿元人民币/2 270亿港元，协议有效期为3年。

1月22日，中国人民银行发布《关于2009年上海银行间同业拆放利率建设工作有关事宜的通知》（银发[2009]24号），提出继续完善Shibor形成机制，积极推动金融产品以Shibor为基准定价或参照其定价。

2月5日，中国人民银行向全国人大财经委员会汇报2008年货币政策执行情况。

2月8日，中国人民银行和马来西亚国民银行签署双边货币互换协议，互换规模为800亿元人民币/400亿林吉特，协议有效期为3年。

2月9日，中国人民银行印发《关于完善支农再贷款管理 支持春耕备耕 扩大“三农”信贷投放的通知》（银发[2009]38号），适当调整完善了支农再贷款政策，同时对西部地区和粮食主产区安排增加支农再贷款额度100亿元。

2月23日，发布《2008年第四季度中国货币政策执行报告》。

2月26日至27日，召开2009年中国人民银行货币信贷和金融市场工作会议。

3月3日，中国人民银行农村信用社改革试点专项中央银行票据发行兑付考核评审委员会第15次例会决定，对安徽等14个省（区）辖内98个县（市）农村信用社兑付专项票据，额度为36亿元。

3月11日，中国人民银行发布公告（中国人民银行公告[2009]第4号），同意中国银行间市场交易商协会将原《中国银行间市场金融衍生产品交易主协议》与《全国银行间外汇市场人民币外汇衍生产品主协议》合并，发布新的《中国银行间市场金融衍生产品交易主协议》，使我国场外金融衍生产品交易均受统一的主协议管辖。

3月11日，中国人民银行和白俄罗斯共和国国家银行签署双边货币互换协议，互换规模为200亿元人民币/8万亿白俄罗斯卢布，协议有效期为3年。

3月17日，国家外汇管理局发布《关于2009年度金融机构短期外债指标核定情况的通知》（汇发[2009]14号），适当上调金融机构短期外债指标，强调增量部分全部用于支持境内企业进出口贸易融资，促进对外贸易健康平稳发展。

3月18日，中国人民银行发布公告（中国人民银行公告[2009]第5号），允许基金管理公司以特定资产管理组合名义在全国银行间债券市场开立债券账户，并对其业务运作进行了规范。

3月18日，中国人民银行、中国银行业监督管理委员会联合印发《关于进一步加强信贷结构调整，促进国民经济平稳较快发展的指导意见》（银发[2009]92号），要求人民银行系统和各金融机构深入贯彻落实党中央、国务院关于进一步扩大内需、促进经济增长的十项措施和《国务院办公厅关于当前金融促进经济发展的若干意见》(国办发[2008]126号)精神，认真执行适度宽松的货币政策，促进国民经济平稳较快发展。

3月23日，中国人民银行和印度尼西亚银行签署双边货币互换协议，互换规模为1 000亿元人民币/175万亿印尼卢比，协议有效期为3年。

3月25日，中国人民银行发布《全国银行间债券市场金融债券发行管理操作规程》(中国人民银行公告[2009]第6号)，进一步规范与完善金融债券发行管理，提高金融债券发行审核的透明度，健全市场约束与风险分担机制。

3月26日，中国人民银行发布《银行间债券市场债券登记托管结算管理办法》(中国人民银行令[2009]第1号，以下简称《办法》)，进一步规范债券登记、托管和结算业务开展。

4月10日，中国人民银行货币政策委员会召开2009年第一季度例会。

4月15日，中国人民银行向全国人大财经委员会汇报2009年第一季度货币政策执行情况。

5月6日，发布《2009年第一季度中国货币政策执行报告》。

5月13日，中国人民银行、中国银监会在北京联合召开货币信贷工作座谈会。会议研究分析了近期金融运行情况和面临的形势与任务。

5月14日和6月24日，经国务院同意，中国人民银行分别批准东亚银行（中国）和汇丰银行（中国）两家港资法人银行赴香港分别发行人民币债券40亿元和30亿元。

5月26日，中国人民银行农村信用社改革试点专项中央银行票据发行兑付考核评审委员会第16次例会决定，对福建等12个省（区、市）辖内39个县（市）农村信用社兑付专项票据，额度为27亿元。

5月27日，发布《2008年中国区域金融运行报告》。

6月10日，国家外汇管理局发布《关于进一步完善企业贸易信贷登记和出口收结汇联网核查管理有关问题的通知》(汇综发[2009]78号)，明晰贸易信贷登记管理职责，改进出口收结汇联网核查系统，促进贸易便利化，进一步稳定外需。

6月24日，中国人民银行货币政策委员会召开2009年第二季度例会。

6月29日，银行间市场新一代本币交易系统正式上线。

7月1日，中国人民银行、财政部、商务部、海关总署、国家税务总局和中国银行业监督管理委员会联合发布公告[2009]第10号，公布实施《跨境贸易人民币结算试点管理办法》，规范试点企业和商业银行的行为，防范相关业务风险，以促进贸易便利化，保障跨境贸易人民币结算试点工作的顺利进行。

7月3日，为贯彻落实《跨境贸易人民币结算试点管理办法》，中国人民银行印发《跨境贸易人民币结算试点管理办法实施细则》(银发[2009]212号)。

7月13日，为明确跨境贸易人民币结算中有关国际收支统计申报事宜，便于试点企业和银行办理相关业务，国家外汇管理局发布《关于跨境贸易人民币结算中国际收支统计申报有关事宜的通知》(汇综发[2009]90号)。

7月15日，中国人民银行向全国人大财经委员会汇报2009年上半年货币政策执行情况。

8月5日，发布《2009年第二季度中国货币政策执行报告》。

9月1日，中国人民银行和中国银行业监督管理委员会联合发布公告[2009]第14号，明确汽车金融公司和金融租赁公司的发债条件，规范两类机构的发债行为。

9月2日，中国人民银行农村信用社改革试点专项中央银行票据发行兑付考核评审委员会第 17 次例会决定，对辽宁省辖内 5 个县（市）农村信用社发行专项票据，额度为 4 亿元，对四川等 9 个省（区、市）辖内 26 个县（市）农村信用社兑付专项票据，额度为 5 亿元。

9 月 9 日，印发《中国人民银行、商务部、中国银行业监督管理委员会、中国证券监督管理委员会、中国保险监督管理委员会、国家外汇管理局关于金融支持服务外包产业发展的若干意见》（银发[2009]284 号），要求加大金融对产业转移和产业升级的支持力度，做好金融支持服务外包产业发展工作。

9 月 28 日，中国人民银行货币政策委员会召开 2009 年第三季度例会。

Appendix 1 Highlights of China's Monetary Policy in the First Three Quarters of 2009

On January 7, the People's Bank of China issued PBC Announcement [2009] No. 1, removing the restriction that a bond has to be over 500 million yuan to be traded on the inter-bank bond market and paving the way for small-scale bond financing by small- and medium-sized enterprises.

On January 20, the People's Bank of China and the Hong Kong Monetary Authority announced the establishment of a bilateral currency swap arrangement. The agreement has a term of three years and provides 200 billion yuan/227 billion HK dollar.

On January 22, the People's Bank of China issued the *Notice on Issues Concerning Development of Shanghai Inter-bank Offered Rates* (PBC Document [2009] No. 24), to continuously improve the Shibor formation mechanism and promote the Shibor as a pricing benchmark and as a reference for the pricing of financial products.

On February 5, the People's Bank of China reported to the Finance and Economy Committee of the National People's Congress on implementation of monetary policy in 2008.

On February 8, the People's Bank of China and Malaysia Negara Bank announced the establishment of a currency swap arrangement, which has a term of three years and provides 80 billion yuan/40 billion ringgit.

On February 9, the People's Bank of China released the *Notice on Improving Management of Central Bank Lending to the Agricultural Sector to Support Spring Plowing and to Step Up Credit Support to the Agricultural Sector* (PBC Document [2009] No. 38), to improve policy for central bank lending to support agriculture and adding a 10 billion quota of central bank lending to support agriculture in the western and main grain-producing areas.

On February 23, the *China Monetary Policy Report Quarter Four 2008* was released.

On February 26 and February 27, the People's Bank of China held its Money, Credit, and Financial Market Work Conference.

On March 3, the 15th regular meeting of the PBC Central Bank Bill Redemption Examination and Assessment Committee for the pilot rural credit cooperatives reform decided to redeem a quota of 3.6 billion yuan of special bills from rural credit cooperatives located in 98 counties (cities) of 14 provinces including Anhui province.

On March 11, the People's Bank of China released Announcement [2009] No. 4, approving consolidation by the National Association of Financial Market Institutional Investors (NAFMII) of the *Master Agreement for Trading of Financial Derivatives on the Inter-bank Market* and the *Master Agreement for RMB/Foreign Exchange Derivatives on the Inter-bank Foreign Exchange Market* and the release of an updated *Master Agreement for Trading Financial Derivatives on the Inter-bank Market*, thus bringing all OTC trading of financial derivatives under one uniform master agreement.

On March 11, the People's Bank of China and the National Bank of the Republic of Belarus announced the establishment of a currency swap arrangement. The agreement has a term of three years and provides 20 billion yuan/8 trillion BYR.

On March 17, the State Administration of Foreign Exchange released the *Notice on the Decision on Short-term External Debt Quotas of Financial Institutions in 2009* (SAFE Document [2009] No. 14). The SAFE increased the short-term debt quotas of financial institutions in 2009, emphasizing the increments would be used entirely for financing imports and exports of domestic enterprises to support the healthy and stable development of China's foreign trade.

On March 18, the People's Bank of China released Announcement [2009] No. 5, allowing fund management companies to open bond accounts on the inter-bank bond market under the category of a specific asset management portfolio and laying out provisions for their operation.

On March 18, the People's Bank of China, jointly with the China Banking Regulatory Committee, released the *Opinions on Improving the Credit Structure to Boost Economic Growth* (PBC Document [2009] No. 92), calling on the PBC system and all financial institutions to implement the CPC Central Committee and the State Council's Ten Opinions on expanding domestic demand and promoting economic growth and the *Opinion on Promoting Economic Growth by the Financial Sector* ([2008] No. 126), to earnestly implement the moderately loose monetary policy so as to promote sound and relatively rapid economic growth.

On March 23, the People's Bank of China and Bank of Indonesia announced the establishment of a currency swap arrangement. The agreement has a term of three years and provides 100 billion yuan/175 trillion IDR.

On March 25, the People's Bank of China released the *Administrative Procedures for the Issuance of Financial Bonds on the Inter-bank Bond Market* (PBC Announcement [2009] No. 6), further standardizing and improving the management of financial bonds issuance, improving the transparency of the approval of financial bonds issuance, and enhancing market discipline and risk-sharing mechanisms.

On March 26, the People's Bank of China released the *Administrative Measures on the Registration, Trust Management, and Settlement of Bonds on the Inter-bank Bond Market* (PBC Decree [2009] No.1) to standardize bond registration, trust management, and settlement.

On April 10, the Monetary Policy Committee of the PBC convened its first quarterly meeting of 2009.

On April 15, the PBC reported to the Economic and Financial Committee of the National People's Congress on the conduct of monetary policy during the first quarter of 2009.

On May 6, the *China Monetary Policy Report, Quarter One 2009* was released.

On May 13, the PBC and the CBRC held a symposium in Beijing on money and credit work, studying and analyzing recent financial developments, the current situation, and work to be done.

On May 14 and June 24, with agreement by the

State Council, the PBC approved the Bank of East Asia (China) and the Hong Kong and Shanghai Banking Corporation (China), two Hong Kong-funded banks incorporated on the mainland, to issue RMB bonds of 4 billion yuan and 3 billion yuan respectively in Hong Kong.

On May 26, the 16th regular meeting of the committee that reviews the redemption of special central bank notes under the pilot program initiated by the PBC for the reform of rural credit cooperatives (RCCs) decided to redeem central bank notes issued to RCCs in 39 counties (county-level cities) in Fujian and other 11 provinces (autonomous regions and municipalities), with a total quota of 2.7 billion yuan.

On May 27, the *China Regional Financial Performance Report* (2008) was issued.

On June 10, the State Administration of Foreign Exchange released the *Notice on Further Improving the Administration of Enterprises' Trade Credit Registration and Online Verification of Export-related Foreign Exchange Collection and Settlement* (SAFE General Affairs Department, Document [2009] No. 78), which clarified the responsibilities for the registration and administration of trade credit, improved the online versification system for export-related foreign exchange collection and settlement, promoted trade facilitation, and stabilized external demand.

On June 24, the PBC Monetary Policy Committee convened its second quarterly meeting of 2009.

On June 29, the new system for local currency transactions on the inter-bank market was successfully launched.

On July 1, the People's Bank of China (PBC), the Ministry of Finance, the Ministry of Commerce, the General Administration of Customs, the State Administration of Taxation, and the China Banking Regulatory Commission (CBRC) jointly issued a public announcement (No. 10 [2009]) promulgating the *Administrative Rules on the Pilot Program for RMB Settlement of Cross-border Trade Transactions*. These *Rules* are formulated to regulate the settlement behavior of pilot enterprises and commercial banks and to prevent risks so as to facilitate trade and promote the progress of the pilot program.

On July 3, the PBC released the *Regulations for Implementing the Administrative Rules on the Pilot Program for RMB Settlement of Cross-border Trade Transactions* (PBC Document [2009] No. 212) to support full implementation of the *Rules*.

On July 13, the State Administration of Foreign Exchange released the *Notice on Issues Regarding Declaration of Balance of Payments Statistics for RMB Settlement of Cross-border Trade Transactions* (SAFE General Affairs Department, Document [2009] No. 90) to define the relevant issues and facilitate the relevant business of the pilot enterprises and banks.

On July 15, the PBC reported to the Economic and Financial Committee of the National People's Congress on the conduct of monetary policy during the first half of 2009.

On August 5, the *China Monetary Policy Report, Quarter Two, 2009* was released.

On September 1, the PBC and the CBRC jointly issued public announcement (No. 14 [2009]), specifying the conditions that must be met by auto financing companies and financial leasing companies before they are allowed to issue bonds and defining the issuance process.

On September 2, the 17th regular meeting of the PBC Special Central Bank Bill Redemption Examination and Assessment Committee for the pilot rural credit cooperatives (RCCs) reform decided to issue 400 million yuan worth of special central bank bills to RCCs in 5 counties (and county-level cities) in Liaoning province, and to redeem special central bank bills issued to RCCs in 26 counties (and county-level cities) in Sichuan province, with a total quota of 500 million yuan.

On September 9, the PBC issued the *Opinions of the PBC, the Ministry of Commerce, the China Banking Regulatory Commission, the China Securities Regulatory Commission, the China Insurance Regulatory Commission, and the State Administration of Foreign Exchange on Financial Support to the Outsourcing Services Industry* (PBC Document, [2009] No.284) to arrange for measures to step up financial support for industrial relocation and upgrading and to improve financial support to the outsourcing services industry.

On September 28, the Monetary Policy Committee of the PBC convened its third quarterly meeting of 2009.

附录二　2009年前三个季度主要经济体中央银行货币政策

一、美联储

美联储公开市场委员会在1月28日、3月18日、4月29日、6月24日、8月12日和9月23日的例会上宣布，将联邦基金利率目标区间维持在0～0.25%不变，并表示将继续采取一系列措施促进经济复苏，维持价格稳定。

3月3日，美联储和美国财政部发表联合声明，宣布正式推出短期资产支持证券贷款工具（Term Asset-backed Securities Loan Facility, TALF），通过向投资者提供融资的方式，支持其购买特定的AAA评级资产支持证券。3月18日，美联储宣布将在未来6个月内收购最高3 000亿美元的长期国债，以改善私人信贷市场状况；并将额外购买7 500亿美元联邦机构发行的住房抵押贷款支持债券和1 000亿美元机构债，以支持房贷和住房市场。4月6日，美联储与欧洲中央银行、英格兰银行、日本中央银行和瑞士中央银行达成新的货币互换协议，四家中央银行可在2009年10月30日前向美联储提供最多800亿欧元、300亿英镑、10万亿日元和400亿瑞士法郎外汇资金。6月25日，美联储宣布调整现行流动性支持政策，包括延长部分流动性支持政策有效期，削减部分临时性流动性措施等。8月12日，美联储公开市场委员会认为美国经济正在企稳，金融市场状况进一步改善，预计通货膨胀将保持在较低水平，在继续维持现行联邦基金利率目标区间和债券购买规模的同时，决定逐步放缓购买国债速度，将国债购买计划展期至10月底前完成。9月23日，美联储公开市场委员会决定放慢机构住房抵押贷款支持债券和机构债的收购速度，并预计在2010年第一季度末前完成对上述资产的购买。

二、欧洲中央银行

1月15日，欧洲中央银行理事会宣布将主要再融资利率降低50个基点，同时将存贷款便利利差从100个基点重新扩大到200个基点，即主要再融资利率、存款便利利率和贷款便利利率分别调整至2.00%、1.00%和3.00%。继2月5日宣布维持主要再融资利率不变后，3月5日和4月2日相继下调主要再融资利率50个和25个基点，将主要再融资利率、存款便利利率和贷款便利利率分别调整至1.25%、0.25%和2.25%。5月7日，欧洲中央银行再次宣布下调主要再融资利率25个基点，同时下调贷款便利利率50个基点，存款便利利率维持不变，即主要再融资利率、存款便利利率和贷款便利利率分别调整至1.00%、0.25%和1.75%。7月2日、8月6日和9月3日，欧洲中央银行均决定维持主要再融资利率水平不变。

5月7日，欧洲中央银行宣布将主要再融资操作的期限由3个月延长至12个月，并表示可能购买600亿欧元的资产担保债券（Covered Bonds）。6月4日，欧洲中央银行正式公布了包括债券标准、计划购买期限等在内的购买计划的细节。7月6日，欧洲中央银行启动600亿欧元资产担保债券购买计划。

三、日本银行

日本银行在1月22日、2月19日、3月

18日、4月7日、4月30日、5月22日、6月16日、7月15日、8月11日和9月17日的例会上均决定维持0.1%的无担保隔夜拆借利率不变。日本银行表示，将密切关注经济活动和价格的下行风险，尽最大努力使日本经济回到在价格稳定基础上可持续发展的轨道。

同时，日本银行在稳定金融市场、帮助企业筹资等方面采取了多项措施，包括启动企业融资援助特别市场操作、从商业银行收购日元商业票据、收购银行持有的股票、购买总额为1万亿日元的公司债、收购美元银行次级贷款和次级债，将长期国债购买额度从之前的年16.8万亿日元（每月为1.4万亿日元）增加至年21.6万亿日元（每月为1.8万亿日元）、扩大购买评级债券范围和扩大合格抵押品接受范围等。7月15日，日本银行决定延长金融支援措施的期限，分别将购买商业票据期限、购买公司债期限、企业融资援助特别市场操作期限延长至2009年12月31日；将放宽民间企业债务担保融资评级条件的期限、放宽资产担保商业票据评级条件的期限延长至2010年3月31日；将补充存款准备金制度期限延长至2010年1月15日；将美元供给操作期限延长至2010年2月1日。

四、英格兰银行

1月8日、2月5日和3月5日，英格兰银行货币政策委员会分别将官方利率降低50个基点至0.5%，创建行300多年来新低。英格兰银行货币政策委员会认为，英国经济出现明显放缓迹象，CPI在中期内仍存在下行压力，有必要进一步放松货币政策。3月5日，英格兰银行宣布，在未来三个月内将实施750亿英镑的中长期国债和公司债购买计划，以保证继续向市场提供充足流动性。4月9日、5月7日、6月4日、7月9日、8月6日和9月10日，英格兰银行货币政策委员会宣布继续维持0.5%的官方利率水平不变，并于5月7日将债券购买规模由750亿英镑扩大至1 250亿英镑，8月6日再度扩大债券购买规模至1 750亿英镑。

Appendix 2 Monetary Policies of the Central Banks of the Major Economies in the First Three Quarters of 2009

I. U.S. Federal Reserve

The Federal Open Market Committee (FOMC) announced at its regular meetings on January 28, March 18, April 29, June 24, August 12, and September 23 that it would leave the federal funds target rate unchanged within a band between 0 and 0.25 percent, and that it would continue to take a series of measures to promote an economic recovery and to maintain price stability.

On March 3, the Federal Reserve and the U.S. Department of the Treasury released a joint statement to officially launch the Term Asset-Backed Securities Loan Facility (TALF), which provides financing to investors to purchase certain AAA-rated asset-backed securities. On March 18, the Federal Reserve announced it would purchase up to USD300 billion longer-term treasury securities within the next six months so as to help improve the private credit market; and it would buy an extra USD750 billion of agency mortgage-backed securities and USD100 billion of agency debts to support the mortgage market and the housing market. On April 6, the Federal Reserve made new currency swap arrangements with the European Central Bank (ECB), the Bank of England, the Bank of Japan, and the Swiss National Bank, which may provide up to EUR 80 billion, GBP 30 billion, JPY 10 trillion, and CHF 40 billion respectively to the Federal Reserve before October 30, 2009. On June 25, the Federal Reserve announced an adjustment of the liquidity support policies, including extending the term of some liquidity support policies, cutting some provisional liquidity measures, and so forth. On August 12, acting on the view that the U.S. economy was stabilizing, the financial markets were improving, and inflation would remain low, the FOMC kept the federal funds target rate band and bonds purchase size unchanged and decided to slow down the treasury bond purchase program, which was then extended to end-October. On September 23, the FOMC decided that it would slow down the purchase of agency mortgage-backed securities and agency debts, which it expects to be completed by the end of the first quarter of 2010.

II. The European Central Bank

On January 15, the Governing Council of the European Central Bank (ECB) cut the interest rate on the main refinancing operations by 50 basis points and expanded the corridor between deposit and lending facilities from 100 basis points back to 200 basis points, namely adjusting the interest rate on the main refinancing operations, the marginal interest rate on the deposit facility, and the marginal interest rate on the lending facility to 2.00 percent, 1.00 percent, and 3.00 percent respectively. After announcing on February 5 that it would keep the interest rate on the main refinancing operations unchanged, the ECB lowered the rate by 50 basis points and 25 basis points on March 5 and April 2 respectively, thus adjusting the interest rate on the main refinancing operations, the marginal interest rate on the deposit facility, and the marginal interest rate on the lending facility to 1.25 percent, 0.25 percent, and 2.25 percent respectively. On May 7, the ECB announced that it would lower the interest rate on the main refinancing operations by 25 basis points to 1.00 percent, cut the marginal interest rate on the lending facility by 50 basis points to 1.75 percent, and keep the marginal interest rate on the deposit facility unchanged at 0.25 percent. On July 2, August 6, and September 3, the ECB decided to keep the interest rate on the main refinancing operations unchanged.

On May 7, the ECB announced it would extend the term of the main refinancing operations from 3 months to 12 months and indicated the possibility of purchasing EUR 60 billion of covered bonds. On June 4, the ECB officially released the technical modalities for the covered bond purchase program, including the eligibility criteria and terms of purchase, and the purchase program was launched on July 6.

III. The Bank of Japan

At its regular meetings on January 22, February 19, March 18, April 7, April 30, May 22, June 16, July 15, August 11, and September 17, the Bank of Japan decided to keep the uncollateralized overnight call rate of 0.1 percent unchanged. It said it would closely watch economic activities and the downward pressures on prices, and it would spare no efforts to bring the Japanese economy back on the track of sustainable growth based on price stability.

Moreover, the Bank of Japan has taken many measures to stabilize financial markets and assist corporate financing, including launching special fund-supplying operations to facilitate corporate financing, outright purchasing of yen-denominated commercial papers from commercial banks, buying shares held by banks, outright purchasing of corporate bonds totaling 1 trillion yen, buying dollar-denominated subordinated loans and subordinated debts issued by banks, ramping up the purchase of long-term government bonds from 16.8 trillion yen per year (1.4 trillion yen per month) to 21.6 trillion yen per year (1.8 trillion yen per month), and expanding the scope of the rated bonds purchase program and eligible collaterals. On July 15, the Bank of Japan decided to extend the term of its financial support measures. Measures to purchase commercial papers and corporate bonds, and the special fund-supplying operations to facilitate corporate financing, would remain in place until December 31, 2009. Measures taken to expand the range of corporate debt and asset-backed commercial papers eligible as collateral would remain in effect until March 31, 2010. The complementary deposit facility and the U.S. dollar-supplying operations will be extended to January 15, 2010 and February 1, 2010 respectively.

IV. The Bank of England

On January 8, February 5, and March 5, the Monetary Policy Committee of the Bank of England cut the official rate by 50 basis points respectively, bringing the official interest rate to 0.5 percent, a record low in the more than 300 years since the establishment of the Bank. The Committee held that the British economy showed obvious signs of a slowdown, the CPI still faced downward pressures for the medium term, and it was necessary to further ease monetary policy. On March 5, the Bank announced that, to ensure adequate liquidity in the market, it was about to implement a purchase program of GBP 75 billion medium- and long-term government bonds and corporate bonds in the next three months. On April 9, May 7, June 4, July 9, August 6, and September 10, the Bank announced that it would keep the official interest rate unchanged at 0.5 percent. On May 7, the Bank announced an expansion of the bond purchase program from GBP 75 billion to GBP 125 billion, and on August 6 it further expanded the program to GBP 175 billion.

附录三 中国主要经济和金融指标
Appendix 3 China's Major Economic and Financial Indicators

一、经济增长与经济发展水平
1. Economic Growth

1978年以来我国经济增长与宏观经济政策

China's economic growth and macroeconomic policies since 1978

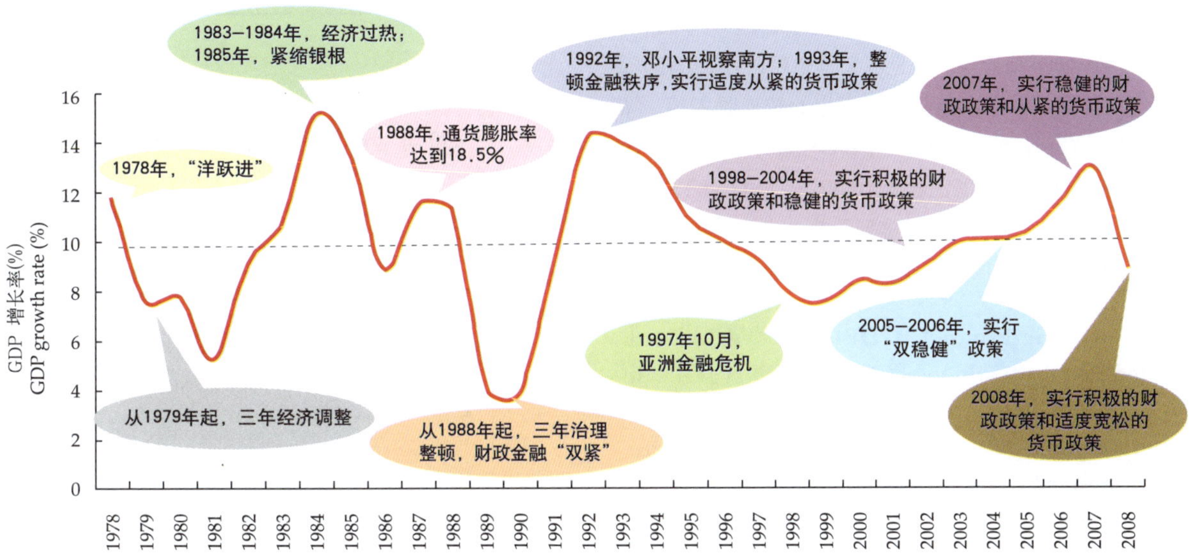

- "Great leap forward" in 1978
- 3-year economic adjustment between 1979 and 1981
- Over-heated economy between 1983 and 1984, tight monetary policy in 1985
- Inflation of 18.5% in 1988
- 3-year rectification from 1988 to 1991, "double tightening" of fiscal and monetary policy
- Deng Xiaoping's remarks on economic reform during his 1992 trip to South China, rectification of financial order and adoption of appropriately tight monetary policy in 1993
- Asian financial crisis of October 1997
- Proactive fiscal policy and sound monetary policy from 1998 to 2004
- "Double sound" fiscal and monetary policy in 2005 and 2006
- Sound fiscal policy and tight monetary policy in 2007
- Proactive financial policy and moderately loose monetary policy in 2008

人均国内生产总值

Per capita GDP

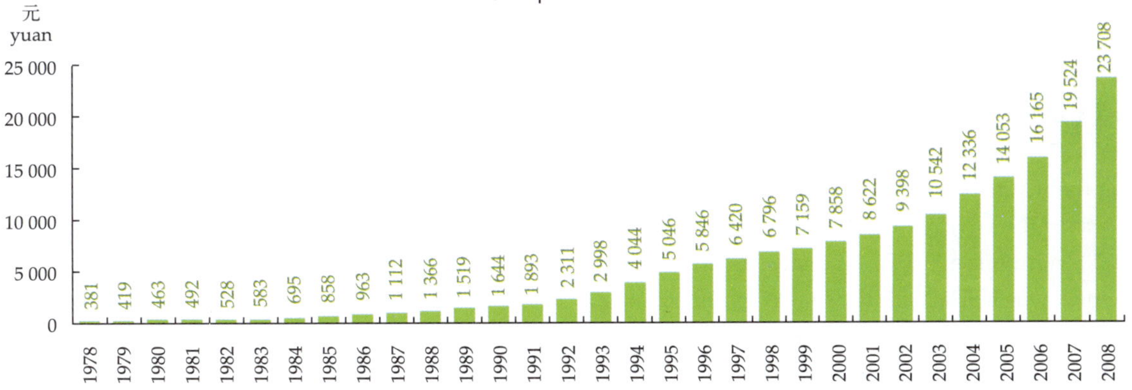

GDP 总量：据世界银行测算，按汇率折算方法计算，2008年中国GDP总量为4.33万亿美元，占世界GDP总量60.59万亿美元的7.1%，位居第三，排在美国和日本之后。根据《2009年世界发展指标》，按购买力平价方法计算，2008年中国GDP总量为7.9万亿美元，占世界GDP总量69.7万亿美元的11.3%，位居第二，排在美国之后。

人均 GDP：2008年，我国人均GDP达到22 698元，按年末汇率折算达3 321美元。

人均国民收入：据世界银行测算，按汇率折算方法计算，2008年世界人均国民收入为8 613美元，中国人均国民收入为2 940美元，位居世界210个经济体由高向低排列的第127位，属于中等收入国家中的较低收入组。按购买力平价方法计算，2008年中国人均国民收入为6 020美元，相当于世界人均国民收入10 357美元的58.1%，位居世界210个经济体由高向低排列的第120位，依然属于中等收入国家中的较低收入组。

Gross Domestic Product (GDP): The World Bank estimated that the world total GDP and China's GDP in 2008 were USD60.59 trillion and USD4.33 trillion respectively based on the current exchange rate. Accounting for7.1 percent of the world total, China's GDP ranked 3th in the world after the U.S. and Japan. The World Bank estimated that the world total GDP and China's GDP in 2008 were USD 69.7 trillion and USD7.9 trillion respectively based on a PPP basis, according to the *World Development Indicators 2009*. Accounting for 11.3 percent of the world total, China's GDP ranked 2nd in the world, after the U.S..

GDP per capita: In 2008, China's GDP per capita reached RMB22,698 yuan, or USD3,321 based on the exchange rate at the end of 2008.

Gross National Income (GNI) per capita: The World Bank estimated that in 2008 the GNI per capita for the world as a whole was USD8,613 based on the current exchange rate. The GNI per capita in China was USD2,940, ranking 127th among 210 worldwide economies, meaning that China is a lower-middle-income country. In PPP terms, the GNI per capita in China in 2008 was USD6,020, equivalent to 58.1 percent of the world figure which was USD10,357, thus ranking 120th among the 210 worldwide economies, and a ranking that still indicates China's status as a lower-middle-income country.

世界银行估算的2008年人均国民收入

National income per capita in 2008 (estimated by the World Bank)

单位：美元 Unit: USD

	世界平均 Global average	低收入国家 Low-income countries	中等收入国家 Middle-income countries	较低收入组 Lower-middle-income countries	较高收入组 Upper-middle-income countries	高收入国家 High-income countries
汇率折算法 On the basis of the current exchange rate	8 613	524	3 260	2 078	7 878	39 345
购买力平价法 On a PPP basis	10 357	1 407	6 154	4 592	12 297	37 141

2008年世界银行按汇率折算方法估算的GDP总量前10名排序

Top ten economies in terms of GDP based on the current exchange rate in 2008 (World Bank estimation)

排名 Rank	国家 Country		GDP(万亿美元) GDP (USD trillion)	占世界GDP总量的比重(%) As a percent of the world total (%)
1	美国	U.S.	14.20	23.4
2	日本	Japan	4.91	8.1
3	**中国**	**China**	**4.33**	**7.1**
4	德国	Germany	3.65	6.0
5	法国	France	2.85	4.7
6	英国	U.K.	2.65	4.3
7	意大利	Italy	2.29	3.7
8	巴西	Brazil	1.61	2.7
9	俄罗斯	Russia	1.61	2.7
10	西班牙	Spain	1.60	2.7
	世界	**World total**	**60.59**	**100**

2008年世界银行按购买力平价方法估算的GDP总量前10名排序

Top ten economies in terms of GDP based on PPP in 2008 (World Bank estimation)

排名 Rank	国家 Country		GDP(万亿美元) GDP (USD trillion)	占世界GDP总量的比重(%) As a percent of the world total (%)
1	美国	U.S.	14.2	20.4
2	**中国**	**China**	**7.9**	**11.3**
3	日本	Japan	4.4	6.2
4	印度	India	3.4	4.9
5	德国	Germany	2.9	4.2
6	俄罗斯	Russia	2.3	3.3
7	英国	U.K.	2.2	3.1
8	法国	France	2.1	3.0
9	巴西	Brazil	2.0	2.8
10	意大利	Italy	1.8	2.6
	世界	**World total**	**69.7**	**100**

国内生产总值
Gross domestic product

年/季 Year /Quarter	国内生产总值 GDP		第一产业 Primary industry		第二产业 Secondary industry		第三产业 Tertiary industry	
	绝对值(亿元) Absolute value (RMB 100 million yuan)	增长(%) Growth(%)	绝对值(亿元) Absolute value (RMB 100 million yuan)	增长(%) Growth(%)	绝对值(亿元) Absolute value (RMB 100 million yuan)	增长(%) Growth(%)	绝对值(亿元) Absolute value (RMB 100 million yuan)	增长(%) Growth(%)
2006 Ⅰ	44 420	11.4	3 093	4.5	22 076	12.6	19 251	11.3
Ⅰ—Ⅱ	93 612	12.0	7 974	5.1	47 909	13.6	37 729	11.7
Ⅰ—Ⅲ	144 570	11.8	15 059	4.9	72 008	13.3	57 503	11.8
Ⅰ—Ⅳ	211 923	11.6	24 040	5.0	103 162	13.0	84 721	12.1
2007 Ⅰ	53 058	13.0	3 654	4.4	26 465	14.6	22 940	12.7
Ⅰ—Ⅱ	112 458	13.4	9 283	4.0	57 615	15.0	45 561	13.5
Ⅰ—Ⅲ	174 428	13.4	17 937	4.3	86 405	14.8	70 086	14.0
Ⅰ—Ⅳ	257 306	13.0	28 627	3.7	124 799	14.7	103 880	13.8
2008 Ⅰ	63 475	10.6	4 720	2.8	31 658	11.5	27 097	10.9
Ⅰ—Ⅱ	134 726	10.4	11 800	3.5	69 330	11.3	53 596	10.7
Ⅰ—Ⅲ	208 025	9.9	22 062	4.5	103 975	10.6	81 989	10.5
Ⅰ—Ⅳ	314 045	9.6	33 702	5.5	149 003	9.3	131 340	9.5
2009 Ⅰ	65 745	6.1	4 700	3.5	31 968	5.3	29 077	7.4
Ⅰ—Ⅱ	139 862	7.1	12 025	3.8	70 071	6.6	57 767	8.3
Ⅰ—Ⅲ	217 817	7.7	22 500	4.0	106 477	7.5	88 840	8.8

注：表中绝对数按当年价格计算，“比上年同期增长”按不变价格计算。

Note: Absolute figures in this table are calculated at current prices, and the growth rates as compared with the same period in the preceding year are calculated at constant prices.

1978年以来GDP及其增长率
GDP and its annual growth rate since 1978

年 Year	GDP(万亿元) GDP(RMB trillion yuan)	GDP增长率(%) GDP growth rate(%)
1978	0.4	11.7
1979	0.4	7.6
1980	0.5	7.8
1981	0.5	5.3
1982	0.5	9.0
1983	0.6	10.9
1984	0.7	15.2
1985	0.9	13.5
1986	1.0	8.9
1987	1.2	11.6
1988	1.5	11.3
1989	1.7	4.1
1990	1.9	3.8
1991	2.2	9.2
1992	2.7	14.2
1993	3.5	14.0
1994	4.8	13.1
1995	6.1	10.9
1996	7.1	10.0
1997	7.9	9.3
1998	8.4	7.8
1999	9.0	7.6
2000	9.9	8.4
2001	11.0	8.3
2002	12.0	9.1
2003	13.6	10.0
2004	16.0	10.1
2005	18.3	10.4
2006	21.2	11.6
2007	25.7	13.0
2008	31.4	9.6

注：1993年以后的数据为根据2004年经济普查调整后的数据。

Note: Date since 1993 are revised according to the 2004 Economic Census.

1978年以来GDP及其增长率
GDP and its annual growth rate since 1978

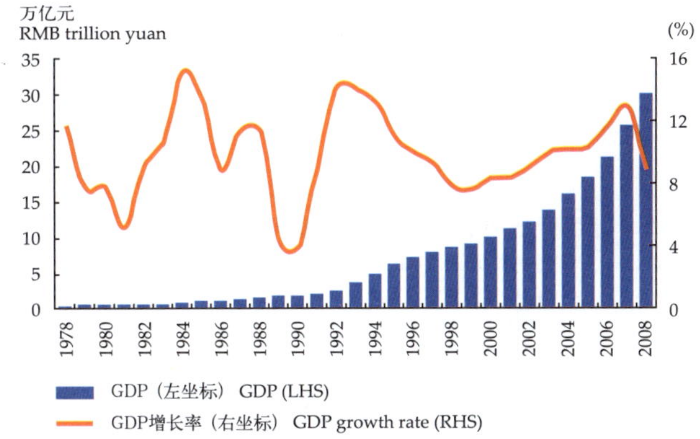

1999年以来年度GDP三次产业所占的比重
Shares of industries in GDP since 1999

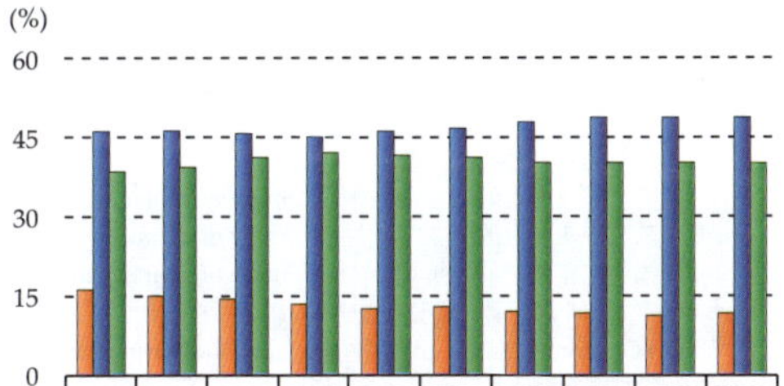

	1999	2000	2001	2002	2003	2004	2005	2006	2007	2008
第一产业 Primary industry	16.2	14.8	14.1	13.5	12.6	13.1	12.2	11.3	11.1	10.7
第二产业 Secondary industry	45.8	45.9	45.2	44.8	46.0	46.2	47.7	48.7	48.5	47.4
第三产业 Tertiary industry	38.0	39.3	40.7	41.7	41.4	40.7	40.1	40.0	40.4	41.8

季度GDP三次产业所占的比重与增长率变化
Shares of industries in GDP and their growth on a quarterly basis

单位：% Unit: %

年/季 Year/Quarter	第一产业所占的比重 Share of primary industry	第二产业所占的比重 Share of secondary industry	第三产业所占的比重 Share of tertiary industry	第一产业同比累计增长 YOY accumulated growth of primary industry	第二产业同比累计增长 YOY accumulated growth of secondary industry	第三产业同比累计增长 YOY accumulated growth of tertiary industry
2006 Q2	8.5	51.2	40.3	5.1	13.6	11.7
2006 Q3	10.4	49.8	39.8	4.9	13.3	11.8
2006 Q4	11.3	48.7	40.0	5.0	13.0	12.1
2007 Q1	6.9	49.9	43.2	4.4	14.6	12.7
2007 Q2	8.3	51.2	40.5	4.0	15.0	13.5
2007 Q3	10.3	49.5	40.2	4.3	14.8	14.0
2007 Q4	11.1	48.5	40.4	3.7	14.7	13.8
2008 Q1	7.4	49.9	42.7	2.8	11.5	10.9
2008 Q2	8.8	51.5	39.8	3.5	11.3	10.7
2008 Q3	10.6	50.0	39.4	4.5	10.6	10.5
2008 Q4	10.7	47.4	41.8	5.5	9.3	9.5
2009 Q1	7.1	48.6	44.2	3.5	5.3	7.4
2009 Q2	8.6	50.1	41.3	3.8	6.6	8.3
2009 Q3	10.3	48.9	40.8	4.0	7.5	8.8

注：①2005年以后的季度数据为与2004年中国经济普查衔接后的数据，与2004年以前的季度数据不可比。
②从2006年第一季度开始，根据《国民经济行业分类》(2002)，将“农林牧渔服务业”从第三产业调整到第一产业。

Notes: 1. The quarterly data after 2005 were revised according to the 2004 Economic Census and cannot be compared with those before 2004.
2. Beginning from the first quarter of 2006, according to the *Classification of National Economic Sectors* (2002), services for agriculture, forestry, animal husbandry and fishery have been readjusted tertiary industry to primary industry.

季度GDP三次产业所占的比重与增长率变化
Shares of industries in GDP and their growth rates on a quarterly basis

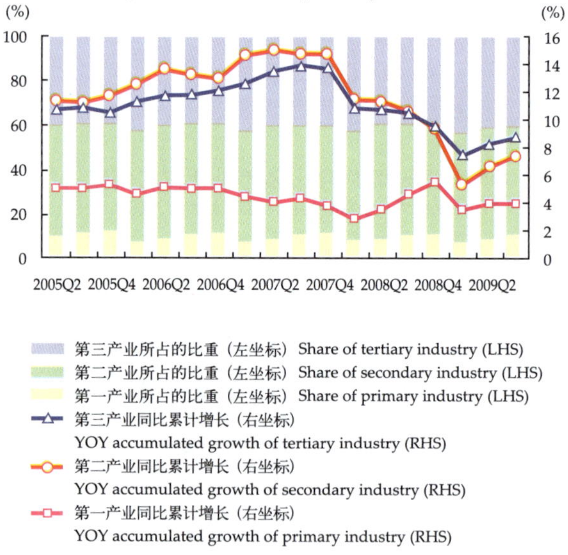

2001年以来GDP季度累计增长率
Quarterly accumulated GDP growth rates since 2001

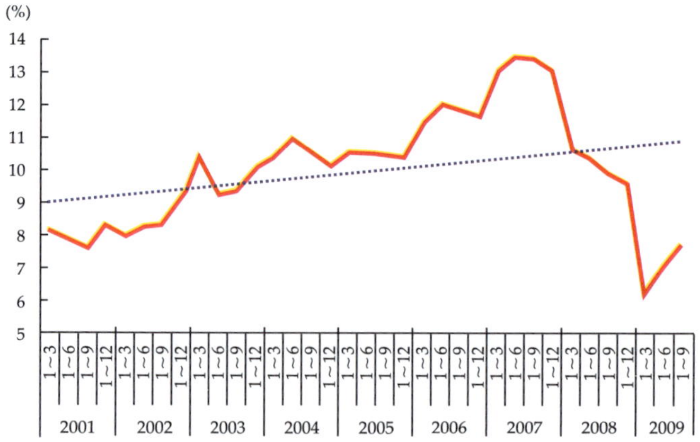

工业增加值增长速度
Growth rate of value added of industry

单位：% Unit: %

年/月 Year/Month	工业增加值 Value added	轻工业 Light industry	重工业 Heavy industry	国有及国有控股企业 State-owned and state-holding enterprises	集体企业 Collectively-owned enterprises	股份制企业 Joint-stock enterprises	外商及港澳台投资企业 Enterprises with foreign, Hongkong, Macau, and Taiwan investment
2005	16.4	15.2	17.0	10.7	12.4	17.8	16.6
2006	16.6	13.8	17.9	12.6	11.6	17.8	16.9
2007	18.5	16.3	19.6	13.8	11.5	20.6	17.5
2008 7	14.7	12.2	15.7	11.8	7.4	17.0	11.9
8	12.8	11.7	13.2	9.7	9.1	15.0	9.7
9	11.4	11.2	11.5	7.4	10.4	13.2	8.2
10	8.2	10.3	7.3	4.5	3.8	9.2	5.0
11	5.4	10.1	3.4	0.7	4.4	6.1	1.5
12	5.7	8.1	4.7	-0.6	1.8	7.9	0.3
2009 2	11.0	14.4	9.6	3.6	10.8	14.2	3.7
3	8.3	8.5	8.3	2.7	5.1	10.7	3.0
4	7.3	8.2	6.9	2.3	7.1	9.4	1.7
5	8.9	9.7	8.6	2.4	8.5	11.1	3.6
6	10.7	10.2	10.9	5.7	8.9	13.0	5.3
7	10.8	9.2	11.3	7.4	12.4	13.4	5.0
8	12.3	9.8	13.2	8.6	10.9	14.7	8.0
9	13.9	11.8	14.8	11.8	13.5	16.6	8.9
2008 1~4	16.3	14.0	17.3	12.4	11.1	18.7	14.5
1~5	16.3	13.9	17.3	12.4	10.7	18.6	14.6
1~6	16.3	13.8	17.3	12.7	10.5	18.8	14.3
1~7	16.1	13.5	17.2	12.6	9.8	18.5	13.9
1~8	15.7	13.3	16.8	12.3	9.7	18.1	13.4
1~9	15.2	13.1	16.0	11.8	9.6	17.5	12.7
1~10	14.4	12.8	15.1	11.1	9.1	16.6	11.8
1~11	13.7	12.7	14.1	10.3	8.7	15.7	10.9
1~12	12.9	12.3	13.2	9.1	8.1	15.0	9.9
2009 1~2	3.8	6.5	2.7	-1.0	4.3	6.4	-3.6
1~3	5.1	6.8	4.5	0.1	3.5	7.7	-1.4
1~4	5.5	7.0	4.9	0.4	4.3	7.9	-0.7
1~5	6.3	7.8	5.7	0.6	5.2	8.7	0.3
1~6	7.0	8.2	6.6	1.7	5.9	9.4	1.2
1~7	7.5	8.1	7.2	2.5	6.7	9.8	1.6
1~8	8.1	8.4	8.0	3.3	7.3	10.5	2.5
1~9	8.7	8.7	8.7	4.1	7.9	11.0	3.4

注：①工业统计范围为全部国有企业及年产品销售收入在500万元以上的非国有企业。
②本表中比上年同期增长是按可比价格计算的。
③年度数据为快报数。
④自2006年起，1月的工业生产数据免报。

Notes: 1. Industrial statistics include all state-owned enterprises and non-state-owned enterprises with an annual sales income of over 5 million yuan.
2. The year-on-year changes in this table are calculated at comparable prices.
3. The annual data refer to the statistical figures in the news bulletins.
4. Beginning in 2006, January data on industrial production have not been submitted.

工业增加值增长速度及工业产品销售率
Growth rate of industrial value added and ratio of sales to output of industrial products

单位：% Unit: %

年/月 Year/Month	当月工业增加值同比增长 YOY growth of monthly industrial value added	工业增加值月度累计同比增长 YOY growth of monthly accumulated industrial value added	当月销售率 Monthly ratio of sales to output
2008 7	14.7	16.1	98.1
8	12.8	15.7	97.8
9	11.4	15.2	97.6
10	8.2	14.4	97.4
11	5.4	13.7	97.0
12	5.7	12.9	98.7
2009 1	—	—	—
2	11.0	3.8	97.3
3	8.3	5.1	96.9
4	7.3	5.5	97.8
5	8.9	6.3	97.3
6	10.7	7.0	97.3
7	10.8	7.5	97.9
8	12.3	8.1	97.7
9	13.9	8.7	97.7

工业增加值增长速度及工业产品销售率
Growth rate of industrial value added and ratio of sales to output of industrial products

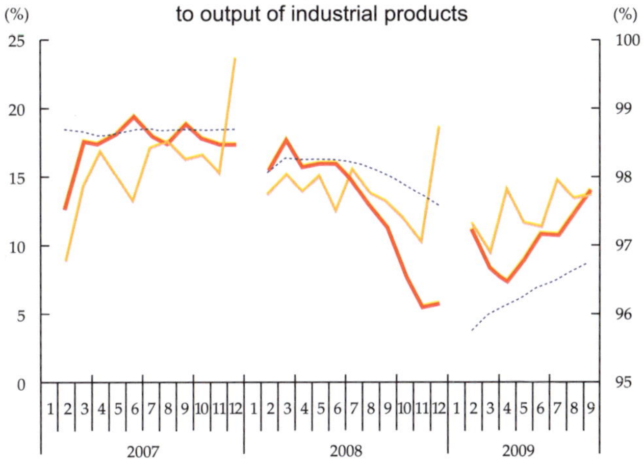

当月工业增加值同比增长（左坐标）
YOY growth of monthly industrial value added (LHS)
工业增加值月度累计同比增长（左坐标）
YOY growth of monthly accumulated industrial value added (LHS)
当月销售率（右坐标）
Monthly ratio of sales to output (RHS)

二、价格走势
2. Price Development

1.各种价格指数一览
(1) Overview of price indices

各种价格指数变动表
Changes in price indices

单位：% Unit: %

年/月 Year/Month	居民消费价格指数 CPI				农业生产资料价格指数 Agricultural production material price index		原材料购进价格指数 Raw materials purchasing price index		工业品出厂价格指数 Industrial producer price index		房屋销售价格指数 Housing sales price index	房屋租赁价格指数 Housing rent price index	土地交易价格指数 Land transaction price index	固定资产投资价格指数 Fixed-asset investment price index		进出口同比价格指数 Import-export price index (YOY)		
	定基比 Year 2005=100*	月环比 MOM	当月同比 YOY	累计同比 Accumulated YOY	当月同比 YOY	累计同比 Accumulated YOY	当月同比 YOY	累计同比 Accumulated YOY	当月同比 YOY	累计同比 Accumulated YOY	当月同比 YOY	当季同比 YOY	当季同比 YOY	当季同比 YOY	累计同比 Accumulated YOY	出口 Exports	进口 Imports	贸易条件 Terms of trade
2007 7	6.1	0.9	5.6	3.5	7.8	5.6	3.6	3.8	2.4	2.7	7.5	—	—	—	—	4.4	8.8	96.0
8	7.4	1.2	6.5	3.9	9.0	6.0	3.8	3.8	2.6	2.7	8.2	—	—	—	—	3.0	7.5	95.8
9	7.7	0.3	6.2	4.1	9.3	6.4	3.6	3.8	2.7	2.7	8.9	3.0	15.0	4.0	3.3	6.0	2.3	103.6
10	8.0	0.3	6.5	4.4	9.7	6.7	4.5	3.9	3.2	2.8	9.5	—	—	—	—	6.2	6.8	99.4
11	8.8	0.7	6.9	4.6	11.8	7.2	6.3	4.1	4.6	2.9	10.5	—	—	—	—	6.4	10.6	96.2
12	9.9	1.0	6.5	4.8	13.0	7.7	8.1	4.4	5.4	3.1	10.5	3.1	10.7	5.8	3.9	6.6	8.0	98.7
2008 1	11.2	1.2	7.1	7.1	14.3	14.3	8.9	8.9	6.1	6.1	11.3	—	—	—	—	6.5	14.8	92.8
2	14.1	2.6	8.7	7.9	16.5	15.4	9.7	9.3	6.6	6.4	10.9	—	—	—	—	11.9	18.1	94.8
3	13.2	-0.7	8.3	8.0	21.7	17.5	11.0	9.8	8.0	6.9	10.7	2.1	16.5	8.6	8.6	9.0	17.6	92.7
4	13.3	0.1	8.5	8.2	23.6	19.0	11.8	10.3	8.1	7.2	10.1	—	—	—	—	10.1	21.8	90.4
5	12.9	-0.4	7.7	8.1	23.3	19.9	11.9	10.6	8.2	7.4	9.2	—	—	—	—	10.4	20.9	91.3
6	12.7	-0.2	7.1	7.9	24.4	20.7	13.5	11.1	8.8	7.6	8.2	2.2	10.8	11.3	10.0	11.1	20.1	92.5
7	12.8	0.1	6.3	7.7	24.8	21.3	15.4	11.7	10.0	8.0	7.0	—	—	—	—	8.5	21.9	89.0
8	12.7	-0.1	4.9	7.3	23.8	21.6	15.3	12.2	10.1	8.2	5.3	—	—	—	—	10.6	22.7	90.1
9	12.7	0.0	4.6	7.0	22.9	21.7	14.0	12.4	9.1	8.3	3.5	1.1	6.9	11.1	10.3	6.9	17.5	91.0
10	12.3	-0.3	4.0	6.7	20.6	21.6	11.0	12.2	6.6	8.2	1.6	—	—	—	—	8.4	10.8	97.8
11	11.5	-0.8	2.4	6.3	15.7	21.1	4.7	11.6	2.0	7.6	0.2	—	—	—	—	5.5	1.9	103.5
12	11.2	-0.2	1.2	5.9	12.4	20.3	-1.3	10.5	-1.1	6.9	-0.4	0.0	3.6	4.8	8.9	5.1	-10.0	116.8
2009 1	12.3	0.9	1.0	1.0	9.7	9.7	-5.3	-5.3	-3.3	-3.3	-0.9	—	—	—	—	2.3	-10.6	114.4
2	12.3	0.0	-1.6	-0.3	6.8	8.2	-7.1	-6.2	-4.5	-3.9	-1.2	—	—	—	—	-2.5	-17.6	118.3
3	11.9	-0.3	-1.2	-0.6	1.3	5.8	-8.9	-7.1	-6.0	-4.6	-1.3	-0.5	-1.5	-1.2	-1.2	-5.6	-18.5	115.8
4	11.6	-0.2	-1.5	-0.8	-1.7	3.8	-9.6	-7.7	-6.6	-5.1	-1.1	—	—	—	—	-5.9	-19.2	116.5
5	11.3	-0.3	-1.4	-0.9	-3.6	2.3	-10.4	-8.2	-7.2	-5.5	-0.6	—	—	—	—	-6.4	-20.7	118.0
6	10.8	-0.5	-1.7	-1.1	-5.8	0.9	-11.2	-8.7	-7.8	-5.9	0.2	-1.4	1.6	-3.9	-2.6	-8.8	-16.3	109.0
7	10.8	0.0	-1.8	-1.2	-7.2	-0.4	-11.7	-9.2	-8.2	-6.2	1.0	—	—	—	—	-7.1	-16.7	11.5
8	11.3	0.5	-1.2	-1.2	-7.5	-1.3	-11.4	-9.4	-7.9	-6.4	2.0	—	—	—	—	-9.3	-20.4	13.9
9	11.8	0.4	-0.8	-1.1	-7.3	-1.3	-10.1	-9.5	-7.0	-6.5	2.8	0.4	4.7	-3.6	-2.9	-9.1	-15.3	7.3

注：*①从2006年1月起，国家统计局开始计算发布以2005年价格水平为固定对比基期的居民消费价格指数。
②从2005年7月起，国家发展和改革委员会开始按月发布房屋销售价格指数。
③从2005年1月起，海关总署开始按月发布进出口价格指数。

Notes:*1. From January 2006, the National Bureau of Statistics began to calculate and release the CPI with price level of the year 2005 as the base year.
2. From July 2005, National Development and Reform Commission began to release the monthly housing sales price index.
3. From January 2005, General Administration of Customs began to release monthly price index of imports and exports.

2.居民消费价格总指数
(2) CPI

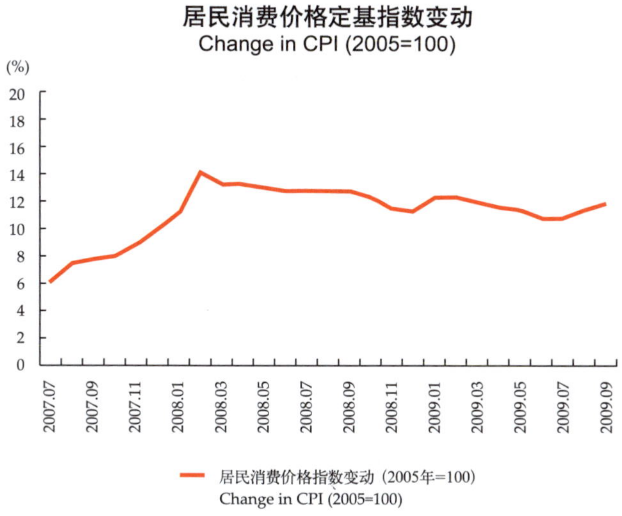

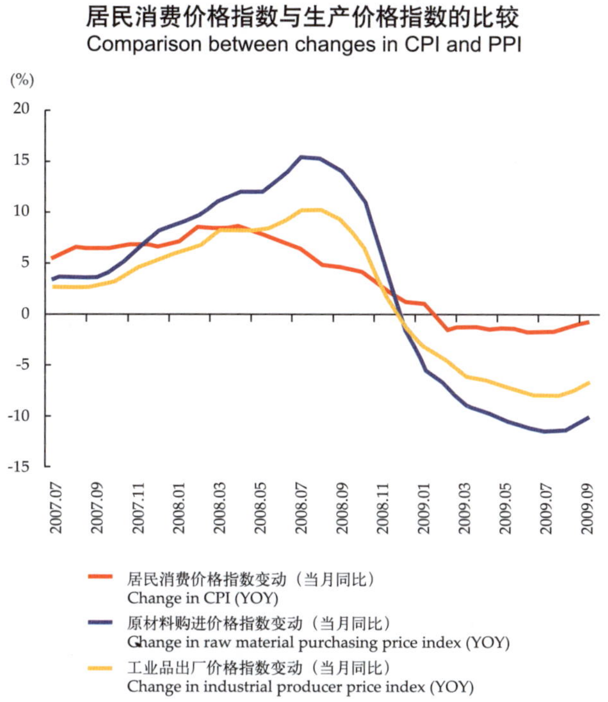

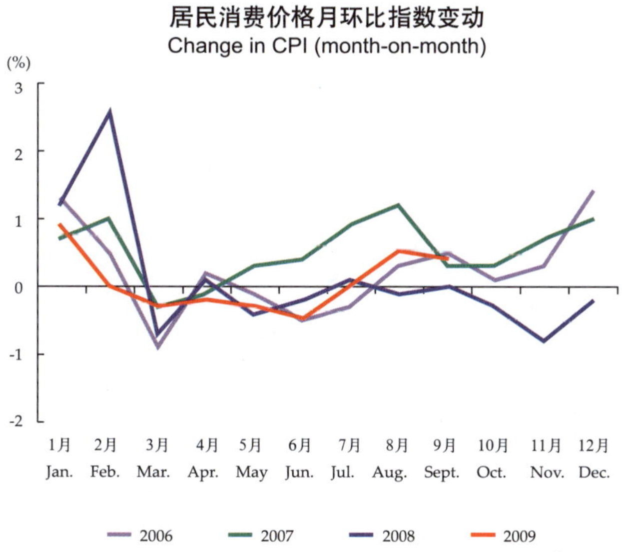

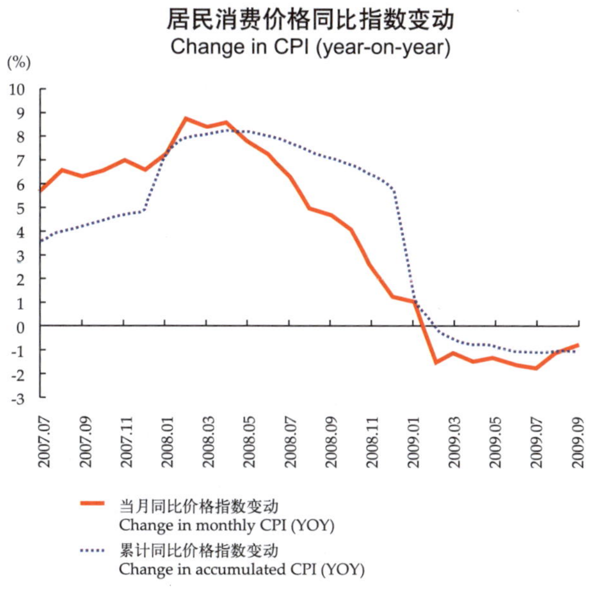

3. 分类指数
(3) Breakdown of indices

居民消费价格当月同比分类指数变动
Breakdown of changes in CPI (YOY)

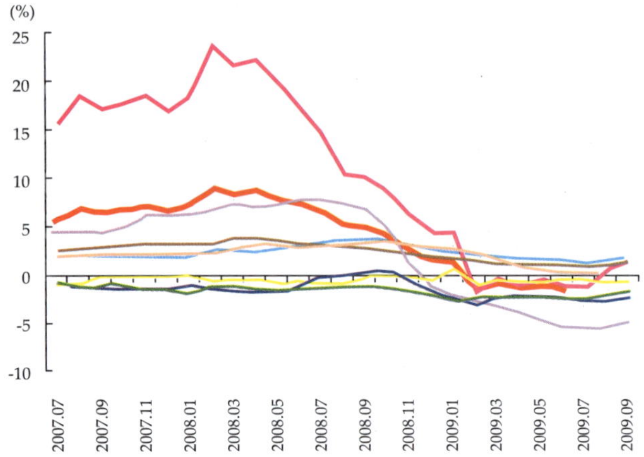

总指数 All items CPI
食品 Food
烟酒及用品 Cigarettes and liquor
衣着 Apparel
家庭设备用品及服务 Household facilities, articles and services
医疗保健及个人用品 Medical care and personal articles
交通和通信 Transportation and telecommunications
娱乐、教育、文化用品及服务 Entertainment, education, cultural articles and services
居住 Housing

工业品出厂价格同比指数变动
按生产资料和生活资料分类
Breakdown of changes in industrial producer price index by production materials and means of livelihood

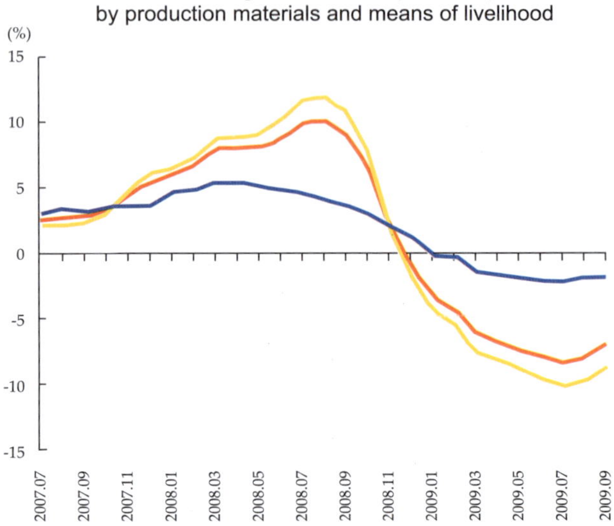

工业品出厂价格指数变动 Change in industrial producer price index
生产资料出厂价格指数变动 Change in industrial producer price index of production materials
生活资料出厂价格指数变动 Change in industrial producer price index of means of livelihood

生产资料出厂价格当月同比分类指数变动
Breakdown of changes in industrial producer price index of production materials (YOY)

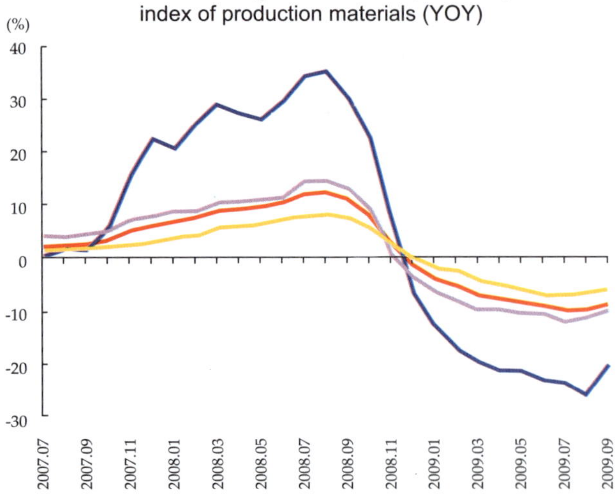

生产资料出厂价格指数变动
Change in industrial producer price index of production materials
采掘业 Excavation industry
原材料工业 Raw materials industry
加工工业 Processing industry

生活资料出厂价格当月同比分类指数变动
Breakdown of changes in industrial producer price index of means of livelihood (YOY)

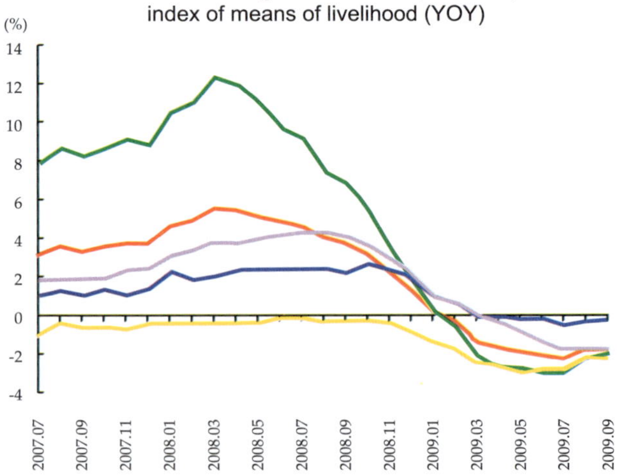

生活资料出厂价格指数变动
Change in industrial producer price index of means of livelihood
食品类 Food
衣着类 Apparel
一般日用品 Articles for daily use
耐用消费品 Durable consumer goods

三、就业、失业与收入
3. Employment, Unemployment and Income

人口与就业基本情况
Population and employment

年 Year	年底总人口（亿人） Population at the end of the year (100 million people)	市镇 Urban	比重(%) Share (%)	乡村 Rural	比重(%) Share (%)	15～64岁人口数(亿人) Population between 15–64 years of age (100 million people)	就业人员(亿人) Employment (100 million people)
2003	12.9	5.2	40	7.7	60	9.1	7.4
2004	13.0	5.4	42	7.6	58	9.2	7.5
2005	13.1	5.6	43	7.5	57	9.4	7.6
2006	13.1	5.7	44	7.4	56	9.5	7.6
2007	13.2	5.9	45	7.3	55	9.6	7.7
2008	13.3	6.1	46	7.2	54	9.7	7.7

就业人员按城乡和产业分类
Employment in urban and rural areas and in industries

年 Year	就业人员(亿人) Employment (100 million people)	按城乡分 Urban and rural				按产业分 Industries					
		城镇 Urban	比重(%) Share (%)	乡村 Rural	比重(%) Share (%)	第一产业 Primary industry	比重(%) Share (%)	第二产业 Secondary industry	比重(%) Share (%)	第三产业 Tertiary industry	比重(%) Share (%)
2002	7.37	2.48	27.5	6.52	72.5	3.69	50.0	1.58	21.4	2.11	28.6
2003	7.44	2.56	34.4	4.88	65.6	3.65	49.1	1.61	21.6	2.18	29.3
2004	7.52	2.65	35.2	4.87	64.8	3.53	46.9	1.69	22.5	2.30	30.6
2005	7.58	2.73	36.0	4.85	64.0	3.39	44.7	1.81	23.9	2.38	31.4
2006	7.64	2.83	37.0	4.81	63.0	3.26	42.6	1.92	25.2	2.46	32.2
2007	7.70	2.94	38.1	4.76	61.9	3.14	40.8	2.06	26.8	2.49	32.4
2008	7.75	3.02	39.0	4.73	61.0	3.07	39.6	2.11	27.2	2.57	33.2

城乡居民家庭人均收入
Urban and rural household income (per capita)

年/季 Year/Quarter	农村居民家庭人均现金收入 Rural household cash income (per capita)		城镇居民家庭人均可支配收入 Urban household disposable income (per capita)	
	绝对值(元) Absolute value (yuan)	同比实际增长(%) Growth in real terms (YOY) (%)	绝对值(元) Absolute value (yuan)	同比实际增长(%) Growth in real terms (YOY) (%)
2006 I-III	2 762	11.4	8 799	10.0
I-IV	4 302	—	11 760	10.4
2007 I	1 261	12.1	3 935	16.6
I-II	2 111	13.3	7 052	14.2
I-III	3 321	14.8	10 346	13.2
I-IV	4 958	—	13 786	12.2
2008 I	1 494	9.1	4 386	3.4
I-II	2 528	10.3	8 065	6.3
I-III	3 971	11.0	11 865	7.5
I-IV	4 761	8.0	15 781	8.4
2009 I	1 622	8.6	4 834	11.2
I-II	2 733	8.1	8 856	11.2
I-III	4 307	9.2	12 973	10.5

城镇失业人数和失业率
Unemployed urban population and unemployment rate

年/季度末 Year/End of quarter		城镇登记失业人数(万人) Registered unemployment (10 000 people)	城镇登记失业率(%) Registered unemployment rate (%)
2006	III	835	4.1
	IV	847	4.1
2007	I	840	4.1
	II	838	4.1
	III	835	4.0
	IV	830	4.0
2008	I	825	4.0
	II	825	4.0
	III	830	4.0
	IV	886	4.2
2009	I	915	4.3
	II	906	4.3
	III	915	4.3

四、国内需求
4. Domestic Demand

1. 按支出法计算的国内生产总值
(1) Expenditure-based GDP

按支出法计算的国内生产总值及其构成
Expenditure-based GDP and its composition

年 Year	按支出法计算的国内生产总值(亿元) Expenditure-based GDP (RMB100 million yuan)	最终消费 Final consumption	居民消费 Household consumption	农村居民 Rural	城镇居民 Urban	政府消费 Government consumption	资本形成总额 Total capital formation	固定资本形成 Fixed capital formation	存货增加 Increased inventory	货物和服务净出口 Net exports of goods and services
	绝对值(亿元) Absolute value (RMB100 million yuan)									
1999	90 964	55 637	41 920	14 584	27 336	13 717	32 952	30 527	2 424	2 376
2000	98 749	61 516	45 855	15 147	30 707	15 661	34 843	33 844	998	2 390
2001	108 972	66 878	49 213	15 791	33 422	17 665	39 769	37 755	2 015	2 325
2002	120 350	71 691	52 571	16 272	36 300	19 120	45 565	43 632	1 933	3 094
2003	136 399	77 450	56 834	16 306	40 529	20 615	55 963	53 491	2 472	2 986
2004	160 280	87 033	63 834	17 551	46 283	23 199	69 168	65 118	4 051	4 079
2005	188 692	97 823	71 218	19 014	51 892	26 605	80 646	77 305	3 342	10 223
2006	221 651	110 595	80 477	21 107	59 370	30 118	94 402	90 151	4 251	16 654
2007	263 094	128 794	93 603	23 913	69 690	35 191	110 919	105 436	5 484	23 381
2008	306 860	149 113	108 392	27 206	81 186	40 720	133 612	126 210	7 403	24 135
	构成(%) Composition (%)									
1999	100	61.2	46.1	16.0	30.1	15.1	36.2	33.6	2.7	2.6
2000	100	62.3	46.4	15.3	31.1	15.9	35.3	34.3	1.0	2.4
2001	100	61.4	45.2	14.5	30.7	16.2	36.5	34.6	1.8	2.1
2002	100	59.6	43.7	13.5	30.2	15.9	37.9	36.3	1.6	2.6
2003	100	56.8	41.7	12.0	29.7	15.1	41.0	39.2	1.8	2.2
2004	100	54.3	39.8	10.9	28.9	14.5	43.2	40.6	2.5	2.5
2005	100	51.8	37.7	10.1	27.5	14.1	42.7	41.0	1.8	5.4
2006	100	50.0	36.4	9.5	26.8	13.7	42.7	40.9	1.7	7.3
2007	100	49.0	35.6	9.1	26.5	13.4	42.2	40.1	2.1	8.9
2008	100	48.6	35.3	8.9	26.5	13.3	43.5	41.1	2.4	7.9

注：依据第一次全国经济普查结果，国家统计局修订了2004年以前的国内生产总值历史数据。
Note: GDP data before 2004 are revised by National Bureau of Statistics according to 2004 Economic Census.

按支出法计算的国内生产总值构成变化
Changes in the composition of GDP (based on expenditures)

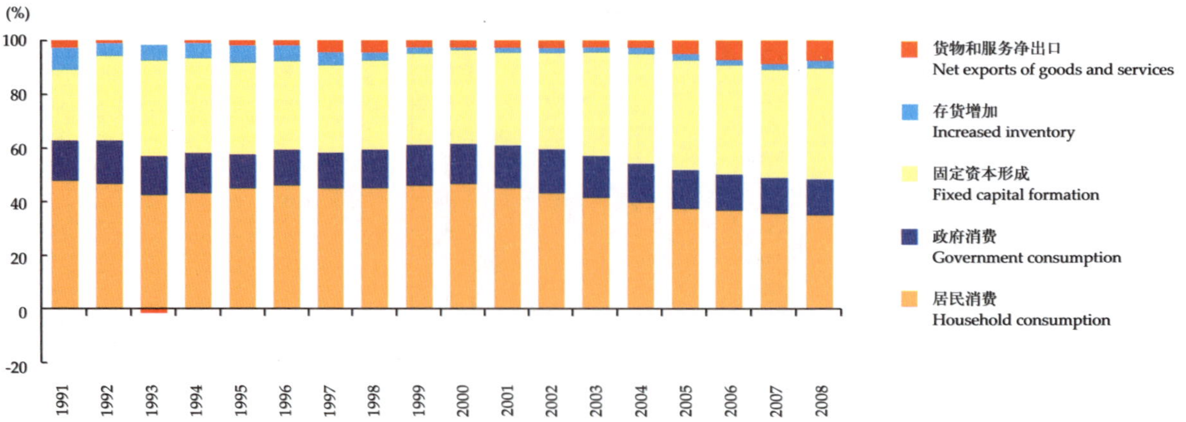

投资率和消费率
Investment ratio and consumption ratio

单位：%　Unit: %

年 Year	资本形成率(投资率) Capital formation ratio (investment ratio)	最终消费率(消费率) Final consumption ratio (consumption ratio)
1978	38.2	62.1
1979	36.1	64.4
1980	34.8	65.5
1981	32.5	67.1
1982	31.9	66.5
1983	32.8	66.4
1984	34.2	65.8
1985	38.1	66.0
1986	37.5	64.9
1987	36.3	63.6
1988	37.0	63.9
1989	36.6	64.5
1990	34.9	62.5
1991	34.8	62.4
1992	36.6	62.4
1993	42.6	59.3
1994	40.5	58.2
1995	40.3	58.1
1996	38.8	59.2
1997	36.7	59.0
1998	36.2	59.6
1999	36.2	61.2
2000	35.3	62.3
2001	36.5	61.4
2002	37.9	59.6
2003	41.0	56.8
2004	43.2	54.3
2005	42.7	51.8
2006	42.7	50.0
2007	42.1	49.0
2008	43.5	48.6

注：依据第一次全国经济普查结果，国家统计局修订了2004年以前的国内生产总值历史数据。

Note: GDP data before 2004 are revised by National Bureau of Statistics according to 2004 Economic Census.

生产法现价GDP与支出法现价GDP及其增长率比较
Comparison between production-based GDP and expenditure-based GDP at current price

年 Year	(1)生产法GDP Production-based GDP		(2)支出法GDP Expenditure-based GDP		(1)−(2)	
	绝对量(亿元) Absolute value (RMB100 million yuan)	现价增速(%) Growth rate at current price(%)	绝对量(亿元) Absolute value (RMB100 million yuan)	现价增速(%) Growth rate at current price(%)	绝对量(亿元) Absolute value (RMB100 million yuan)	现价增速(%) Growth rate at current price(%)
1978	3 645	13.8	3 606	13.9	40	0.0
1979	4 063	11.5	4 093	13.5	-30	-2.1
1980	4 546	11.9	4 593	12.2	-47	-0.3
1981	4 892	7.6	5 009	9.1	-117	-1.5
1982	5 323	8.8	5 590	11.6	-267	-2.8
1983	5 963	12.0	6 216	11.2	-254	0.8
1984	7 208	20.9	7 363	18.4	-155	2.5
1985	9 016	25.1	9 077	23.3	-61	1.8
1986	10 275	14.0	10 509	15.8	-233	-1.8
1987	12 059	17.4	12 277	16.8	-219	0.5
1988	15 043	24.8	15 389	25.3	-346	-0.6
1989	16 992	13.0	17 311	12.5	-319	0.5
1990	18 668	9.9	19 348	11.8	-680	-1.9
1991	21 781	16.7	22 577	16.7	-796	0.0
1992	26 923	23.6	27 565	22.1	-642	1.5
1993	35 334	31.2	36 938	34.0	-1 604	-2.8
1994	48 198	36.4	50 217	36.0	-2 020	0.5
1995	60 794	26.1	63 217	25.9	-2 423	0.2
1996	71 177	17.1	74 164	17.3	-2 987	-0.2
1997	78 973	11.0	81 659	10.1	-2 685	0.8
1998	84 402	6.9	86 532	6.0	-2 129	0.9
1999	89 677	6.3	91 125	5.3	-1 448	0.9
2000	99 215	10.6	98 749	8.4	466	2.3
2001	109 655	10.5	108 972	10.4	683	0.2
2002	120 333	9.7	120 350	10.4	-18	-0.7
2003	135 823	12.9	136 399	13.3	-576	-0.5
2004	159 878	17.7	160 280	17.5	-402	0.2
2005	183 218	14.6	188 692	17.7	-5 475	-3.1
2006	211 924	15.7	221 651	17.5	-9 728	-1.8
2007	257 306	21.4	263 094	18.7	-5 788	2.7
2008	300 670	16.9	306 860	16.6	-6 190	0.2

注：依据第一次全国经济普查结果，国家统计局修订了2004年以前的国内生产总值历史数据。

Note: GDP data before 2004 are revised by National Bureau of Statistics according to 2004 Economic Census.

投资率和消费率
Investment ratio and consumption ratio

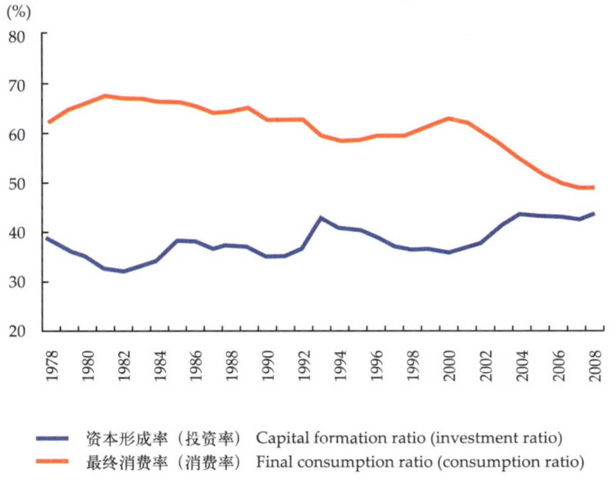

生产法现价GDP与支出法现价GDP增速比较
Comparison of growth rate at current prices between production-based GDP and expenditure-based GDP

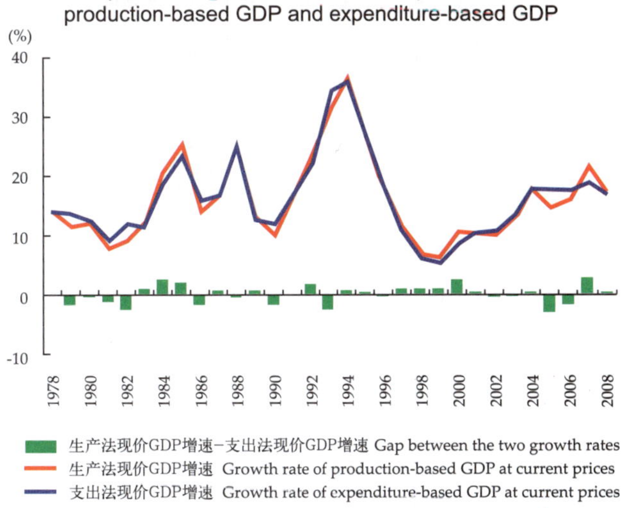

2.社会消费品零售额

(2) Retail sales of consumer goods

月度社会消费品零售额
Monthly retail sales of consumer goods

单位：亿元
Unit: RMB 100 million yuan

年/月 Year/Month	社会消费品零售总额 Retail sales of consumer goods	当月同比增长率(%) Monthly growth rate(YOY)(%)	累计同比增长率(%) Accumulated growth rate(YOY)(%)
2008.07	8 629	23.3	21.7
2008.08	8 768	23.2	21.9
2008.09	9 447	23.2	22.0
2008.10	10 083	22.0	22.0
2008.11	9 791	20.8	21.9
2008.12	10 729	19.0	21.6
2009.01	10 757	18.5	18.5
2009.02	9 324	11.6	15.2
2009.03	9 318	14.7	15.0
2009.04	9 343	14.8	15.0
2009.05	10 028	15.2	15.0
2009.06	9 942	15.0	15.0
2009.07	9 937	15.2	15.0
2009.08	10 116	15.4	15.1
2009.09	10 913	15.5	15.1

社会消费品零售总额与最终消费增长率的比较
Comparison of growth rate at current prices between retail sales of consumer goods and final consumption expenditure

单位：万亿元
Unit: RMB trillion yuan

年 Year	社会消费品零售总额 Retail sales of consumer goods	最终消费 Final consumption	社会消费品零售总额现价增长率(%) Growth rate at current prices of retail sales of consumer goods(%)	最终消费现价增长率(%) Growth rate at current prices of final consumption expenditure(%)
1991	0.94	1.41	13.4	16.6
1992	1.10	1.72	16.8	22.1
1993	1.43	2.19	29.8	27.3
1994	1.86	2.92	30.5	33.5
1995	2.36	3.67	26.8	25.7
1996	2.84	4.39	20.1	19.5
1997	3.13	4.81	10.2	9.6
1998	3.34	5.16	6.8	7.2
1999	3.56	5.56	6.8	7.8
2000	3.91	6.15	9.7	10.6
2001	4.31	6.69	10.1	8.7
2002	4.81	7.17	11.8	7.2
2003	5.25	7.74	9.1	8.0
2004	5.95	8.70	13.3	12.4
2005	6.72	9.78	12.9	12.4
2006	7.60	11.06	13.1	12.8
2007	8.90	12.88	16.8	16.6
2008	10.85	14.91	21.6	15.8

月度社会消费品零售额及其增长率
Monthly retail sales and growth rate of consumer goods

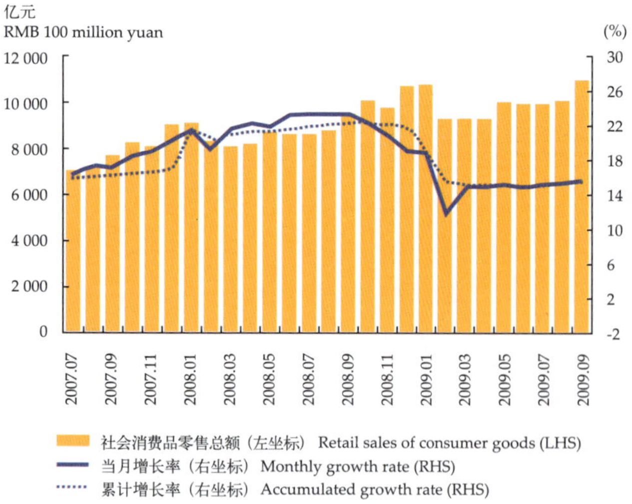

社会消费品零售总额及最终消费增长趋势
Growth trend of retail sales of consumer goods and final consumption expenditure

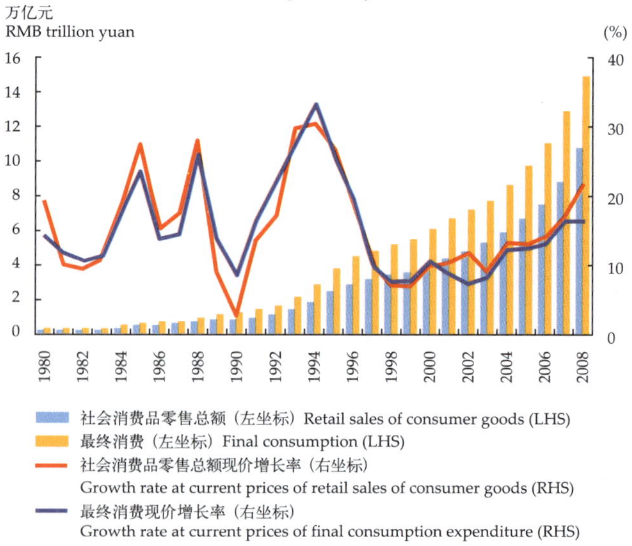

3.固定资产投资完成额
(3) Completed fixed-asset investment

城镇固定资产投资月度累计完成额
Monthly accumulated completed urban fixed-asset investment

单位：亿元
Unit: RMB 100 million yuan

年/月 Year/Month	城镇固定资产投资月度累计完成额 Monthly accumulated completed urban fixed-asset investment	增长率(%) Growth rate (%)
2008.07	72 160	27.3
2008.08	84 920	27.4
2008.09	99 871	27.6
2008.10	113 189	27.2
2008.11	127 614	26.8
2008.12	148 167	26.1
2009.01	—	—
2009.02	10 276	26.5
2009.03	23 562	28.6
2009.04	37 082	30.5
2009.05	53 520	32.9
2009.06	78 098	33.6
2009.07	95 932	32.9
2009.08	112 985	33.0
2009.09	133 177	33.3

固定资产投资完成额和固定资本形成总额的比较
Comparison of completed fixed-asset investment and gross capital formation

单位：万亿元
Unit: RMB trillion yuan

年 Year	全社会固定资产投资完成额 Total completed fixed-asset investment	固定资本形成总额 Gross capital formation	全社会固定资产投资现价增长率(%) Growth rate of total fixed-asset investment at current prices(%)	固定资本形成总额现价增长率(%) Growth rate of gross capital formation at current prices(%)
1991	0.56	0.61	23.9	25.7
1992	0.81	0.85	44.4	40.3
1993	1.31	1.33	61.8	56.3
1994	1.70	1.73	30.4	30.1
1995	2.00	2.09	17.5	20.6
1996	2.29	2.40	14.5	15.1
1997	2.49	2.60	8.8	8.0
1998	2.84	2.86	13.9	10.0
1999	2.99	3.05	5.1	6.9
2000	3.29	3.38	10.3	10.9
2001	3.72	3.78	13.1	11.6
2002	4.35	4.36	16.9	15.6
2003	5.56	5.35	27.7	22.6
2004	7.05	6.51	26.8	21.7
2005	8.88	7.73	26.0	18.7
2006	10.99	9.02	24.0	16.6
2007	13.72	10.54	24.8	17.0
2008	17.23	12.62	25.5	19.7

城镇固定资产投资月度累计完成额
Monthly accumulated completed urban fixed-asset investment

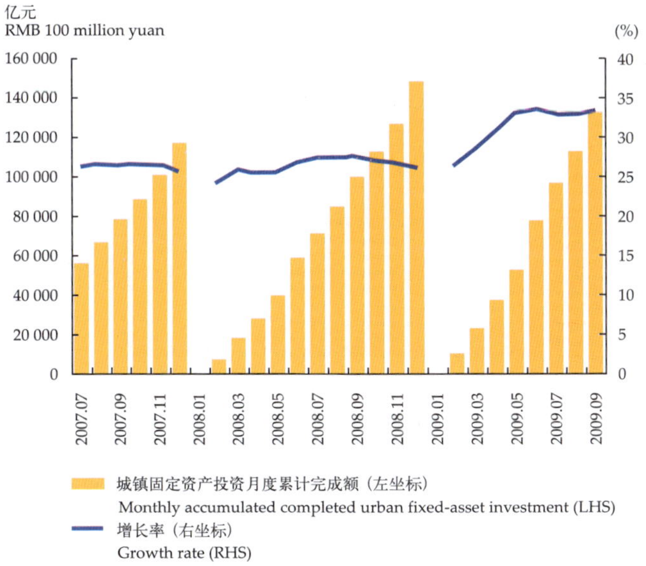

固定资产投资完成额和固定资本形成总额
Completed fixed-asset investment and gross capital formation

城镇固定资产投资按建设性质分月度累计完成额及增长率

Composition of monthly accumulated completed urban fixed-asset investment and growth rate by nature of construction

年/月 Year/Month	绝对值(亿元) Absolute value (RMB 100 million yuan)			增长率(%) Growth rate (%)		
	新建 New projects	扩建 Expansion projects	改建 Reconstruction projects	新建 New projects	扩建 Expansion projects	改建 Reconstruction projects
2008.07	32 055	12 189	8 429	25.2	23.1	34.5
2008.08	37 782	14 319	10 033	25.2	23.5	36.5
2008.09	44 621	16 742	11 937	26.3	24.1	37.9
2008.10	50 714	18 812	13 711	26.4	24.7	36.4
2008.11	57 413	21 072	15 699	26.1	24.5	37.3
2008.12	66 094	24 440	18 801	27.2	24.0	33.0
2009.01	—	—	—	—	—	—
2009.02	4 786	1 578	1 063	36.0	37.0	46.8
2009.03	11 054	3 787	2 706	38.3	25.9	50.4
2009.04	17 559	6 044	4 368	40.6	28.1	50.8
2009.05	25 331	8 810	6 599	42.8	31.6	52.8
2009.06	36 556	12 865	10 140	41.2	31.2	52.5
2009.07	44 747	16 018	12 540	39.6	31.4	48.8
2009.08	52 543	18 670	14 824	39.1	30.4	47.8
2009.09	62 083	21 718	17 605	39.1	29.7	47.5

城镇固定资产投资月度累计完成额按建设性质分构成变化

Change in composition of monthly accumulated completed urban fixed-asset investment by nature of construction

城镇固定资产投资月度累计完成额按建设性质分增长趋势

Growth of monthly accumulated completed urban fixed-asset investment and its composition by nature of construction

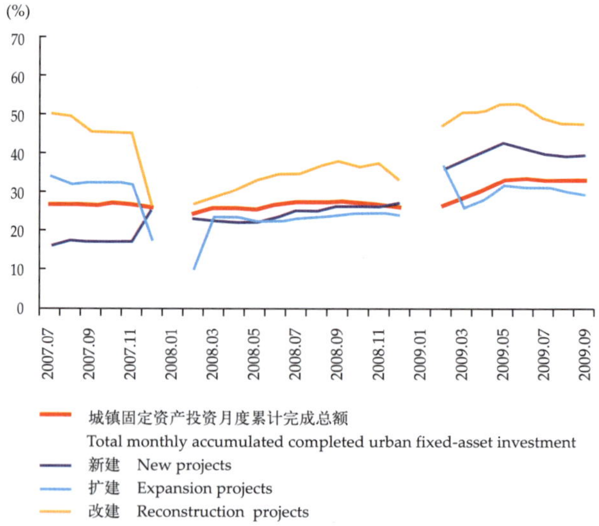

城镇固定资产投资按隶属关系分月度累计完成额及增长率
Composition of monthly accumulated completed urban fixed-asset investment and growth rate by sponsor

年/月 Year/Month	绝对值(亿元) Absolute value (RMB 100 million yuan)		增长率(%) Growth rate (%)	
	中央项目 Central government projects	地方项目 Local government projects	中央项目 Central government projects	地方项目 Local government projects
2008.07	6 679	65 481	25.3	27.5
2008.08	8 217	76 702	27.7	27.4
2008.09	9 855	90 015	27.2	27.7
2008.10	11 365	101 824	28.7	27.1
2008.11	13 124	114 490	31.8	26.3
2008.12	16 641	131 526	29.6	25.7
2009.01	—	—	—	—
2009.02	1 070	9 206	40.3	25.1
2009.03	2 107	21 455	30.4	28.5
2009.04	3 466	33 617	29.3	30.6
2009.05	4 734	48 786	28.0	33.4
2009.06	6 586	71 512	28.6	34.1
2009.07	8 370	87 562	25.3	33.7
2009.08	10 053	102 932	22.3	34.2
2009.09	11 722	121 455	18.9	34.9

城镇固定资产投资月度累计完成额按隶属关系分构成变化
Change in composition of monthly accumulated completed urban fixed-asset investment by sponsor

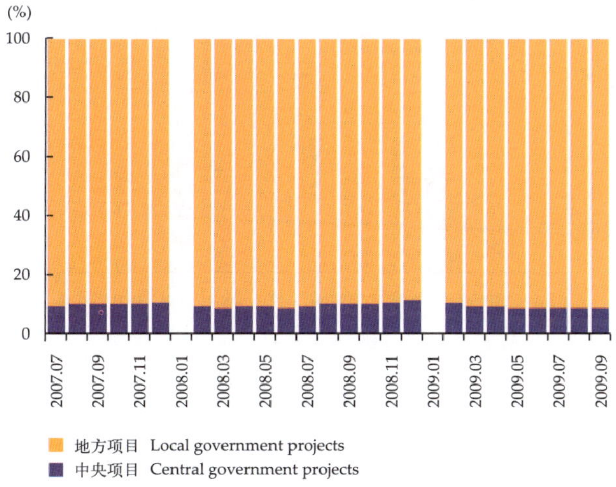

城镇固定资产投资月度累计完成额按隶属关系分增长趋势
Growth of monthly accumulated completed urban fixed-asset investment and its composition by sponsor

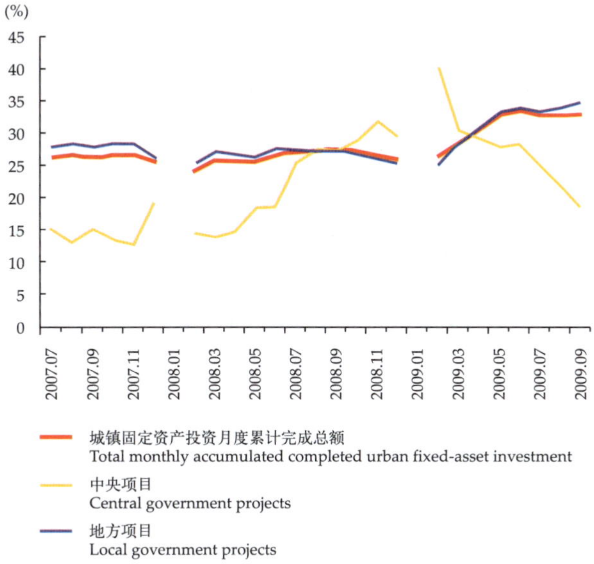

城镇固定资产投资月度累计新开工项目数
Number of monthly accumulated urban newly started projects of fixed-asset investment

单位：万个 Unit: 10 000

	2007	2008	2009
1月 Jan.	—	—	—
2月 Feb.	1.01	1.45	1.85
3月 Mar.	3.11	3.85	5.29
4月 Apr.	5.17	5.97	8.64
5月 May	7.47	8.44	12.39
6月 Jun.	11.04	12.30	17.61
7月 Jul.	13.21	14.45	20.57
8月 Aug.	14.98	16.57	23.49
9月 Sept.	17.01	19.07	26.93
10月 Oct.	19.11	20.81	
11月 Nov.	21.11	22.88	
12月 Dec.	23.19	25.26	

城镇固定资产投资月度累计施工项目数
Number of monthly accumulated urban underconstruction projects of fixed-asset investment

单位：万个 Unit: 10 000

	2007	2008	2009
1月 Jan.	—	—	—
2月 Feb.	5.55	6.74	7.87
3月 Mar.	9.29	10.84	12.91
4月 Apr.	12.27	13.79	17.25
5月 May	15.11	16.85	21.64
6月 Jun.	19.32	21.40	27.53
7月 Jul.	21.78	23.85	30.89
8月 Aug.	23.70	26.10	33.98
9月 Sept.	25.91	28.83	37.65
10月 Oct.	28.25	30.68	
11月 Nov.	30.28	32.90	
12月 Dec.	32.77	35.72	

城镇固定资产投资月度累计新开工项目数
Number of monthly accumulated urban newly started projects of fixed-asset investment

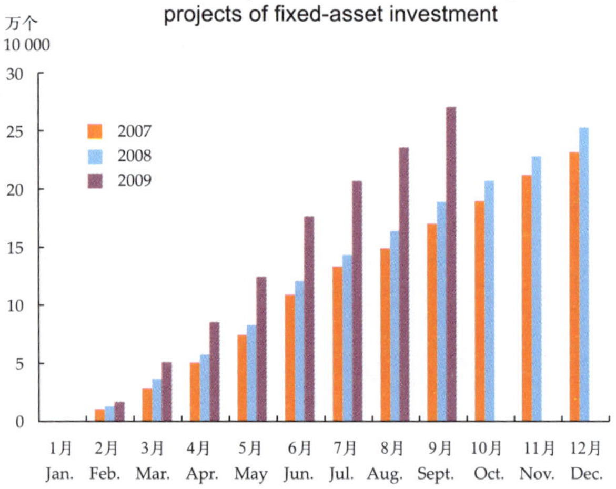

城镇固定资产投资月度累计施工项目数
Number of monthly accumulated urban underconstruction projects of fixed-asset investment

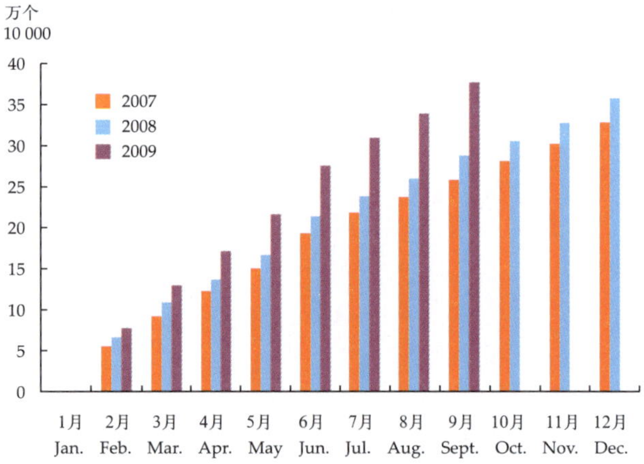

城镇新开工项目、施工项目与固定资产投资完成额
Urban newly started, underconstruction projects, and completed fixed-asset investment

年/月 Year/Month	城镇累计新开工项目计划总投资同比增长率(%) Growth rate of accumulated planned investment of urban newly started projects (YOY)(%)	城镇施工项目计划总投资同比增长率(%) Growth rate of planned investment of urban underconstruction projects (YOY)(%)	城镇固定资产投资完成额同比增长率(%) Growth rate of completed urban fixed-asset investment (YOY)(%)
2008.07	-2.9	17.4	27.3
2008.08	2.5	17.7	27.4
2008.09	1.7	18.1	27.6
2008.10	3.2	19.3	27.2
2008.11	5.4	19.7	26.8
2008.12	5.4	20.0	26.1
2009.01	—	—	—
2009.02	87.5	25.4	26.5
2009.03	87.7	26.7	28.6
2009.04	90.7	29.8	30.5
2009.05	95.9	33.8	32.9
2009.06	87.3	36.1	33.6
2009.07	83.1	36.4	32.9
2009.08	81.7	36.2	33.0
2009.09	83.0	37.1	33.3

2009年前三个季度分省城镇固定资产投资完成额及增长率
Accumulated completed urban fixed-asset investment and growth rate by province in the first three quarters of 2009

单位：亿元　Unit: RMB 100 million yuan

		城镇固定资产投资累计完成额 Monthly accumulated completed urban fixed- asset investment	增长率(%) Growth rate (%)
河　北	Hebei	8 953.6	51.9
广　西	Guangxi	3 694.4	49.7
四　川	Sichuan	7 293.5	47.1
黑龙江	Heilongjiang	3 104.3	44.7
湖　南	Hunan	5 315.4	44.6
天　津	Tianjin	3 649.1	43.3
北　京	Beijing	3 460.3	43.1
山　西	Shanxi	3 063.8	41.8
陕　西	Shaanxi	5 007.4	41.3
江　西	Jiangxi	4 080.2	40.2
甘　肃	Gansu	1 754.2	39.7
辽　宁	Liaoning	9 120.1	38.9
吉　林	Jilin	5 343.6	38.4
宁　夏	Ningxia	766.5	38.1
海　南	Hainan	696.7	37.7
内蒙古	Inner Mongolia	6 672.2	36.8
安　徽	Anhui	6 436.3	36.4
湖　北	Hubei	5 497.5	36.4
云　南	Yunnan	2 970.4	35.1
河　南	Henan	8 650.7	33.5
青　海	Qinghai	603.0	32.1
重　庆	Chongqing	3 476.6	31.4
贵　州	Guizhou	1 551.6	29.5
西　藏	Tibet	278.6	26.3
江　苏	Jiangsu	11 149.5	25.0
新　疆	Xinjiang	1 916.5	23.4
山　东	Shandong	12 354.5	22.9
福　建	Fujian	4 192.8	17.1
广　东	Guangdong	7 457.1	16.9
浙　江	Zhejiang	5 767.1	15.0
上　海	Shanghai	3 771.0	12.1

城镇新开工项目、施工项目与固定资产投资完成额
Urban newly started, underconstruction projects, and completed fixed-asset investment

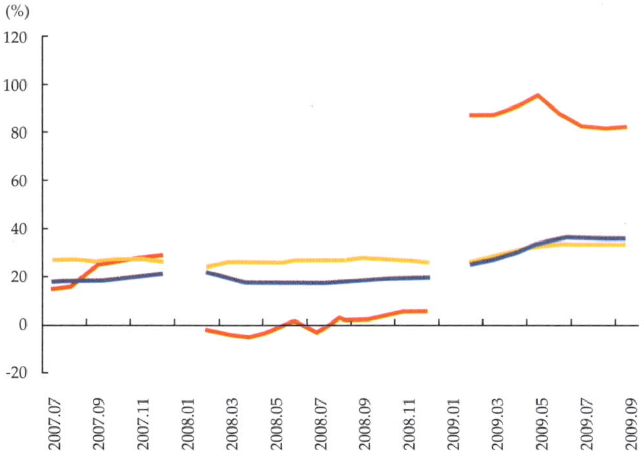

城镇累计新开工项目计划总投资同比增长率
Growth rate of accumulated planned investment of urban newly started projects (YOY)
城镇施工项目计划总投资同比增长率
Growth rate of planned investment of urban underconstruction projects (YOY)
城镇固定资产投资完成额同比增长率
Growth rate of completed urban fixed-asset investment (YOY)

2009年前三个季度分省城镇固定资产投资完成额及增长率
Accumulated completed urban fixed-asset investment and growth rate by province in the first three quarters of 2009

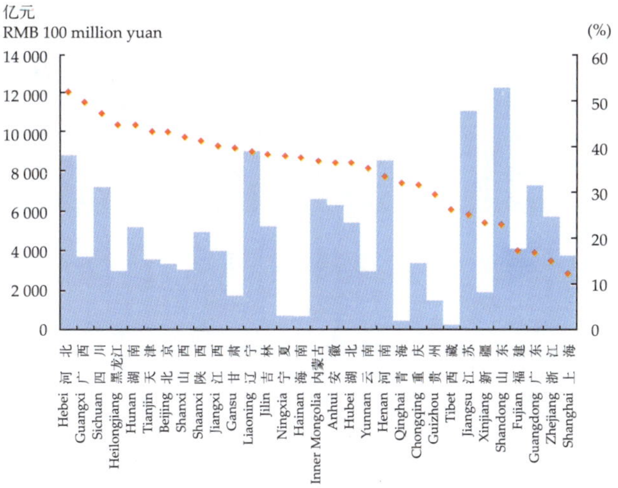

城镇固定资产投资累计完成额（左坐标）
Accumulated completed urban fixed-asset investment (LHS)
增长率（右坐标）
Growth rate (RHS)

4. 房地产
(4) Real estate development

房地产开发投资按工程用途分的完成额及增长率
Real estate development investment completed and growth rate by purpose of engineering

单位：亿元　Unit: RMB 100 million yuan

年/月 Year/Month	房地产开发投资完成额 Real estate development investment completed		按工程用途分 By purpose of engineering							
			住宅投资 Residential building investment		办公楼投资 Office building investment		商业用房投资 Commercial and business building investment		其他投资 Other investment	
	绝对值 Absolute value	增长率(%) Growth rate (%)	绝对值 Absolute value	增长率(%) Growth rate (%)	绝对值 Absolute value	增长率(%) Growth rate (%)	绝对值 Absolute value	增长率(%) Growth rate (%)	绝对值 Absolute value	增长率(%) Growth rate (%)
2008.07	15 884	30.9	11 486	33.7	534	0.7	1 603	19.2	2 260	35.7
2008.08	18 430	29.1	13 385	31.7	624	0.1	1 861	17.4	2 560	34.3
2008.09	21 278	26.5	15 508	28.7	717	-1.4	2 157	16.8	2 896	32.3
2008.10	23 918	24.6	17 482	27.4	815	-1.5	2 418	16.7	3 202	24.8
2008.11	26 546	22.7	19 333	25.2	923	0.0	2 695	16.1	3 594	22.0
2008.12	30 580	20.9	22 081	22.6	1 112	7.4	3 200	14.9	4 187	20.9
2009.01	—	—	—	—	—	—	—	—	—	—
2009.02	2 398	1.0	1 682	0.8	113	17.9	284	13.4	319	-11.0
2009.03	4 880	4.1	3 422	3.2	211	27.9	578	19.0	669	-7.1
2009.04	7 290	4.9	5 114	3.4	290	20.9	869	23.2	1 017	-4.3
2009.05	10 165	6.8	7 105	4.4	387	16.6	1 194	24.0	1 480	4.3
2009.06	14 505	9.9	10 189	7.3	530	20.4	1 690	27.5	2 097	8.5
2009.07	17 720	11.6	12 427	8.2	662	24.0	2 055	28.2	2 576	14.0
2009.08	21 147	14.7	14 848	10.9	805	28.9	2 458	32.1	3 036	18.6
2009.09	25 050	17.7	17 582	13.4	956	33.3	2 907	34.8	3 605	24.5

房地产开发投资按工程用途分的构成变化
Change in composition of real estate development investment by purpose of engineering

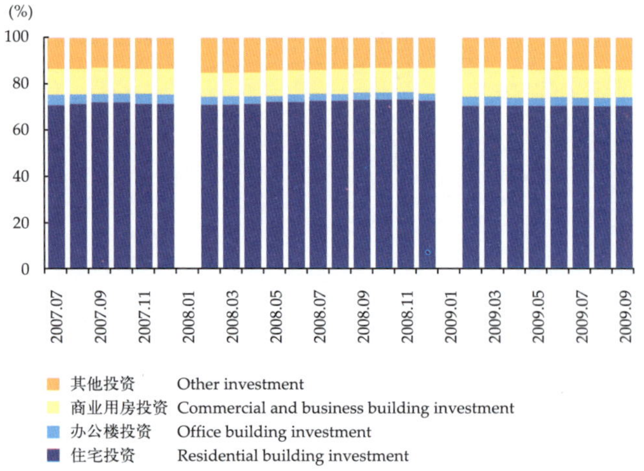

房地产开发投资按工程用途分的增长趋势
Growth of composition of real estate development investment by purpose of engineering

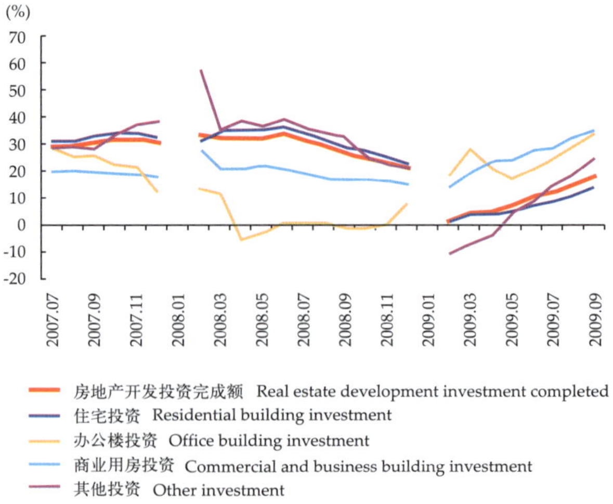

房地产开发投资按地区分的完成额及增长率
Real estate development investment completed and growth rate by region

单位：亿元 Unit: RMB 100 million yuan

年/月 Year/Month	东部地区投资 Investment in eastern area		中部地区投资 Investment in central area		西部地区投资 Investment in western area	
	绝对值 Absolute value	增长率(%) Growth rate (%)	绝对值 Absolute value	增长率(%) Growth rate (%)	绝对值 Absolute value	增长率(%) Growth rate (%)
2008.07	9 541	25.1	3 209	44.9	3 133	36.6
2008.08	10 992	23.6	3 775	41.7	3 663	34.6
2008.09	12 627	21.4	4 423	37.7	4 228	32.0
2008.10	14 207	20.0	4 961	36.1	4 749	28.2
2008.11	15 850	18.9	5 410	32.1	5 286	25.6
2008.12	18 325	17.1	6 287	31.7	5 967	22.7
2009.01	—	—	—	—	—	—
2009.02	1 561	-4.6	418	19.3	420	8.1
2009.03	3 067	-0.1	923	13.0	890	11.3
2009.04	4 455	1.5	1 433	12.6	1 401	8.6
2009.05	6 168	4.9	2 025	11.1	1 972	8.6
2009.06	8 667	8.6	2 993	14.1	2 845	9.9
2009.07	10 551	10.6	3 693	15.1	3 477	11.0
2009.08	12 532	14.0	4 462	18.2	4 154	13.4
2009.09	14 743	16.8	5 357	21.1	4 950	17.1

房地产开发投资按地区分的构成变化
Change in composition of real estate development investment by region

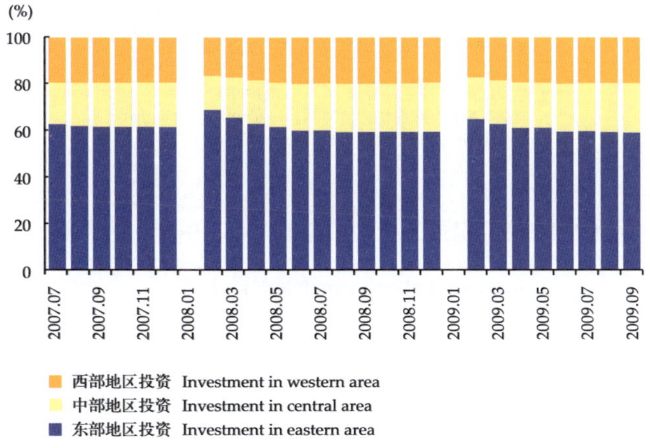

房地产开发投资按地区分的增长趋势
Growth of composition of real estate development investment by region

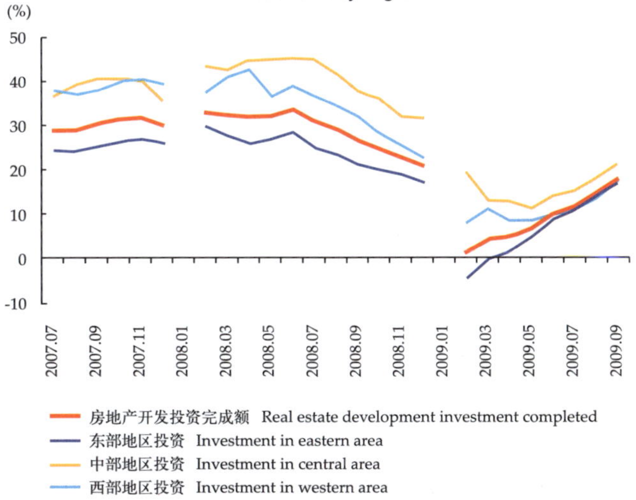

商品房建筑与销售
Construction and sales of commercial buildings

单位：亿平方米、亿元
Unit: 100 million square meters, RMB 100 million yuan

年/月 Year/Month	施工面积 Area under-construction	同比增长(%) YOY growth(%)	竣工面积 Area completed	同比增长(%) YOY growth(%)	销售面积 Area sold	同比增长(%) YOY growth(%)	销售与竣工之比 Ratio of sold to completed areas	月度累计销售额 Monthly accumulated sales volume	增长率(%) Growth rate (%)
2008.07	22.3	22.5	2.0	13.6	3.0	-10.8	149	12 221	-7.0
2008.08	23.2	21.7	2.3	12.2	3.5	-14.7	148	13 813	-12.7
2008.09	24.0	20.3	2.7	9.7	4.0	-14.9	150	15 879	-15.0
2008.10	24.8	18.7	3.1	9.1	4.5	-16.5	146	17 590	-17.4
2008.11	25.5	17.7	3.5	6.1	4.9	-18.3	140	19 261	-19.8
2008.12	27.4	16.0	5.9	-3.5	6.2	-19.7	106	24 071	-19.5
2009.01	—	—	—	—	—	—	—	—	—
2009.02	14.2	14.2	0.6	29.0	0.5	-0.3	91	2 397	11.2
2009.03	17.9	12.7	1.0	26.3	1.1	8.2	114	5 059	23.1
2009.04	20.1	12.4	1.3	27.1	1.8	17.5	133	7 996	35.4
2009.05	21.9	11.7	1.6	22.6	2.5	25.5	152	11 389	45.3
2009.06	24.0	12.7	2.1	22.3	3.4	31.7	165	15 800	53.0
2009.07	25.1	12.5	2.5	24.7	4.2	37.1	164	19 600	60.4
2009.08	26.3	13.5	2.9	25.1	4.9	42.9	169	23 464	69.9
2009.09	27.7	15.4	3.3	24.7	5.8	44.8	175	27 532	73.1

商品房施工、竣工与销售面积
Area of commercial housing under construction, completed, and sold

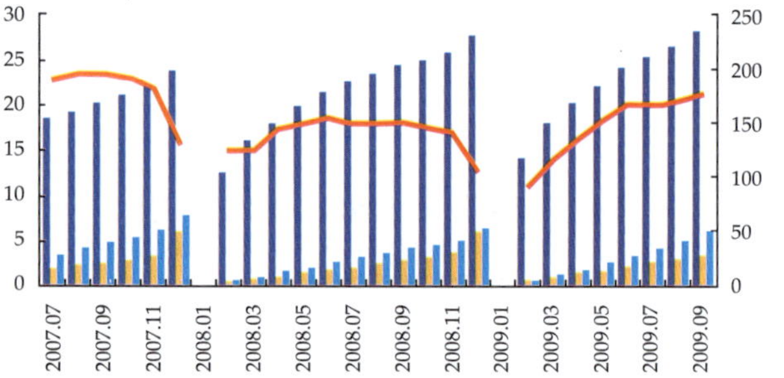

商品房施工面积（左坐标） Area underconstruction (LHS)
商品房竣工面积（左坐标） Area completed (LHS)
商品房销售面积（左坐标） Area sold (LHS)
销售面积与竣工面积之比（右坐标） Ratio of sold to completed areas (RHS)

商品房施工、竣工与销售面积增长趋势
Growth of area of commercial housing under construction, completed, and sold

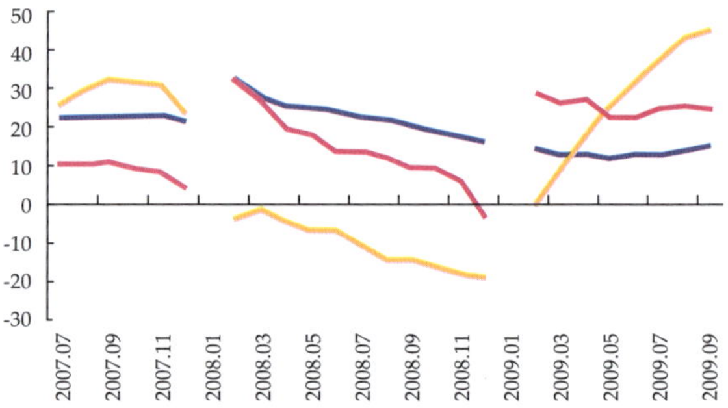

商品房施工面积同比增长 YOY growth of area under construction
商品房竣工面积同比增长 YOY growth of area completed
商品房销售面积同比增长 YOY growth of area sold

商品房销售额及其增长率
Sales volume of commercial housing and its growth rate

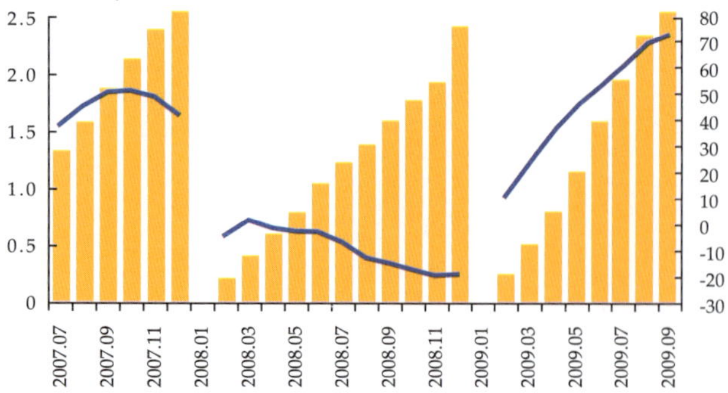

商品房月度累计销售额（左坐标）
Monthly accumulated sales volume (LHS)
增长率（右坐标）
Growth rate (RHS)

住宅在商品房施工、竣工与销售面积中所占的比重
Share of residences in commercial housing under construction, completed, and sold

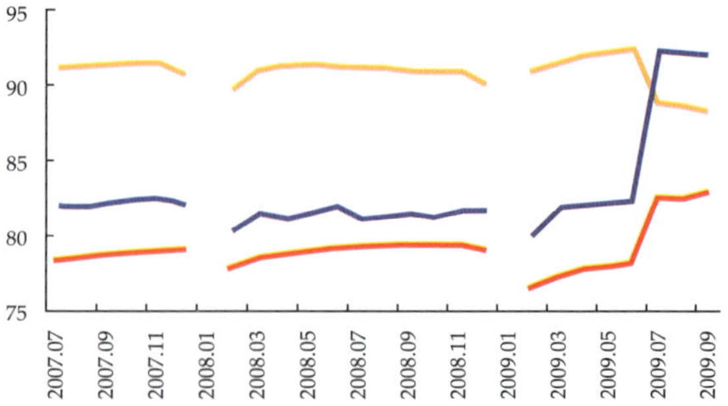

施工面积中住宅所占的比重
Share of residences in commercial housing under construction
竣工面积中住宅所占的比重
Share of residences in commercial housing completed
销售面积中住宅所占的比重
Share of residences in commercial housing sold

五、对外部门
5. External Sector

1. 外贸
(1)Foreign trade

据世界贸易组织统计，2008 年我国货物贸易出口总值为14 280 亿美元，占世界货物贸易出口总值15.775 万亿美元的9.1%，比2007 年上升了0.1 个百分点，在全球货物贸易出口排名中位居第二位，仅次于德国。2008 年我国货物贸易进口总值为11 330 亿美元，占世界货物贸易进口总值16.12万亿美元的7.0%，比2007年提高了0.1个百分点，在全球货物贸易进口排名中位居第三位，位于美国、德国之后。

According to WTO statistics, in 2008 China's export volume of goods totaled USD1,428 billion, and its share in the world total of USD15.775 trillion rose by 0.1 percentage point to 9.1 percent, ranking 2nd in the world after Germany. In 2008 China's import volume of goods reached USD1,133 billion, accounting for 7.0 percent of the world total of USD16.12 trillion, 0.1 percentage points higher than that in 2007. China ranks 3rd in the world after the U.S. and Germany in terms of goods imports.

2008年世界货物贸易出口前十位排名

Top ten economies in the world in terms of goods exported in 2008

			出口(10亿美元) Exports (USD billion)	比重(%) Share (%)
	世界	**World total**	**15 775**	**100**
1	德国	Germany	1 465	9.3
2	**中国**	**China**	**1 428**	**9.1**
3	美国	U.S.	1 301	8.2
4	日本	Japan	782	5.0
5	荷兰	Netherlands	634	4.0
6	法国	France	609	3.9
7	意大利	Italy	540	3.4
8	比利时	Belgium	477	3.0
9	俄罗斯	Russian Federa	472	3.0
10	英国	U.K.	458	2.9

2008年世界货物贸易进口前十位排名

Top ten economies in the world in terms of goods imported in 2008

			进口(10亿美元) Imports (USD billion)	比重(%) Share (%)
	世界	**World total**	**16 120**	**100**
1	美国	U.S.	2 166	13.4
2	德国	Germany	1 206	7.5
3	**中国**	**China**	**1 133**	**7.0**
4	日本	Japan	762	4.7
5	法国	France	708	4.4
6	英国	U.K.	632	3.9
7	荷兰	Netherlands	574	3.6
8	意大利	Italy	556	3.4
9	比利时	Belgium	470	2.9
10	韩国	Korea	390	2.4

年度进出口额及其增长率
Annual imports & exports and their growth rates

单位：亿美元
Unit: USD 100 million

年 Year	进出口 Imports & Exports		出口 Exports		进口 Imports		进出口差额 Trade balance
	总额 Total value	增长率(%) Growth rate (%)	总额 Total value	增长率(%) Growth rate (%)	总额 Total value	增长率(%) Growth rate (%)	
1978	206	—	98	—	109	—	-11
1979	293	42.1	137	40.1	157	43.9	-20
1980	381	30.0	181	32.7	200	27.8	-19
1981	440	15.4	220	21.5	220	10.0	0
1982	416	-5.5	223	1.4	193	-12.4	30
1983	436	4.8	222	-0.4	214	10.9	8
1984	535	22.8	261	17.6	274	28.1	-13
1985	696	30.0	274	4.6	423	54.1	-149
1986	738	6.1	309	13.1	429	1.6	-120
1987	827	11.9	394	27.5	432	0.7	-38
1988	1 028	24.4	475	20.5	553	27.9	-78
1989	1 117	8.7	525	10.6	591	7.0	-66
1990	1 154	3.4	621	18.2	533	-9.8	87
1991	1 357	17.6	719	15.8	638	19.6	81
1992	1 655	22.0	849	18.1	806	26.3	44
1993	1 957	18.2	917	8.0	1 040	29.0	-122
1994	2 366	20.9	1 210	31.9	1 156	11.2	54
1995	2 809	18.7	1 488	23.0	1 321	14.2	167
1996	2 899	3.2	1 510	1.5	1 388	5.1	122
1997	3 252	12.2	1 828	21.0	1 424	2.5	404
1998	3 239	-0.4	1 837	0.5	1 402	-1.5	435
1999	3 606	11.3	1 949	6.1	1 657	18.2	292
2000	4 743	31.5	2 492	27.8	2 251	35.8	241
2001	5 097	7.5	2 661	6.8	2 436	8.2	225
2002	6 208	21.8	3 256	22.4	2 952	21.2	304
2003	8 510	37.1	4 382	34.6	4 128	39.8	255
2004	11 546	35.7	5 933	35.4	5 612	36.0	321
2005	14 219	23.2	7 620	28.4	6 600	17.6	1 020
2006	17 604	23.8	9 689	27.2	7 915	19.9	1 775
2007	21 766	23.6	12 205	26.0	9 561	20.8	2 643
2008	25 633	17.8	14 307	17.3	11 326	18.5	2 981

贸易差额
Trade balance

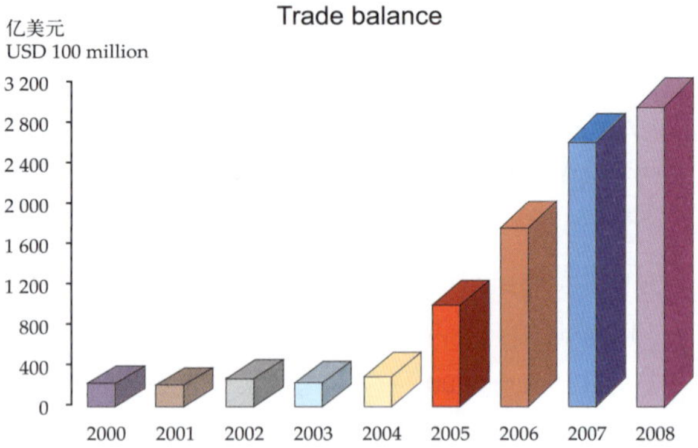

出口总值与GDP之比
Total exports over GDP

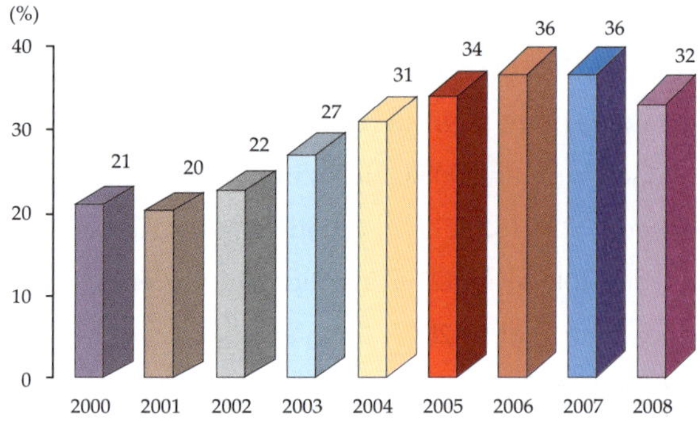

贸易总额及其增长趋势
Total trade volume and their growth

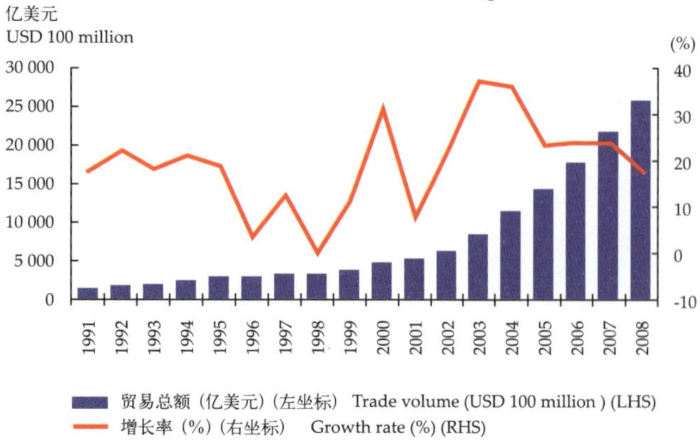

贸易总额与GDP之比
Total trade volume over GDP

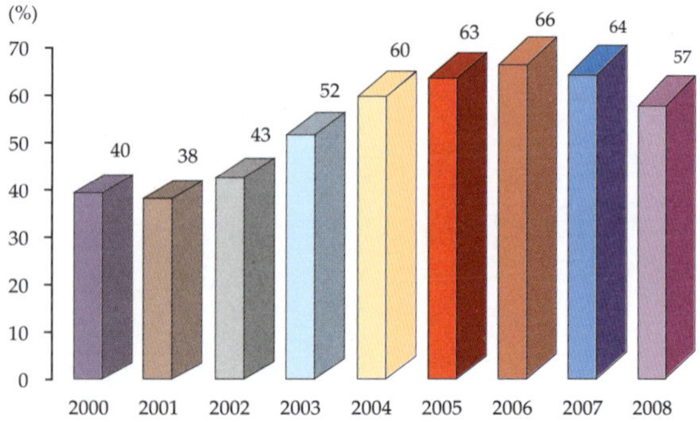

当月进出口总值及其增长率
Total monthly imports, exports, and their growth rates

单位：亿美元
Unit: USD 100 million

年/月 Year/Month	出口总值 Total exports	进口总值 Total imports	出口同比增长率(%) Growth rate of exports (YOY)(%)	进口同比增长率(%) Growth rate of imports (YOY)(%)	当月差额 Monthly trade balance
2008.07	1 368	1 114	26.7	33.7	254
2008.08	1 354	1 060	21.0	23.0	294
2008.09	1 368	1 068	21.4	21.2	300
2008.10	1 285	927	19.0	15.4	358
2008.11	1 150	747	-2.2	-18.0	403
2008.12	1 111	720	-2.8	-21.3	390
2009.01	905	514	-17.6	-43.1	391
2009.02	649	601	-25.8	-24.0	47
2009.03	902	719	-17.2	-25.0	183
2009.04	919	790	-22.8	-22.9	129
2009.05	887	756	-26.5	-24.9	131
2009.06	955	875	-21.3	-12.9	80
2009.07	1 054	950	-23.0	-14.7	103
2009.08	1 037	881	-23.4	-16.9	156
2009.09	1 159	1 031	-15.3	-3.5	128

月度累计进出口总值及其增长率
Total accumulated monthly imports,exports, and their growth rates

单位：亿美元
Unit: USD 100 million

年/月 Year/Month	累计出口总值 Accumulated total exports	累计进口总值 Accumulated total imports	累计出口同比增长率(%) Growth rate of accumulated exports (YOY) (%)	累计进口同比增长率(%) Growth rate of accumulated imports (YOY) (%)	累计贸易差额 Accumulated trade balance
2008.07	8 040	6 803	22.6	31.3	1 237
2008.08	9 394	7 863	22.3	30.1	1 530
2008.09	10 761	8 931	22.2	29.0	1 830
2008.10	12 047	9 859	21.9	27.6	2 188
2008.11	13 196	10 605	19.3	22.8	2 591
2008.12	14 307	11 326	17.2	18.5	2 981
2009.01	905	514	-17.6	-43.1	391
2009.02	1 554	1 115	-21.2	-34.2	439
2009.03	2 456	1 834	-19.8	-30.9	622
2009.04	3 375	2 624	-20.6	-28.6	751
2009.05	4 262	3 380	-21.9	-27.8	882
2009.06	5 217	4 255	-21.8	-25.2	962
2009.07	6 270	5 205	-22.0	-23.5	1 065
2009.08	7 307	6 086	-22.2	-22.6	1 221
2009.09	8 466	7 117	-21.3	-20.3	1 349

当月进出口总值及其增长率
Total monthly imports, exports, and their growth rates

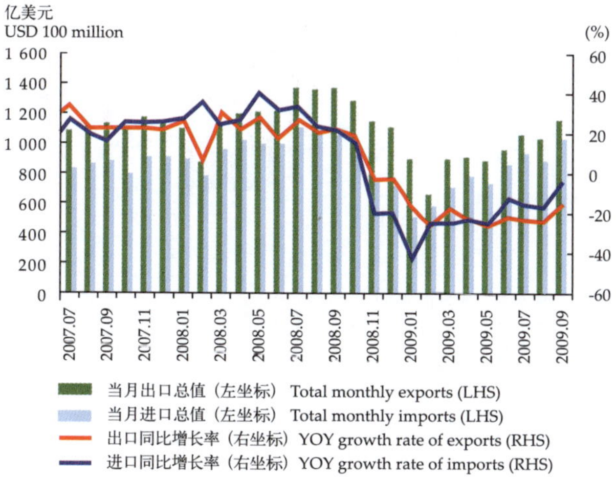

月度累计进出口总值及其增长率
Total accumulated monthly imports, exports, and their growth rates

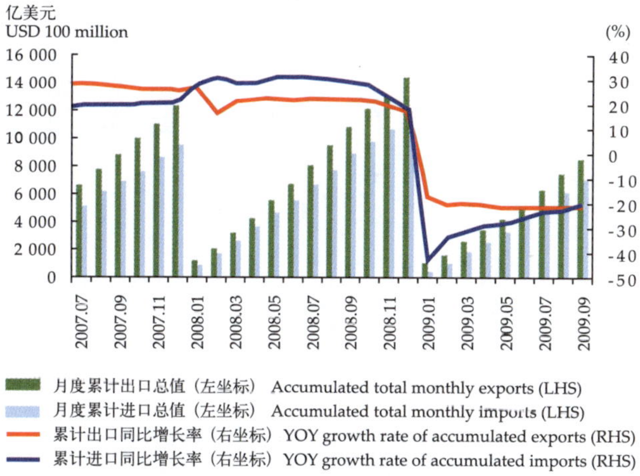

贸易差额月度变动趋势
Movement of monthly trade balance

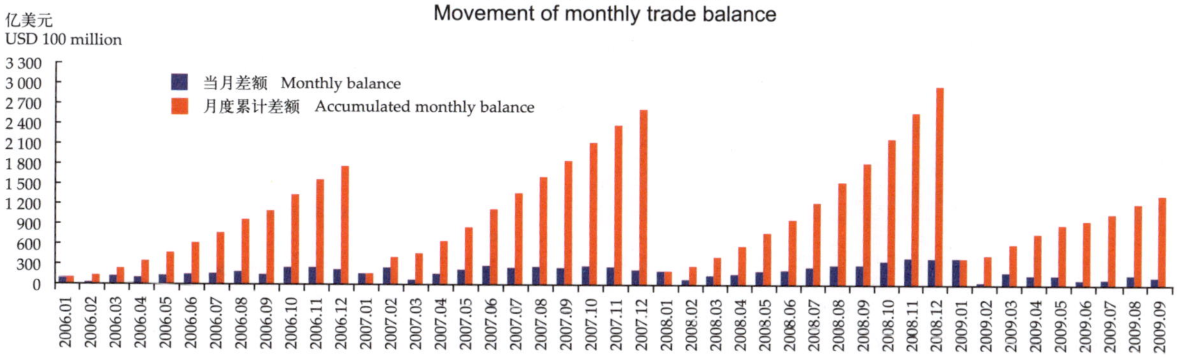

贸易差额构成
Composition of trade balance

单位：亿美元
Unit: USD 100 million

年 Year	贸易差额总计 Total trade balance	一般贸易 General trade	加工贸易 Processing trade	其他贸易 Other trade
1998	435	306	359	-230
1999	292	121	373	-202
2000	241	51	451	-261
2001	226	-16	535	-293
2002	304	71	577	-344
2003	255	-57	789	-477
2004	320	-46	1 063	-697
2005	1 019	354	1 425	-759
2006	1 775	831	1 889	-945
2007	2 618	1 098	2 491	-971
2008	2 981	908	2 967	-894

月度累计贸易差额按企业性质分
Accumulated monthly trade balance by enterprise

单位：亿美元
Unit: USD 100 million

年/月 Year/Month	国有企业 State-owned enterprises	外资企业 Foreign-funded enterprises	集体企业 Collectively-owned enterprises	私营企业 Private enterprises
2008.07	-690	782	152	991
2008.08	-780	950	175	1 196
2008.09	-869	1 118	196	1 389
2008.10	-933	1 316	218	1 586
2008.11	-961	1 526	239	1 755
2008.12	-966	1 707	258	1 956
2009.01	16	179	18	177
2009.02	-38	235	23	119
2009.03	-104	359	33	336
2009.04	-179	437	42	454
2009.05	-257	524	54	567
2009.06	-348	582	64	673
2009.07	-463	666	75	797
2009.08	-561	771	90	928
2009.09	-670	860	102	1 063

贸易差额构成
Composition of trade balance

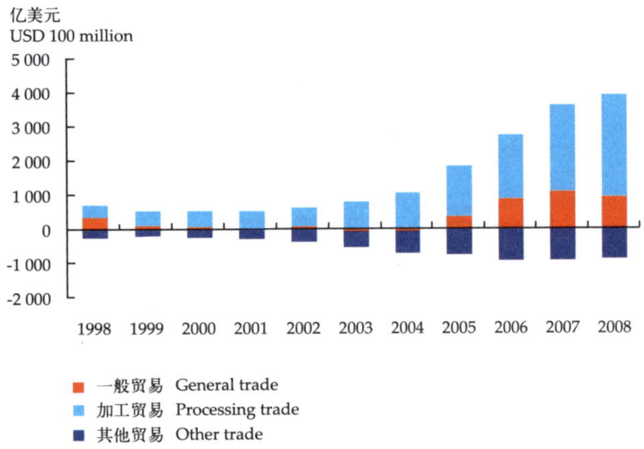

月度累计贸易差额按企业性质分
Accumulated monthly trade balance by enterprise

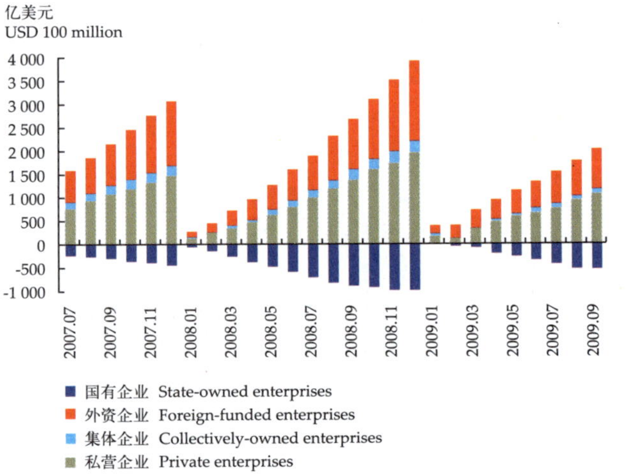

一般贸易累计进出口及其增长率
Accumulated imports and exports under general trade and their growth rates

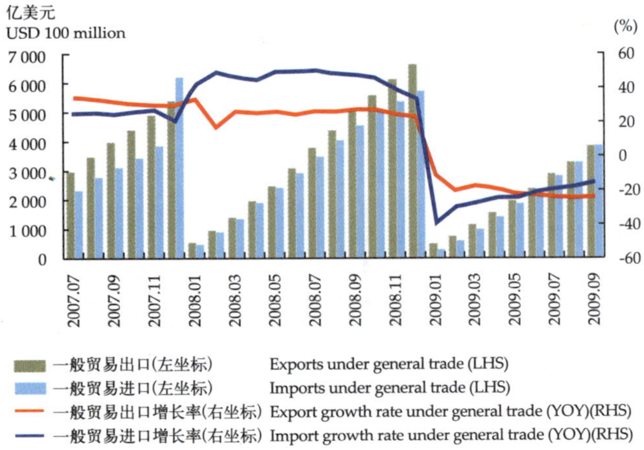

加工贸易累计进出口及其增长率
Accumulated imports and exports under processing trade and their growth rates

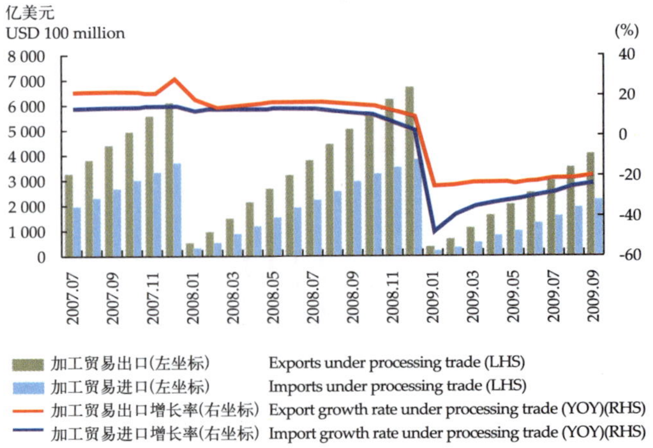

据海关统计，2009年前三个季度，欧盟、美国和日本位居我国大陆地区贸易伙伴前三名。欧盟是我国大陆地区最大的出口市场，也是我国大陆地区最大的进口来源地。我国大陆地区贸易逆差最大的来源地是我国台湾地区，其次为韩国和日本。我国大陆地区贸易顺差最大的来源地是我国香港特别行政区，其次为美国。

According to customs statistics, the EU, the U.S., and Japan were the three largest trading partners of Mainland China in the first three quarters of 2009. The EU was the largest export market for Mainland China and the largest import source for Mainland China. The largest surplus trade in bilateral trade with Mainland China was enjoyed first by China Taiwan and then by Korea and Japan. Hong Kong SAR trade deficit with Mainland China was the largest, followed by that of the U.S..

2009年1～9月我国大陆前十位出口市场
Mainland China's top ten export markets in the first three quarters of 2009

		出口总额(亿美元) Export volume (USD 100 million)	同比增长(%) YOY growth (%)	占比(%) Share (%)
1 欧盟	EU	1 675	-24.1	19.8
2 美国	U.S.	1 573	-16.9	18.6
3 中国香港	HK SAR of China	1 145	-20.6	13.5
4 东盟	ASEAN	731	-16.1	8.6
5 日本	Japan	698	-18.8	8.2
6 韩国	Korea	377	-34.0	4.5
7 印度	India	212	-13.6	2.5
8 新加坡	Singapore	206	-15.4	2.4
9 澳大利亚	Australia	143	-12.7	1.7
10 中国台湾	Taiwan,China	139	-31.6	1.6

2009年1～9月我国大陆前十位贸易伙伴
Mainland China's top ten trading partners in the first three quarters of 2009

		贸易总额(亿美元) Trade volume (USD 100 million)	同比增长(%) YOY growth (%)	占比(%) Share (%)
1 欧盟	EU	2 601	-19.4	16.7
2 美国	U.S.	2 119	-15.8	13.6
3 日本	Japan	1 622	-20.0	10.4
4 东盟	ASEAN	1 470	-18.6	9.4
5 中国香港	HK SAR of China	1 207	-21.8	7.7
6 韩国	Korea	1 105	-24.4	7.1
7 中国台湾	Taiwan, China	736	-29.7	4.7
8 澳大利亚	Australia	428	-7.1	2.7
9 马来西亚	Malaysia	355	-14.2	2.3
10 新加坡	Singapore	333	-17.8	2.1

2009年1～9月我国大陆前十位进口来源地
Mainland China's top ten import sources in the first three quarters of 2009

		进口总额(亿美元) Import volume (USD 100 million)	同比增长(%) YOY growth (%)	占比(%) Share (%)
1 欧盟	EU	926	-9.2	13.0
2 日本	Japan	925	-20.8	13.0
3 东盟	ASEAN	739	-20.9	10.4
4 韩国	Korea	728	-18.3	10.2
5 中国台湾	Taiwan, China	597	-29.2	8.4
6 美国	U.S.	546	-12.4	7.7
7 澳大利亚	Australia	284	-4.0	4.0
8 马来西亚	Malaysia	219	-13.9	3.1
9 巴西	Brazil	211	-10.9	3.0
10 泰国	Thailand	174	-11.6	2.5

2009年1～9月我国大陆前十位贸易顺差来源地
Mainland China's top ten sources of trade surplus in the first three quarters of 2009

		顺差额(亿美元) Trade surplus (USD100 million)	同比增长(%) YOY growth (%)
1 中国香港	HK SAR of China	1 082	-23.9
2 美国	U.S.	1 027	-23.4
3 荷兰	Netherlands	217	-38.7
4 英国	U.K.	165	-17.7
5 阿拉伯联合酋长国	UAE	116	-19.9
6 印度	India	114	39.2
7 新加坡	Singapore	80	-3.7
8 越南	Vietnam	77	-9.6
9 西班牙	Spain	68	-78.9
10 意大利	Italy	66	-70.4

2009年1～9月我国大陆前十位贸易逆差来源地
Mainland China's top ten sources of trade deficit in the first three quarters of 2009

		逆差额(亿美元) Trade deficit (USD100 million)	同比增长(%) YOY growth (%)
1 中国台湾	Taiwan, China	-458	-39.7
2 韩国	Korea	-350	8.9
3 日本	Japan	-227	-36.6
4 澳大利亚	Australia	-141	8.5
5 巴西	Brazil	-118	26.3
6 沙特阿拉伯	Saudi Arabia	-83	-97.6
7 马来西亚	Malaysia	-83	-15.7
8 泰国	Thailand	-82	9.8
9 安哥拉	Angola	-73	-128.8
10 智利	Chile	-55	23.6

我国大陆对美国进出口及其增长趋势
Mainland China's imports from and exports to the U.S. and their growth

我国大陆对美国贸易总额和贸易差额
Mainland China's trade volume and trade balance with the U.S.

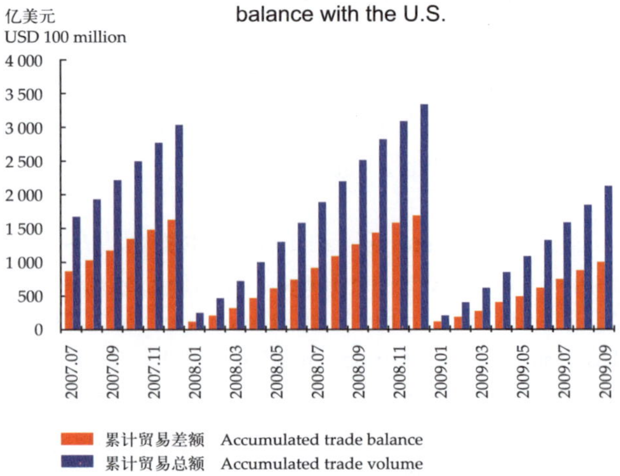

我国大陆对日本进出口及其增长趋势
Mainland China's imports from and exports to Japan and their growth

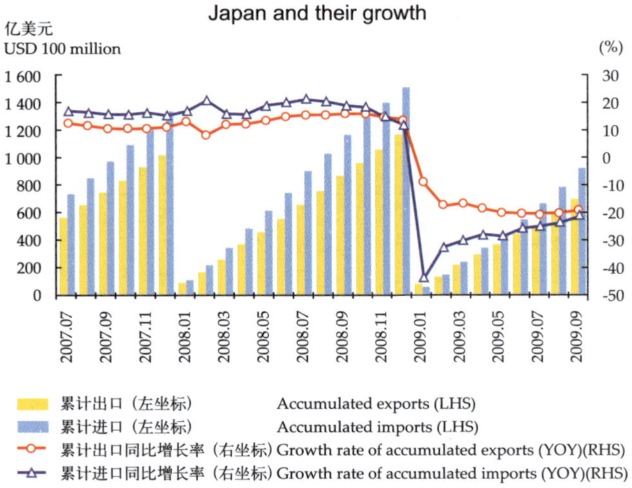

我国大陆对日本贸易总额和贸易差额
Mainland China's trade volume and trade balance with Japan

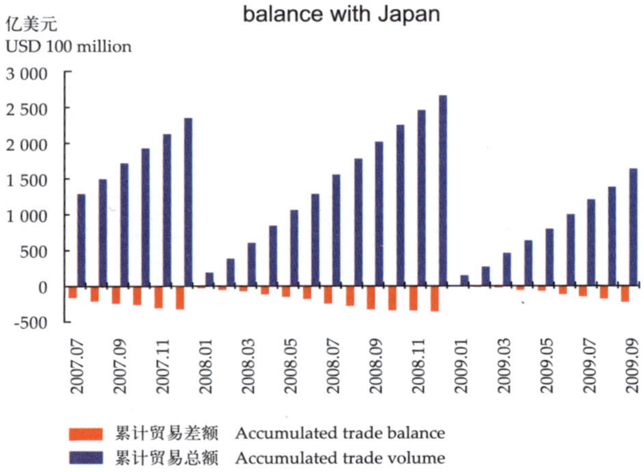

我国大陆对欧盟进出口及其增长趋势
Mainland China's imports from and exports to the EU and their growth

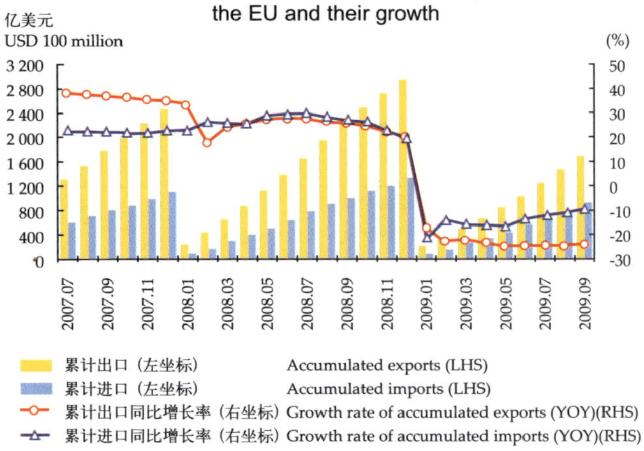

我国大陆对欧盟贸易总额和贸易差额
Mainland China's trade volume and trade balance with the EU

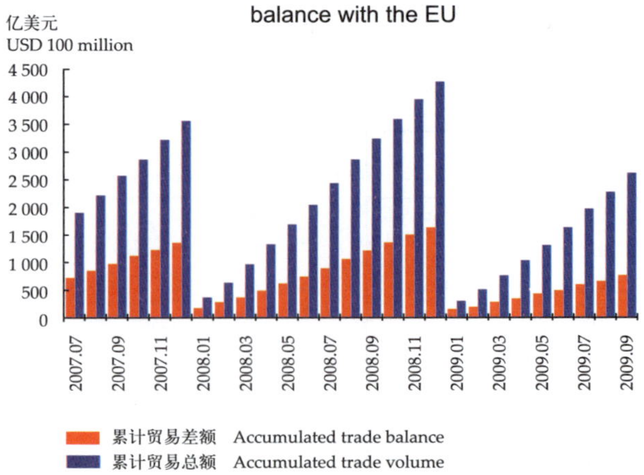

我国大陆对东盟进出口及其增长趋势
Mainland China's imports from and exports to ASEAN and their growth

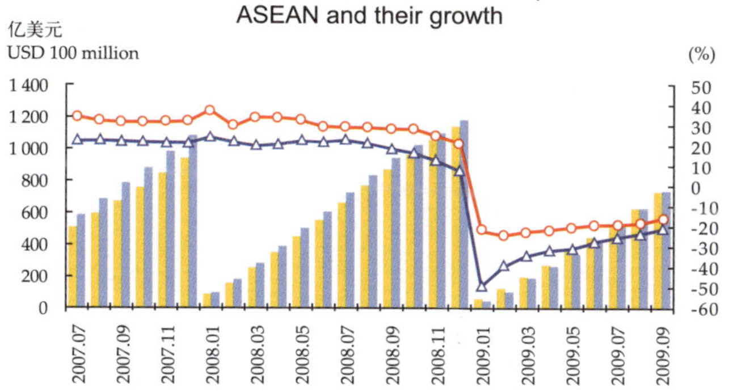

- 累计出口（左坐标） Accumulated exports (LHS)
- 累计进口（左坐标） Accumulated imports (LHS)
- 累计出口同比增长率（右坐标） Growth rate of accumulated exports (YOY)(RHS)
- 累计进口同比增长率（右坐标） Growth rate of accumulated imports (YOY)(RHS)

我国大陆对东盟贸易总额和贸易差额
Mainland China's trade volume and trade balance with ASEAN

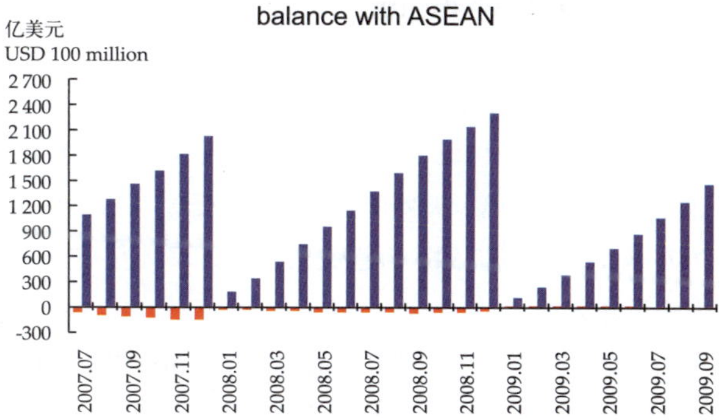

- 累计贸易差额 Accumulated trade balance
- 累计贸易总额 Accumulated trade volume

我国大陆对我国香港地区进出口及其增长趋势
Mainland China's imports from and exports to Hong Kong SAR of China and their growth

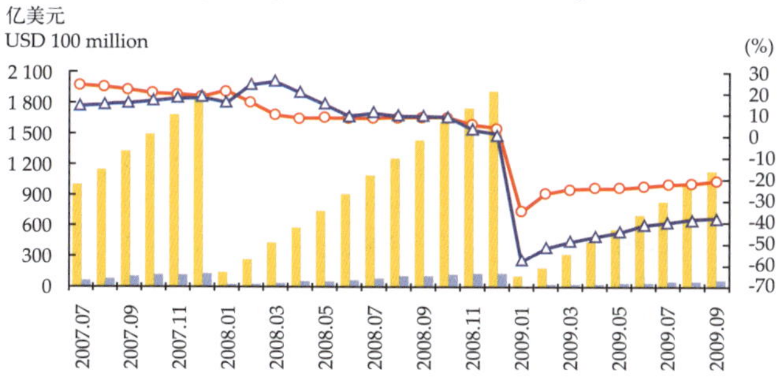

- 累计出口（左坐标） Accumulated exports (LHS)
- 累计进口（左坐标） Accumulated imports (LHS)
- 累计出口同比增长率（右坐标） Growth rate of accumulated exports (YOY)(RHS)
- 累计进口同比增长率（右坐标） Growth rate of accumulated imports (YOY)(RHS)

我国大陆对我国香港地区贸易总额和贸易差额
Mainland China's trade volume and trade balance with Hong Kong SAR of China

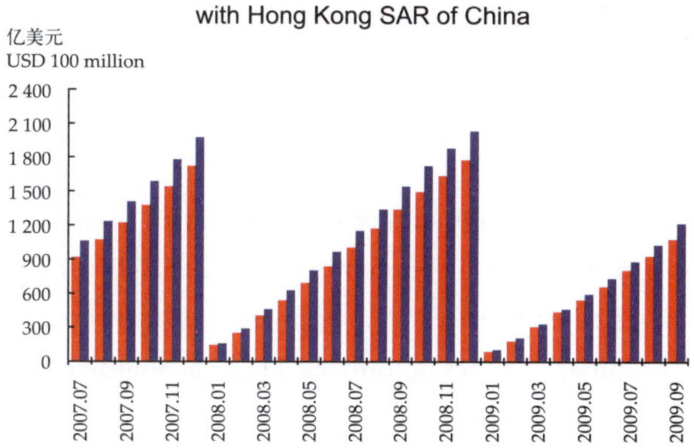

- 累计贸易差额 Accumulated trade balance
- 累计贸易总额 Accumulated trade volume

我国大陆对我国台湾地区进出口及其增长趋势
Mainland China's imports from and exports to China Taiwan and their growth

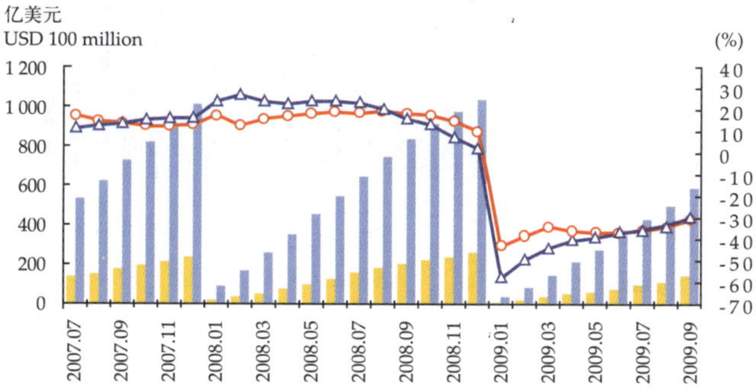

- 累计出口（左坐标） Accumulated exports (LHS)
- 累计进口（左坐标） Accumulated imports (LHS)
- 累计出口同比增长率（右坐标） Growth rate of accumulated exports (YOY)(RHS)
- 累计进口同比增长率（右坐标） Growth rate of accumulated imports (YOY)(RHS)

我国大陆对我国台湾地区贸易总额和贸易差额
Mainland China's trade volume and trade balance with China Taiwan

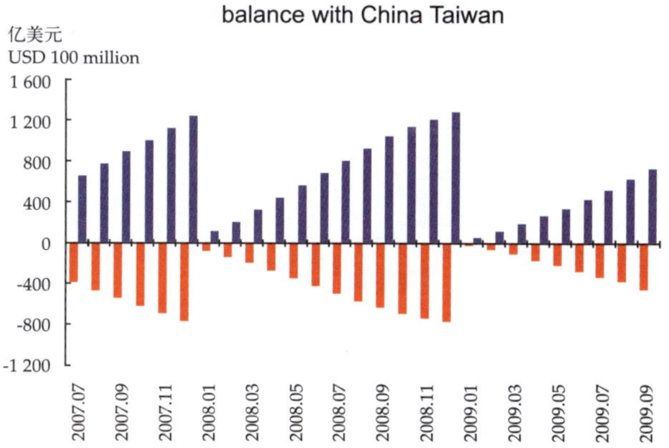

- 累计贸易差额 Accumulated trade balance
- 累计贸易总额 Accumulated trade volume

2. 外资
(2)Foreign investment

据联合国贸易与发展会议2009年9月发布的《2009年世界投资报告》，中国以1 080亿美元流入量成为2008年全球发展中国家中第一大外国直接投资接受国，报告指出：2008年全球外国直接投资流入量达到1.697万亿美元，较上年下降14%。

另据商务部统计，2009年前9个月，新批设立外商投资企业16 348家，实际使用外资金额638亿美元。

According to the UNCTAD's *World Investment Report 2009* published in September 2009, China became the world's No. 1 recipient of foreign direct investment (FDI) among developing countries in 2008, with capital inflows of USD108.0 billion. It is pointed out in the report that global FDI inflows decreased by 14% to USD1.697 trillion in 2008.

According to statistics of the Ministry of Commerce, up to the end of September 2009, 16,348 foreign-invested enterprises were approved for incorporation in China, with actual utilized FDI reaching USD 63.8 billion.

实际利用外商直接投资及其增长趋势
Actual utilized foreign direct investments and its growth

单位：亿美元
Unit: USD 100 million

年 Year	绝对值 Absolute value	增长率(%) Growth rates(%)
1985	19.6	37.8
1986	22.4	14.7
1987	23.1	3.1
1988	31.9	38.0
1989	34.9	9.3
1990	33.9	-2.9
1991	43.7	28.7
1992	110.1	152.1
1993	275.2	150.0
1994	337.7	22.7
1995	375.2	11.1
1996	417.3	11.2
1997	452.6	8.5
1998	454.6	0.5
1999	403.2	-11.3
2000	407.2	1.0
2001	468.5	14.9
2002	527.4	12.6
2003	535.1	1.4
2004	606.3	13.3
2005	603.3	-0.5
2006	630.2	4.5
2007	747.7	13.6
2008	924.0	23.6

实际利用外商直接投资及其增长率
Actual utilized foreign direct investments and their growth rates

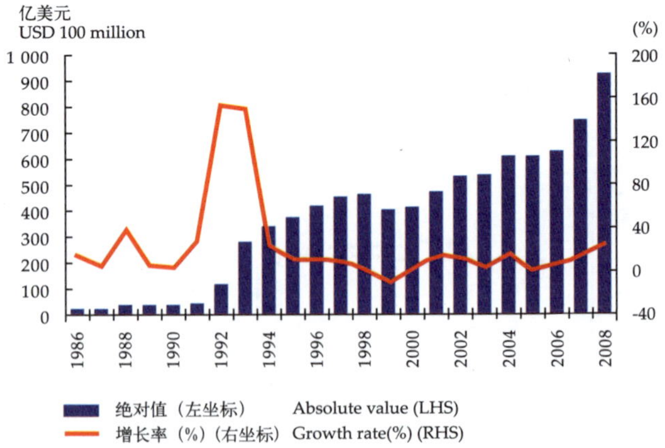

月度累计实际外商直接投资
Accumulated utilized FDI on a monthly basis

单位：亿美元
Unit: USD 100 million

年/月 Year/Month	实际外商直接投资累计金额 Accumulated utilized FDI	实际外商直接投资累计同比增长率(%) Growth rate of accumulated utilized FDI(YOY)(%)
2008.07	607	44.5
2008.08	677	41.6
2008.09	744	39.9
2008.10	811	35.1
2008.11	864	26.3
2008.12	924	23.6
2009.01	75	-32.7
2009.02	134	-26.2
2009.03	218	-20.6
2009.04	277	-21.0
2009.05	341	-20.4
2009.06	430	-17.9
2009.07	484	-20.4
2009.08	559	-17.5
2009.09	638	-14.3

月度累计实际外商直接投资
Accumulated utilized FDI on a monthly basis

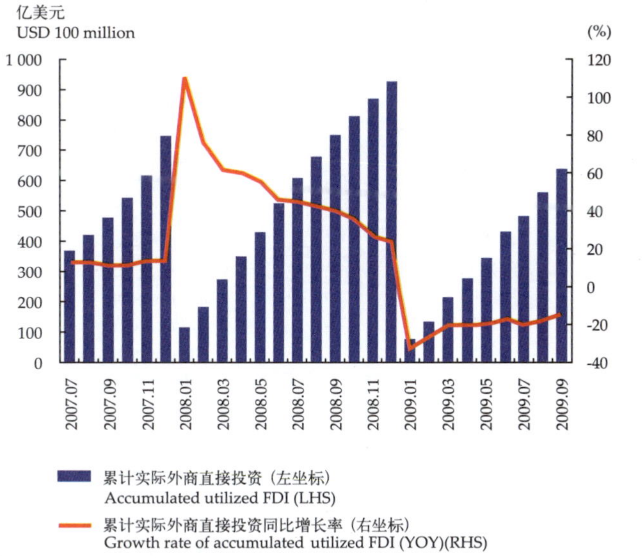

3. 国际收支
(3) Balance of payments (BOP)

1991年以来中国国际收支变化趋势
Movement of China's balance of payments since 1991

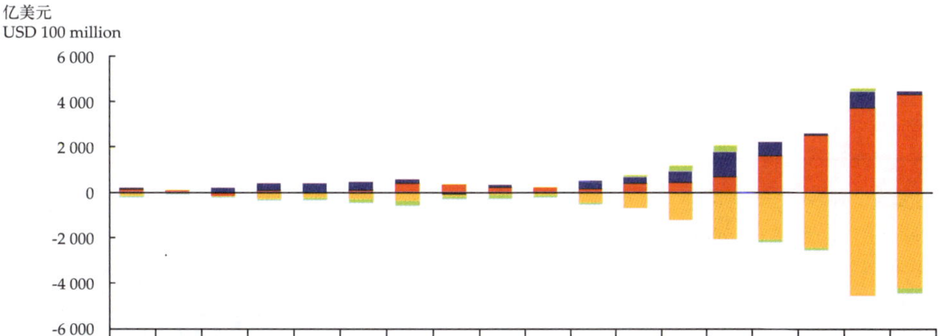

	1991	1992	1993	1994	1995	1996	1997	1998	1999	2000	2001	2002	2003	2004	2005	2006	2007	2008
净误差与遗漏差额 Balance of errors and omissions (net)	-67	-83	-98	-98	-178	-156	-223	-187	-178	-119	-49	78	184	270	-168	-129	164	-261
储备资产差额 Balance of reserve assets	-146	21	-18	-305	-225	-316	-357	-64	-85	-105	-473	-755	-1 170	-2 064	-2 070	-2 470	-4 617	-4 190
资本和金融项目差额 Balance of capital and financial accounts	80	-3	235	326	387	400	210	-63	52	19	348	323	527	1 107	630	67	735	190
经常项目差额 Balance of current account	133	64	-119	77	16	72	370	315	211	205	174	354	459	687	1 608	2 533	3 718	4 261

注：储备资产的增加用负值表示，储备资产的减少用正值表示。
Note: The increase in the reserve assets is expressed in a negative figure and the decrease in the reserve assets is expressed in a positive figure.

2009年上半年国际收支平衡表简表
BOP sheet in the first half of 2009

单位：亿美元
Unit: USD 100 million

项 目	Items	差额 Balance	贷方 Credit	借方 Debit
一、经常项目	**Current account**	1 345	6 434	5 089
A．货物和服务	Goods and services	1 023	5 762	4 739
a.货物	Goods	1 190	5 213	4 023
b.服务	Services	-167	549	716
B．收益	Yields	169	471	302
C．经常转移	Current transfers	152	200	48
二、资本和金融项目	**Capital and financial accounts**	610	3 423	2 813
A．资本项目	Capital account	13	14	1
B．金融项目	Financial account	596	3 409	2 812
1.直接投资	Direct investment	156	492	337
1.1 我国在外直接投资	FDI outflow	-133	12	145
1.2 外国在华直接投资	FDI inflow	289	480	192
2.证券投资	Portfolio investment	202	425	224
2.1 资产	Assets	77	300	223
2.2 负债	Liabilities	125	125	1
3.其他投资	Other investment	239	2 491	2 252
三、储备资产	**Reserve assets**	-1 859	0	1 859
3.1 货币黄金	Monetary gold	0	0	0
3.2 特别提款权	SDRs	0	0	0
3.3 在国际货币基金组织的储备头寸	Reserve position in IMF	-3	0	3
3.4 外汇	Foreign exchange	-1 856	0	1 856
3.5 其他债权	Other claims	0	0	0
四、净误差与遗漏	**Errors and omissions (net)**	-95	0	95

4.外汇储备
(4) Foreign exchange reserves

外汇储备及其增长率
Foreign exchange reserves and their growth rates

单位：亿美元
Unit: USD 100 million

年／月 Year/Month	外汇储备 Foreign exchange reserves	同比增长率(%) Growth rate (YOY)(%)
2008.07	18 452	33.2
2008.08	18 842	33.8
2008.09	19 056	32.9
2008.10	18 797	29.2
2008.11	18 847	25.9
2008.12	19 460	27.3
2009.01	19 135	20.4
2009.02	19 121	16.1
2009.03	19 537	16.1
2009.04	20 089	14.4
2009.05	20 895	16.3
2009.06	21 316	17.8
2009.07	21 746	17.9
2009.08	22 108	17.3
2009.09	22 726	19.3

外汇储备及其增长率
Foreign exchange reserves and their growth rates

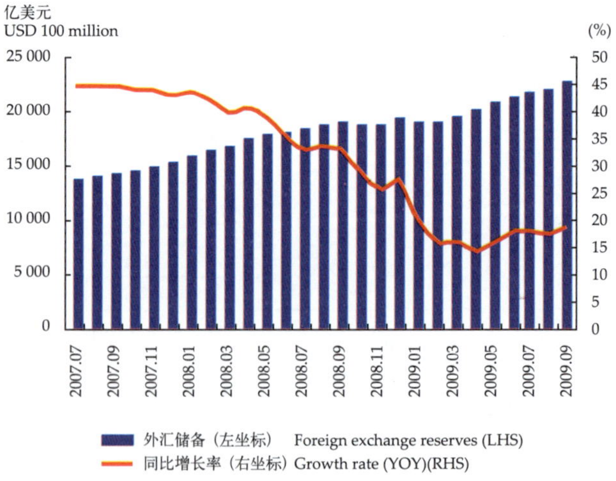

5.外债
(5) External debt

外债余额与外债债务率
Balance and ratio of external debt to foreign exchange income

外债余额与外债负债率
Balance and ratio of external debt to GDP

2009年6月末外债数据
External debt balance at the end of June 2009

单位：亿美元
Unit: USD 100 million

	登记外债 Registered external debt	国务院部委 Government ministries	中资金融机构 Chinese financial institutions	外商投资企业 Foreign investment enterprises	中资企业 Chinese enterprises	境内外资金融机构 Domestic foreign financial institutions	其他 Others	贸易信贷 Trade credit	合计 Total
外债余额 Debt balance	2 510.79	345.35	830.03	943.46	43.57	345.09	3.29	1 095.00	3 605.79
比重(%) Share (%)	100	13.75	33.06	37.58	1.74	13.74	0.13	—	—

注：2009年1～6月，我国新借入中长期外债93.33亿美元，还本194.72亿美元，付息20.84亿美元。

Note: In the first half of 2009, China borrowed medium- and long-term external debts totaling USD9.333 billion and repaid principal in the amount of USD19.472 billion and interest in the amount of USD2.084 billion.

2009年6月末外债债务结构
External debt structure at the end of June 2009

2009年6月末，我国外债余额为3 605.8亿美元，比上年年末减少140.8亿美元，下降3.76%。其中，中长期外债余额为1 662.1亿美元，占外债余额的46.1%，比上年年末减少23.38亿美元；短期外债余额为1 943.7亿美元，占外债余额的53.9%，比上年年末减少164.2亿美元。

China's outstanding balance of external debt increased by 3.76 percent or USD14.08 billion at the end of June 2009 to USD360.58 billion, among which USD166.21 billion or 46.1 percent was medium- and long-term external debt, an increase of USD2.338 billion over 2008. USD194.37 billion or 53.9 percent was short-term debt, an decrease of USD16.42 billion over 2008.

六、财政收支与债务
6. Fiscal Revenue, Expenditure and Debt

年度财政收入、财政支出及其增长趋势
Annual budgetary revenue, budgetary expenditure, and their growth

单位：亿元
Unit: RMB 100 million yuan

年 Year	财政收入 Budgetary revenue	财政支出 Budgetary expenditure	财政收入同比增长率(%) Growth rate of budgetary revenue (YOY) (%)	财政支出同比增长率(%) Growth rate of budgetary expenditure (YOY)(%)
1993	4 349	4 642	24.8	24.1
1994	5 218	5 793	20.0	24.8
1995	6 242	6 824	19.6	17.8
1996	7 408	7 938	18.7	16.3
1997	8 651	9 234	16.8	16.3
1998	9 876	10 798	14.2	16.9
1999	11 444	13 188	15.9	22.1
2000	13 395	15 887	17.0	20.5
2001	16 386	18 903	22.3	19.0
2002	18 904	22 053	15.4	16.7
2003	21 715	24 650	14.9	11.8
2004	26 396	28 487	21.6	15.6
2005	31 649	33 930	19.9	19.1
2006	38 760	40 423	22.5	19.1
2007	51 322	49 781	32.4	23.2
2008	61 330	62 593	19.5	25.7

月度累计财政收支增长率与财政收支差额
Monthly growth rates and balance of accumulated fiscal revenue and expenditure

单位：亿元
Unit: RMB 100 million yuan

年/月 Year/Month	财政收入累计同比增长率(%) Growth rate of accumulated fiscal revenue(YOY)(%)	财政支出累计同比增长率(%) Growth rate of accumulated fiscal expenditure(YOY)(%)	累计财政收支差额 Balance of accumulated fiscal revenue and expenditure
2008.04	29.4	29.3	9 211
2008.05	33.8	31.1	11 455
2008.06	33.3	27.7	11 926
2008.07	30.5	29.7	13 438
2008.08	28.4	28.1	13 250
2008.09	25.8	25.5	12 519
2008.10	22.6	24.5	13 705
2008.11	20.5	23.6	12 243
2008.12	19.5	25.4	-1 110
2009.01	-17.1	32.5	2 138
2009.02	-11.4	37.0	2 436
2009.03	-8.3	34.8	1 831
2009.04	-9.9	31.7	2 650
2009.05	-6.7	27.8	4 612
2009.06	-2.4	26.3	5 074
2009.07	-0.5	23.5	6 784
2009.08	2.6	22.7	7 284
2009.09	5.3	24.1	6 316

年度财政收入、财政支出及其增长趋势
Annual budgetary revenue, budgetary expenditure, and their growth

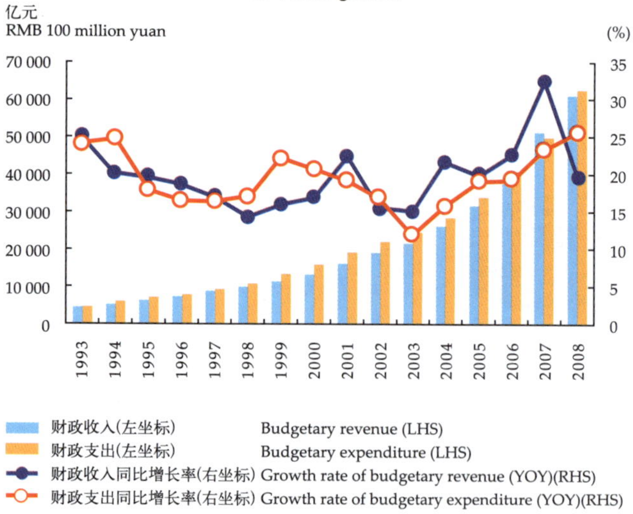

月度累计财政收支增长率与收支差额
Monthly growth rates and balance of accumulated fiscal revenue and expenditure

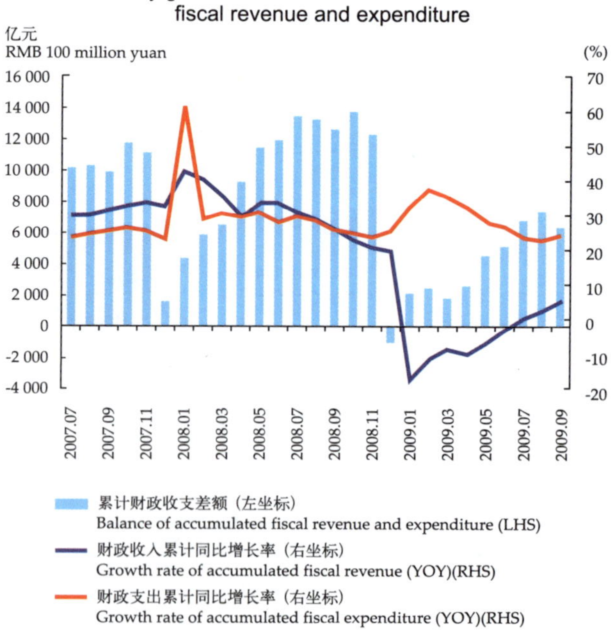

中央财政收支在全部财政收支中所占的比重

Ratio of revenues and expenditures of the central government to total fiscal revenues and expenditures

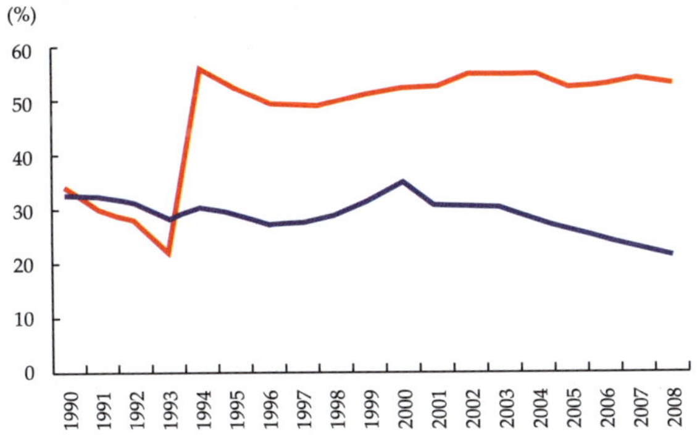

中央财政收入占全部财政收入的百分比
Revenues of central government as a percentage of total fiscal revenues
中央财政支出占全部财政支出的百分比
Expenditures of central government as a percentage of total fiscal expenditures

财政风险

Fiscal risks

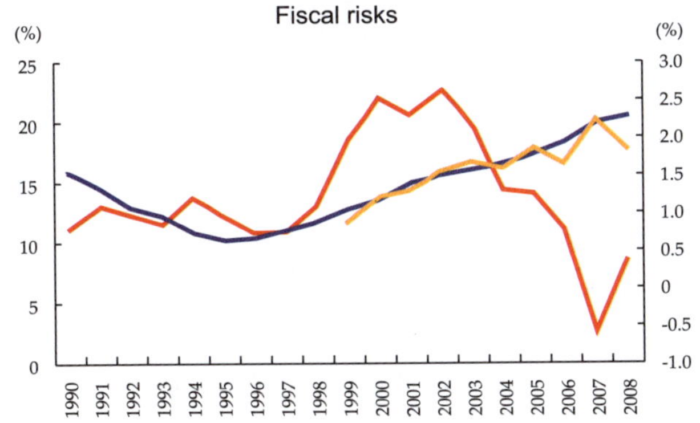

财政赤字/GDP（右坐标）
Fiscal deficit to GDP ratio (RHS)
财政收入/GDP（左坐标）
Fiscal revenue to GDP ratio (LHS)
国债余额/GDP（左坐标）
Outstanding government debt to GDP ratio (LHS)

2009年主要预算指标：

中央财政预算总收入为35 860亿元，比2008年增加3 188亿元，增长9.8%；中央财政预算总支出为43 865亿元，比2008年增加8 485亿元，增长24%。中央财政收支相抵，预算赤字7 500亿元，比2008年增加5 700亿元。中央财政国债余额限额为62 708.4亿元，比2008年增加9 437.6亿元。

汇总中央和地方财政收支安排，2009年全国财政预算收入为66 230亿元，增加4 913亿元，增长8%；全国财政预算支出为76 235亿元，增加13 808亿元，增长22.1%。

Budgetary targets for 2009:

Budget revenue for the central government will increase by 9.8 percent or RMB318.8 billion yuan over 2008 to RMB3,586.0billion yuan, while central government budget expenditures will expand by 24 percent or RMB848.5 billion yuan over 2008 to RMB4,386.5 billion yuan. The budget deficit will be RMB750 billion yuan, an increase of RMB570 billion yuan over the previous year. The outstanding limitation of central government treasury bonds will reach RMB6,270.84 billion yuan by the end of 2009, an increase of RMB943.76 billion yuan over the previous year.

On a consolidated basis, government budget revenue in 2009 will increase by 8 percent or RMB491.3 billion yuan to RMB6,623.0 billion yuan, while budget expenditures will grow by 22.1 percent or RMB1,380.8 billion yuan to RMB7,623.5 billion yuan.

七、货币、银行
7. Money and Banking

1.货币供应量
(1) Money supply

年度M0、M1、M2及其变化趋势
Annual M0, M1 and M2 and their change

单位：万亿元
Unit: RMB trillion yuan

年 Year	M0	M1	M2	M0同比增长率(%) Growth rate of M0 (YOY)(%)	M1同比增长率(%) Growth rate of M1 (YOY)(%)	M2同比增长率(%) Growth rate of M2 (YOY)(%)
1992	0.4	1.2	2.5	36.4	35.9	31.3
1993	0.6	1.6	3.5	35.3	38.8	37.3
1994	0.7	2.1	4.7	24.3	26.2	34.5
1995	0.8	2.4	6.1	8.2	16.8	29.5
1996	0.9	2.9	7.6	11.6	18.9	25.3
1997	1.0	3.5	9.1	15.6	22.1	19.6
1998	1.1	3.9	10.4	10.1	11.9	14.8
1999	1.3	4.6	12.0	20.1	17.7	14.7
2000	1.5	5.3	13.5	8.9	15.9	12.3
2001	1.6	6.0	15.8	7.1	12.7	17.6
2002	1.7	7.1	18.5	10.1	18.4	16.9
2003	2.0	8.4	22.1	14.3	18.7	19.6
2004	2.1	9.6	25.4	8.7	13.6	14.7
2005	2.4	10.7	29.9	11.9	11.8	17.6
2006	2.7	12.6	34.6	12.7	17.5	17.0
2007	3.0	15.3	40.3	12.2	21.0	16.7
2008	3.4	16.6	47.5	12.7	9.1	17.8

月度M0、M1、M2及其变化趋势
Monthly M0, M1 and M2 and their change

单位：万亿元
Unit: RMB trillion yuan

年/月 Year/Month	M0	M1	M2	M0同比增长率(%) Growth rate of M0 (YOY)(%)	M1同比增长率(%) Growth rate of M1 (YOY)(%)	M2同比增长率(%) Growth rate of M2 (YOY)(%)
2008.07	3.1	15.5	44.6	12.3	14.0	16.4
2008.08	3.1	15.7	44.9	10.9	11.5	16.0
2008.09	3.2	15.6	45.3	9.3	9.4	15.3
2008.10	3.1	15.7	45.3	10.3	8.8	15.0
2008.11	3.2	15.8	45.9	9.0	6.8	14.8
2008.12	3.4	16.6	47.5	12.7	9.1	17.8
2009.01	4.1	16.5	49.6	12.0	6.7	18.8
2009.02	3.5	16.7	50.7	8.3	10.9	20.5
2009.03	3.4	17.7	53.1	10.9	17.0	25.5
2009.04	3.4	17.8	54.0	11.3	17.5	26.0
2009.05	3.4	18.2	54.8	11.2	18.7	25.7
2009.06	3.4	19.3	56.9	11.5	24.8	28.5
2009.07	3.4	19.6	57.3	11.6	26.4	28.4
2009.08	3.4	20.0	57.7	11.5	27.7	28.5
2009.09	3.7	20.2	58.5	16.0	29.5	29.3

货币供应量与货币流动性
Money supply and monetary liquidity

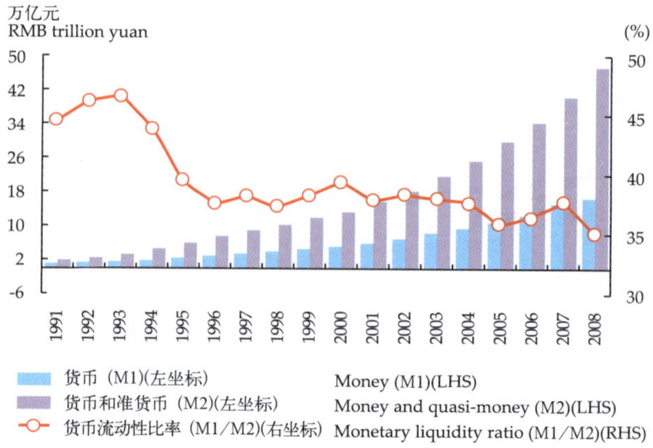

年度M0、M1、M2及其变化趋势
Annual M0, M1 and M2 and their change

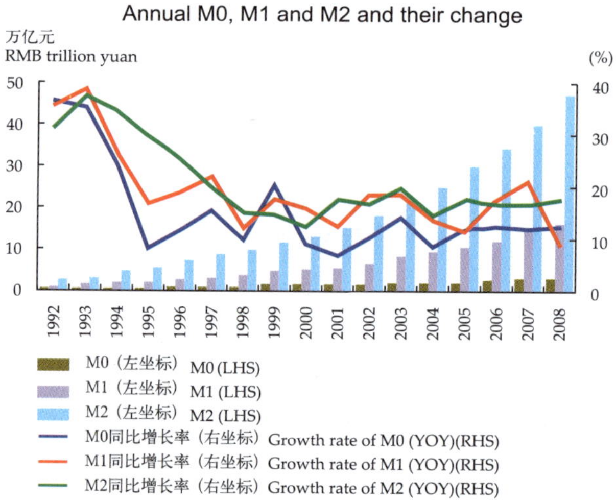

月度M0、M1、M2及其变化趋势
Monthly M0, M1 and M2 and their change

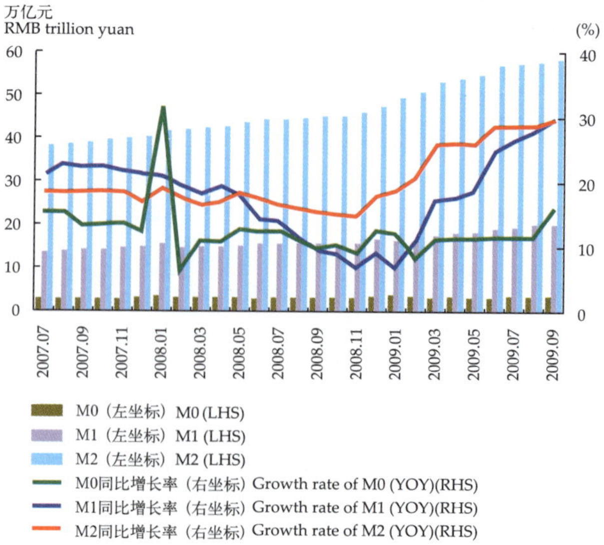

货币供应量构成
Composition of money supply

单位：亿元
Unit: RMB 100 million yuan

年/月 Year/Month	货币和准货币 Money & quasi-money M2	货币 Money M1	流通中现金 Currency in circulation M0	活期存款 Demand deposits	准货币 Quasi-money	定期存款 Time deposits	储蓄存款 Savings deposits	其他存款 Other deposits
2008.07	446 362	154 992	30 687	124 305	291 370	56 000	196 929	38 441
2008.08	448 847	156 890	30 852	126 038	291 957	57 431	200 268	34 258
2008.09	452 899	155 749	31 725	124 024	297 150	61 216	204 688	31 247
2008.10	453 147	157 108	31 232	125 877	296 039	58 305	207 744	29 990
2008.11	458 645	157 827	31 607	126 219	300 818	59 041	211 378	30 398
2008.12	475 167	166 217	34 219	131 998	308 949	60 103	217 885	30 961
2009.01	496 112	165 207	41 803	124 125	330 905	63 564	233 208	34 133
2009.02	507 065	166 508	35 142	131 367	340 557	64 003	237 488	39 066
2009.03	530 627	176 541	33 746	142 795	354 086	68 478	243 070	42 537
2009.04	540 481	178 214	34 257	143 956	362 268	72 406	244 235	45 627
2009.05	548 231	182 011	33 560	148 466	366 238	73 058	246 147	47 033
2009.06	568 948	193 166	33 641	159 525	375 782	75 764	249 379	50 638
2009.07	572 998	195 877	34 244	161 633	377 120	75 495	248 817	52 809
2009.08	576 699	200 395	34 407	165 988	376 304	76 594	248 503	51 207
2009.09	585 420	201 723	36 788	164 935	383 697	83 668	255 720	44 309

注：自2006年起，此表中“非金融公司保证金存款”不再包含在“其他存款”的项目下，而被调整到“定期存款”项目下，因此，这两个项目下，2006年及以后各期数据与历史数据不完全可比。

Note: Beginning in 2006, "non-financial corporation margin deposits" are not included in the item "Other deposits", which are included under "Time deposits". Therefore, from 2006 the data of these two items are not fully comparable with the historical statistics.

广义货币供应量M2变动
Changes in the composition of broad money M2

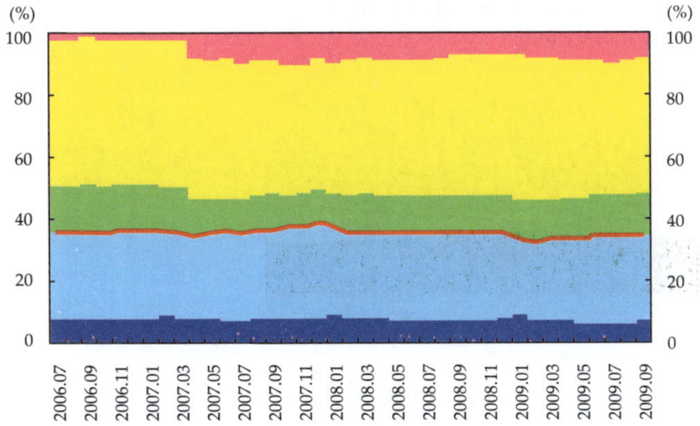

其他存款占M2的比重　Other deposits/M2
居民储蓄存款占M2的比重　Household savings deposits/M2
单位定期存款占M2的比重　Institutional time deposits/M2
单位活期存款占M2的比重　Institutional demand deposits/M2
M0占M2的比重　M0/M2
M1占M2的比重　M1/M2

2009年9月末货币供应量构成
Composition of money supply at the end of September 2009

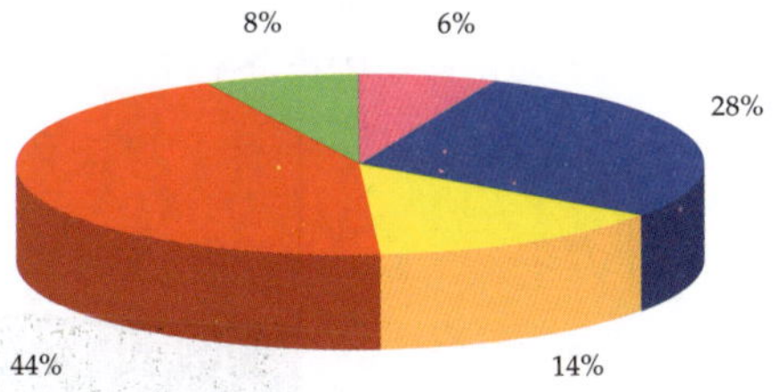

流通中现金　Currency in circulation M0
活期存款　Demand deposits
定期存款　Time deposits
储蓄存款　Savings deposits
其他存款　Other deposits

存款性公司概览 *
Depository corporations survey *

单位：万亿元
Unit: RMB trillion yuan

年/月 Year/Month	国外净资产 Net foreign assets	国内信贷 Domestic credit	对政府债权(净) Claims on government (Net)	对非金融部门债权 Claims on non-financial sectors	对其他金融部门债权 Claims on other financial sectors	其他** Others**	货币和准货币 Money & quasi-money M2
2008.07	16.70	35.66	1.74	31.43	2.49	-7.72	44.64
2008.08	16.86	35.78	1.76	31.65	2.37	-7.76	44.88
2008.09	17.16	36.30	1.86	32.00	2.43	-8.17	45.29
2008.10	17.47	36.32	1.68	32.18	2.46	-8.48	45.31
2008.11	17.65	36.25	1.89	31.89	2.47	-8.04	45.86
2008.12	17.90	37.94	2.94	32.56	2.43	-8.32	47.52
2009.01	17.95	39.53	2.87	34.22	2.43	-7.86	49.61
2009.02	18.09	40.60	2.93	35.19	2.48	-7.99	50.71
2009.03	18.21	42.76	3.06	37.14	2.55	-7.90	53.06
2009.04	18.37	43.39	2.96	37.91	2.53	-7.71	54.05
2009.05	18.54	44.05	2.72	38.71	2.62	-7.76	54.83
2009.06	18.58	45.76	2.67	40.46	2.63	-7.45	56.89
2009.07	18.65	46.12	2.44	40.99	2.69	-7.46	57.31
2009.08	18.73	46.50	2.38	41.56	2.55	-7.56	57.67
2009.09	19.14	47.39	2.55	42.28	2.57	-7.99	58.54

注：*自2006年起，不再编制《银行概览》，改为编制《存款性公司概览》。《存款性公司概览》由《货币当局资产负债表》和《其他存款性公司资产负债表》合并而成。《存款性公司概览》与原《银行概览》的差别是，《存款性公司概览》不包含信托投资公司和金融租赁公司。为了保持数据的连续性，2006年之前的《存款性公司概览》由原《银行概览》替代。因此，2006年及以后各期数据与历史数据不完全可比。

**其他包括外币存款、债券、实收资本和其他项，即其他=货币和准货币−(国外净资产+国内信贷)。

Notes: *Beginning in 2006, the *Balance Sheet of the Monetary Authority* and the *Balance Sheet of Other Depository Corporations* were consolidated into the *Depository Corporations Survey*, and the *Banking Survey* was no longer compiled. The main difference between the *Depository Corporations Survey* and the *Banking Survey* is that data on trust and investment companies and financial leasing companies are not included in the *Depository Corporations Survey*. In order to maintain data consistency, the original *Banking Survey* can be substituted for the *Depository Corporations Survey* before 2006. Therefore, from 2006, the monetary statistics are not fully comparable with the historical statistics.

**Others include foreign currency deposits, bonds, paid-in capital, and other items (net).

Others = Money & quasi-money M2−(Net foreign assets + Domestic credit).

国外净资产及国内信贷对广义货币的影响
The impact of net foreign assets and domestic credit on broad money M2

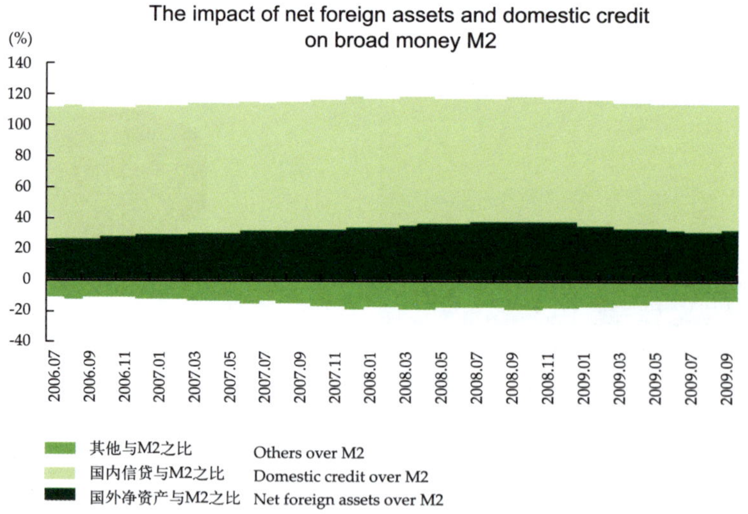

注：自2006年起，中国人民银行按照国际货币基金组织《货币与金融统计手册》对货币金融统计制度进行了修订。在机构分类上，将金融性公司划分为存款性公司和其他金融性公司，将存款性公司划分为货币当局和其他存款性公司。货币当局为中国人民银行，其他存款性公司包括政策性银行、国有商业银行、股份制商业银行、农村商业银行、城市商业银行、外资商业银行、合作金融机构、邮政储蓄银行、财务公司。根据金融性公司的新分类，从2006年开始编制《其他存款性公司资产负债表》，将《中央银行资产负债表》、《其他存款性公司资产负债表》合并，编制《存款性公司概览》，《存款性公司概览》同原《银行概览》相比，不包含信托投资公司和金融租赁公司。

Note: In 2006 the People's Bank of China revised the system of monetary and financial statistics in line with the IMF *Manual on Monetary and Financial Statistics*, to reclassify financial corporations as depository corporations and other financial corporations. Depository corporations are sub-divided into the monetary authority and depository corporations. The monetary authority is the People's Bank of China; other depository corporations include policy banks, state-owned commercial banks, joint-stock commercial banks, rural commercial banks, urban commercial banks, foreign-funded commercial banks, cooperative financial institutions, postal savings banks, and finance companies. Beginning in 2006, the *Balance Sheet of Other Depository Corporations* has been compiled according to the new classifications of financial corporations. The *Depository Corporations Survey* comprises the consolidation of the *Balance Sheets of the Monetary Authority* and the *Balance Sheets of Other Depository Corporations*. The main distinction between the *Depository Corporations Survey* and the *Banking Survey* is that data on trust and investment companies and financial leasing companies are not included in the *Depository Corporations Survey*.

2.存贷款
(2) Deposits and loans

金融机构人民币各项存贷款余额及其增长趋势
Outstanding amounts of total deposits & loans and their growth in financial institutions

单位：万亿元
Unit: RMB trillion yuan

年/月 Year/Month	各项存款 Total deposits	各项贷款 Total loans	各项存款同比增长率(%) Growth rate of deposits (YOY)(%)	各项贷款同比增长率(%) Growth rate of loans (YOY)(%)
2008.07	44.4	29.0	19.6	14.6
2008.08	45.0	29.3	19.3	14.3
2008.09	45.5	29.6	18.8	14.5
2008.10	45.8	29.8	21.1	14.6
2008.11	46.2	29.6	19.9	16.0
2008.12	46.6	30.4	19.7	18.8
2009.01	48.2	32.0	23.0	21.3
2009.02	49.8	33.1	23.0	24.2
2009.03	52.3	35.0	25.7	29.8
2009.04	53.3	35.5	26.2	29.7
2009.05	54.6	36.2	26.7	30.6
2009.06	56.6	37.7	29.0	34.4
2009.07	57.0	38.1	28.5	33.9
2009.08	57.4	38.5	27.4	34.1
2009.09	58.4	39.0	28.4	34.2

金融机构人民币各项存贷款余额及其增长趋势
Outstanding amounts of total deposits & loans and their growth in financial institutions

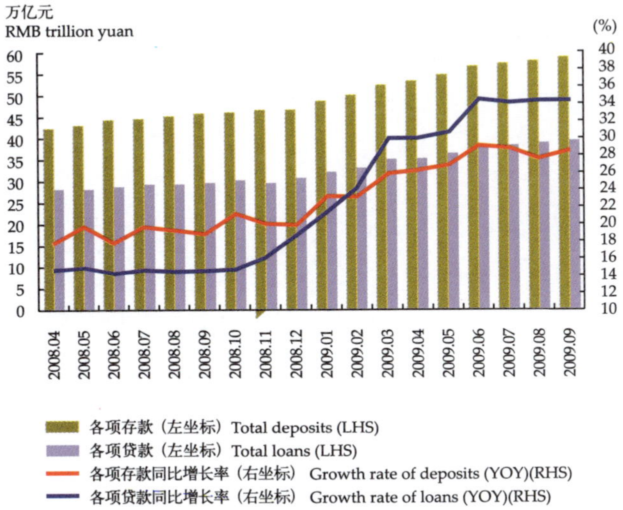

金融机构当年累计新增人民币存款
Accumulated new RMB deposits of financial institutions

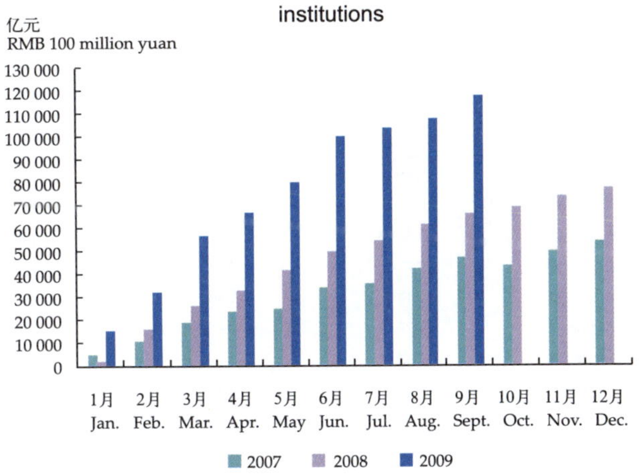

金融机构当月新增人民币存款
New RMB deposits in financial institutions by month

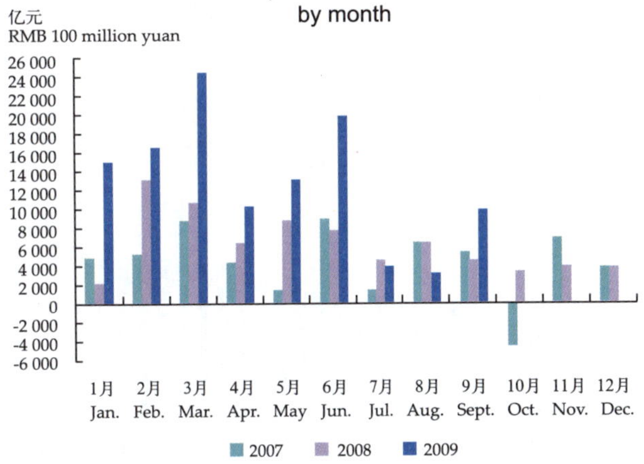

2009年1～9月新增人民币存款
Accumulated new RMB deposits in the first three quarter of 2009

单位：亿元
Unit: RMB 100 million yuan

		新增额 New deposits
各项存款	Total deposits	117 475
企业存款	Corporate deposits	48 181
财政存款	Fiscal deposits	10 274
机关团体存款	Government agency and public institution deposits	4 857
居民储蓄存款	Household savings deposits	37 821
农业存款	Agricultural deposits	3 314
其他存款	Other deposits	13 027

居民储蓄存款、企业存款、财政存款余额及其增长率
Outstanding amounts of household savings deposits, corporate deposits, fiscal deposits, and their growth rates

单位：万亿元
Unit: RMB trillion yuan

年/月 Year/Month	居民储蓄存款 Household savings deposits		企业存款 Corporate deposits		财政存款 Fiscal deposits	
	月末余额 Outstanding amounts	同比增长率(%) Growth rate (YOY)(%)	月末余额 Outstanding amounts	同比增长率(%) Growth rate (YOY)(%)	月末余额 Outstanding amounts	同比增长率(%) Growth rate (YOY)(%)
2008.07	19.69	16.2	14.88	17.4	2.99	39.6
2008.08	20.03	18.4	14.88	15.6	2.95	38.8
2008.09	20.47	21.1	14.88	11.6	2.78	30.3
2008.10	20.77	26.8	14.88	13.0	2.98	27.4
2008.11	21.14	26.9	14.88	10.5	2.84	18.9
2008.12	21.79	26.3	14.88	7.3	1.80	2.3
2009.01	23.32	33.8	15.48	13.8	1.85	-11.8
2009.02	23.75	29.1	16.17	17.0	1.89	-14.1
2009.03	24.31	29.6	17.55	22.3	1.72	-25.4
2009.04	24.42	29.6	17.99	26.7	1.87	-28.1
2009.05	24.61	29.1	18.43	28.0	2.32	-17.3
2009.06	24.94	28.3	19.59	33.3	2.49	-11.0
2009.07	24.88	26.3	19.69	32.4	2.87	-4.0
2009.08	24.85	24.1	20.11	35.1	3.00	1.7
2009.09	25.57	24.9	20.56	38.2	2.83	1.9

城乡居民人民币储蓄存款余额及其增长趋势
Outstanding amounts of household RMB savings deposits and their growth

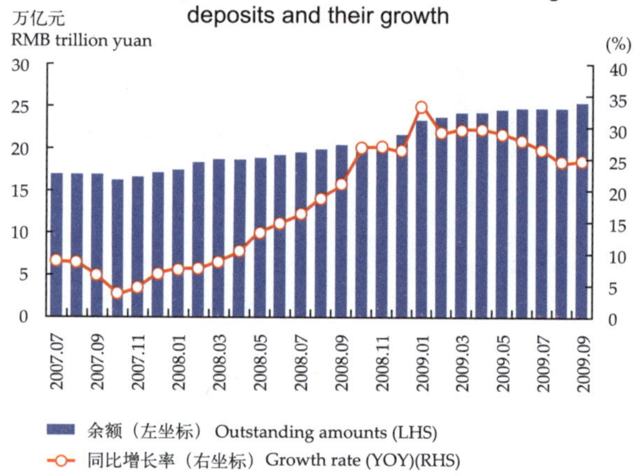

人民币企业存款余额及其增长趋势
Outstanding amounts of RMB corporate deposits and their growth

财政存款余额及其增长趋势
Outstanding amounts of RMB fiscal deposits and their growth

金融机构当年累计新增人民币贷款
Accumulated new RMB loans of financial institutions

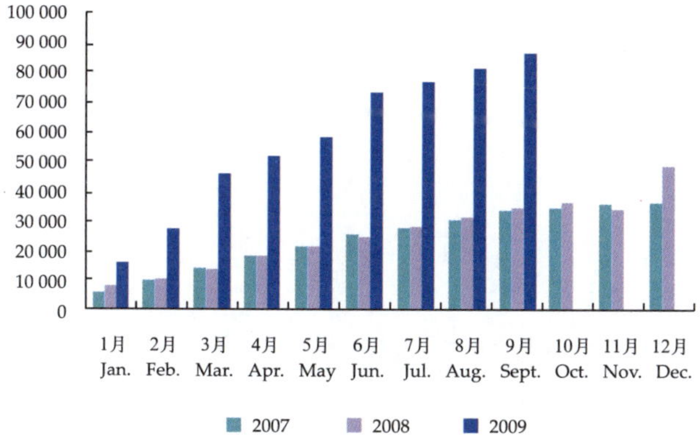

金融机构当月新增人民币贷款
New RMB loans in financial institutions by month

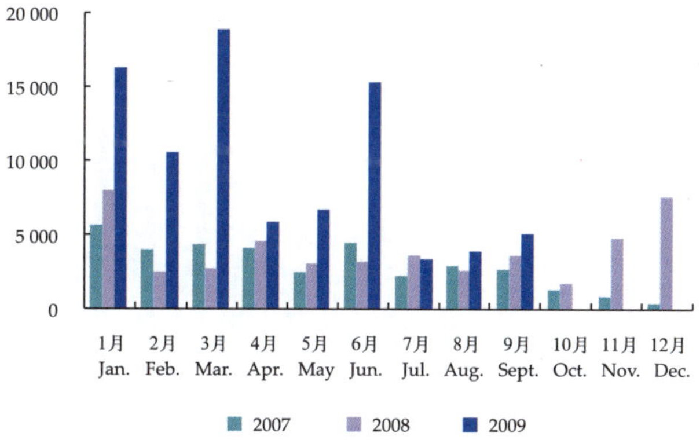

2009年1～9月金融机构新增人民币贷款构成
Composition of new RMB loans of financial institutions in the first three quarters of 2009

单位：亿元
Unit: RMB 100 million yuan

	2009年1～9月 The first three quarters of 2009		2008年1～9月 The first three quarters of 2008	
	比年初增加 Increase over the beginning of the year	比重(%) Share (%)	比年初增加 Increase over the beginning of the year	比重(%) Share (%)
各项贷款 Total loans	86 665	100	34 803	100
短期贷款 Short-term loans	21 177	24	13 189	38
中长期贷款 Medium- and long-term loans	54 669	63	19 789	57
票据融资 Paper financing	8 803	10	1 601	5
其他贷款 Other loans	2 016	2	224	1

新增人民币贷款投向
Distribution of new RMB loans

单位：亿元
Unit: RMB 100 million yuan

	2009年1～9月 The first three quarters of 2009		2008年1～9月 The first three quarters of 2008	
	比年初增加 Increase over the beginning of the year	比重(%) Share (%)	比年初增加 Increase over the beginning of the year	比重(%) Share (%)
1. 基建贷款 Capital construction loans	21 989	25	8 546	25
2. 票据贴现贷款 Discounted commercial paper	8 898	10	1 606	5
3. 个人消费贷款 Consumer loans	12 488	14	3 678	11
4. 农业贷款 Agricultural loans	4 316	5	2 522	7
5. 乡镇企业、三资企业、私营和个体企业贷款 Loans issued to township enterprises, foreign-invested enterprises, private or self-owned enterprises	3 853	4	1 501	4
以上五项贷款合计 Sum of the above 5 items	**51 545**	**59**	**17 853**	**51**
全部金融机构贷款 All loans issued by financial institutions	86 665	100	34 803	100

2009年9月末人民币贷款按部门分类
RMB loans issued at the end of September 2009 by sectors

单位：亿元
Unit: RMB 100 million yuan

	余额 Outstanding amounts	比年初增加 Increase over the beginning of the year
居民户贷款 Loans to households	75 561	18 360
消费性贷款 Consumer loans	49 854	12 488
短期消费性贷款 Short-term consumer loans	5 762	1 850
中长期消费性贷款 Medium- and long-term consumer loans	44 092	10 638
经营性贷款 Business loans	25 707	5 872
短期经营性贷款 Short-term business loans	19 268	4 822
中长期经营性贷款 Medium- and long-term business loans	6 439	1 050
非金融性公司及其他部门贷款 Loans to non-financial institutions and other sectors	314 847	68 305
短期贷款及票据融资 Short-term loans and discounted commercial paper	149 076	23 233
中长期贷款 Medium- and long-term loans	159 514	42 975
其他贷款 Other loans	6 257	2 097

当年累计新增居民户贷款
Accumulated new loans to households

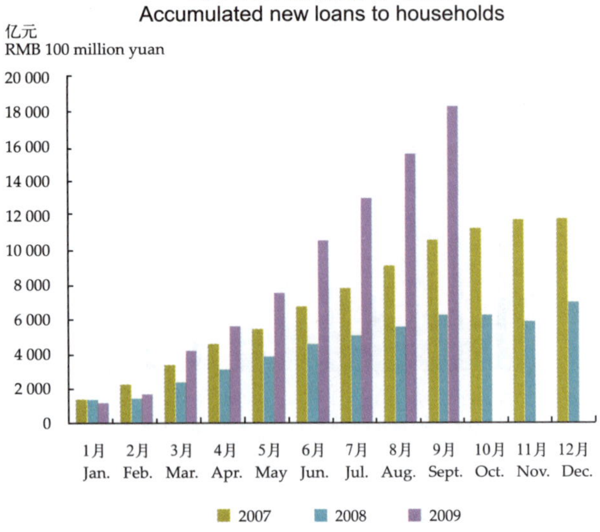

当月新增居民户贷款
New loans to households by month

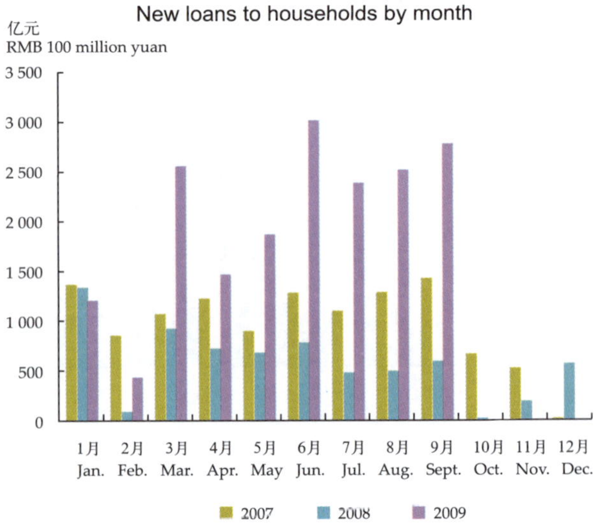

当年累计新增非金融性公司及其他部门贷款
Accumulated new loans to non-financial institutions and other sectors

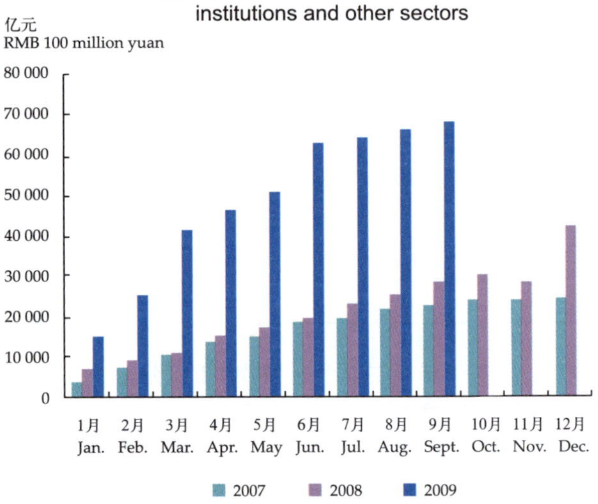

当月新增非金融性公司及其他部门贷款
New loans to non-financial institutions and other sectors by month

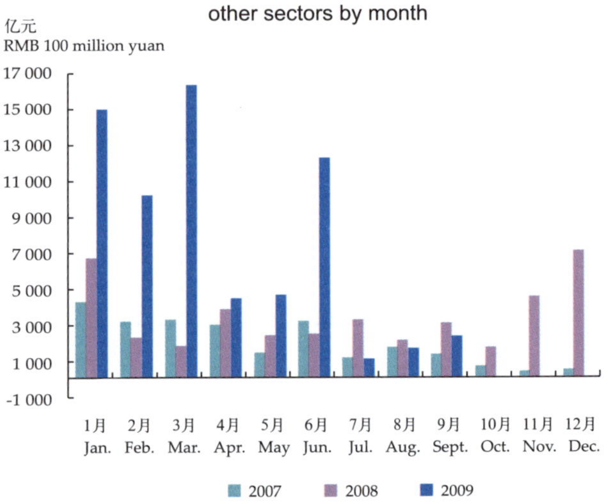

2009年9月末个人消费贷款构成
Composition of consumer loans at the end of September 2009

单位：亿元
Unit: RMB 100 million yuan

	余额 Outstanding amounts	同比增长率(%) Growth rate (YOY)(%)	比年初增加 Increase over the beginning of the year	比上年同期 Change compared with the same period of last year
个人消费贷款 Consumer loans	**49 915.3**	**36.9**	**12 493.6**	**8 812.9**
个人住房贷款 Individual housing mortgage loans	39 674.8	34.7	9 519.8	7 089.1
个人汽车消费贷款 Individual auto loans	1 700.4	29.9	552.5	352.2
助学贷款 Student loans	280.8	17.3	15.2	13.0
其他贷款 Other loans	8 259.3	45.3	2 406.2	1 358.6

2009年9月末个人消费贷款余额构成
Composition of consumer loans at the end of September 2009

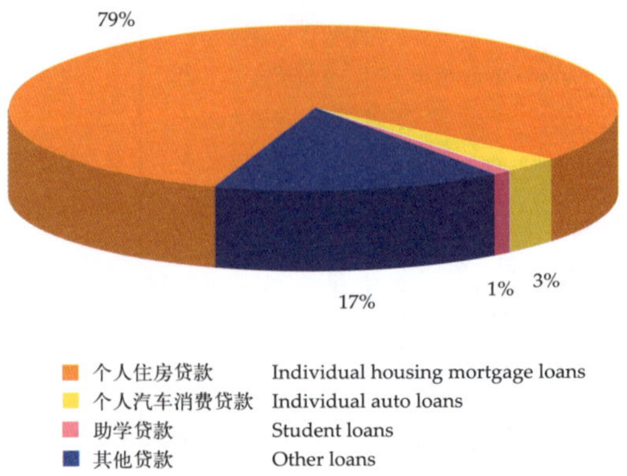

当年累计新增个人消费贷款
Accumulated new consumer loans

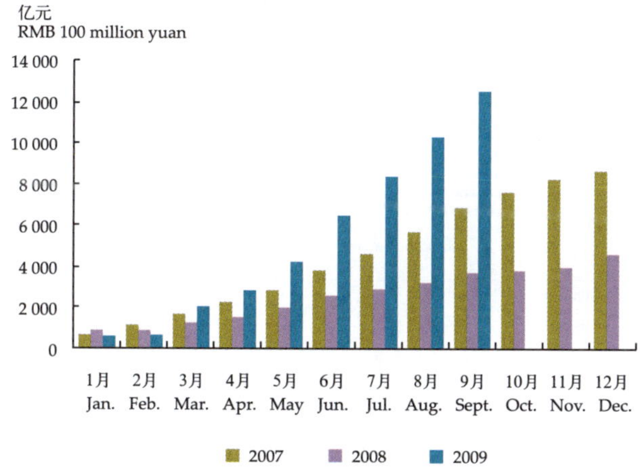

当月新增个人消费贷款
New consumer loans by month

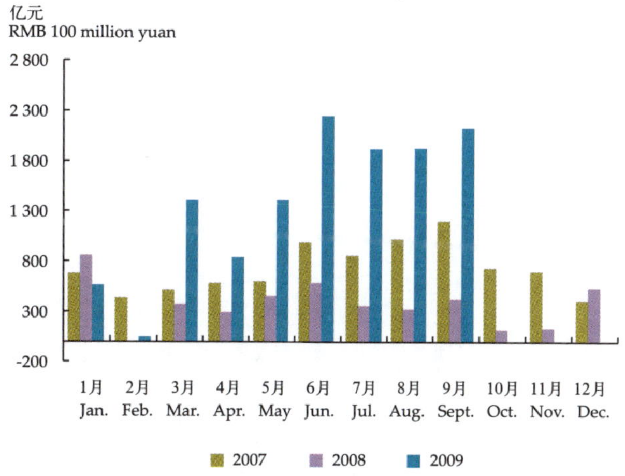

当年累计新增个人住房贷款
Accumulated new housing mortgage loans

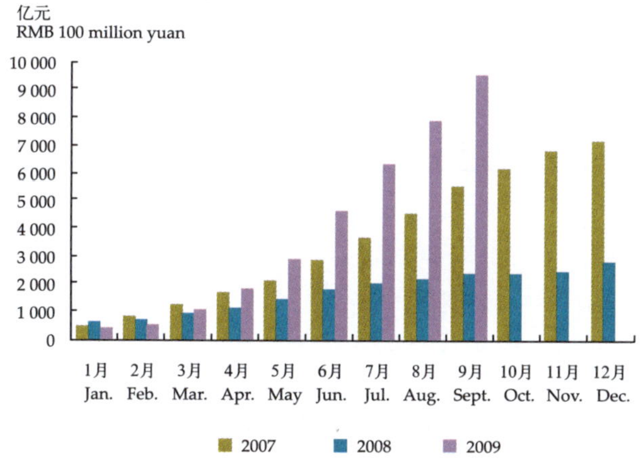

当月新增个人住房贷款
New housing mortgage loans by month

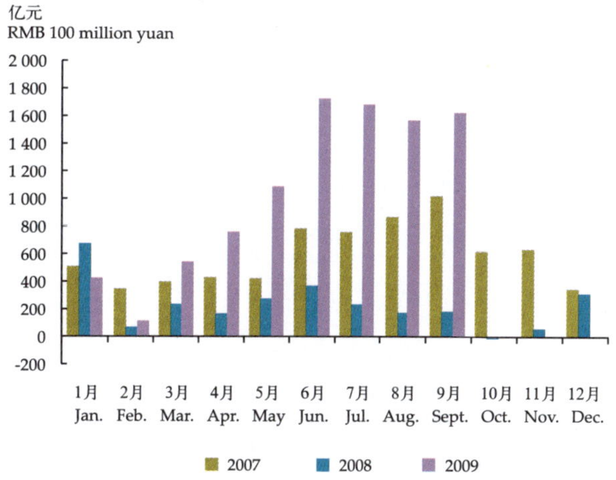

个人消费贷款余额及其增长趋势
Consumer loans and their growth

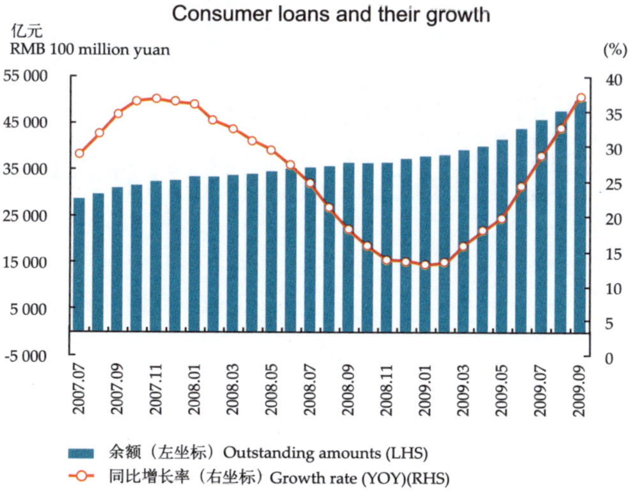

个人住房贷款余额及其增长率
Individual housing mortgage loans and their growth rates

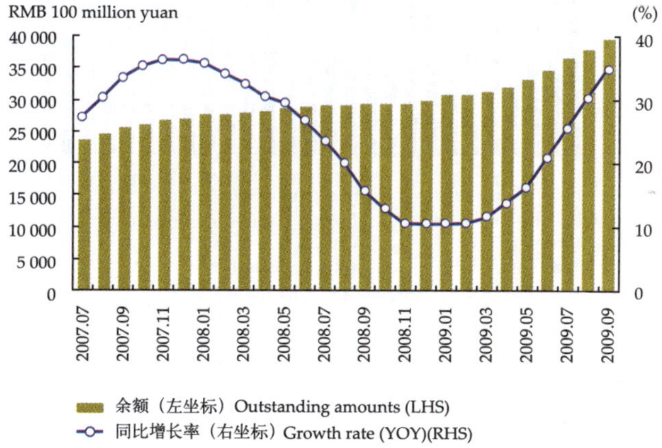

个人汽车消费贷款余额及其增长趋势
Individual auto loans and their growth

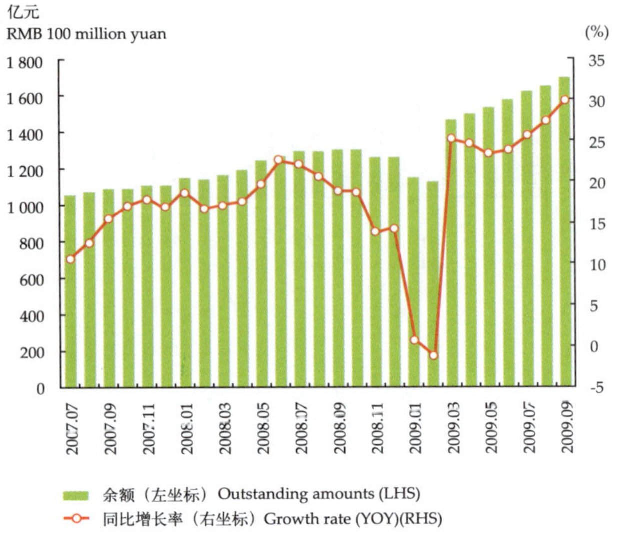

3. 基础货币
(3) Monetary base

基础货币余额及其增长趋势
Monetary base and its growth

单位：万亿元
Unit: RMB trillion yuan

年/月 Year/Month	余额 Outstanding amounts	同比增长率(%) Growth rate (YOY) (%)
2008.07	11.64	40.3
2008.08	11.76	41.0
2008.09	11.73	33.4
2008.10	11.57	30.9
2008.11	11.93	29.4
2008.12	12.92	27.5
2009.01	12.97	18.4
2009.02	12.54	17.2
2009.03	12.43	19.2
2009.04	12.43	16.7
2009.05	12.28	13.0
2009.06	12.39	7.4
2009.07	12.47	7.1
2009.08	12.43	5.7
2009.09	13.34	13.7

助学贷款余额及其增长趋势
Student loans and their growth

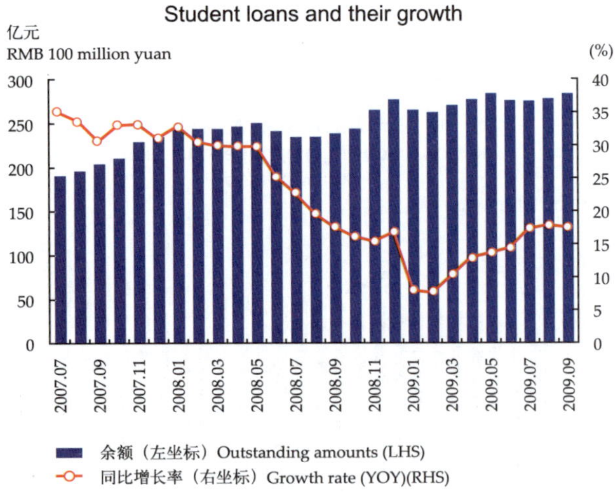

基础货币余额及其增长趋势
Monetary base and its growth

基础货币构成
Composition of monetary base

单位：亿元
Unit: RMB 100 million yuan

年/季 Year/Quarter	货币发行 Currency issue	金融性公司存款 Deposits of financial corporations	非金融性公司存款 Deposits of non-financial corporations
2007 Q3	31 805	56 133	274
2007 Q4	32 972	68 416	158
2008 Q1	33 438	70 787	—
2008 Q2	33 076	82 277	—
2008 Q3	34 876	82 460	—
2008 Q4	37 116	92 107	—
2009 Q1	36 854	87 423	—
2009 Q2	36 721	87 209	—
2009 Q3	40 505	92 902	—

注：自2008年起，本表不再包含非金融性公司存款。
Note: Since 2008, deposits of non-financial corporations are no longer included on this table.

基础货币构成
Composition of monetary base

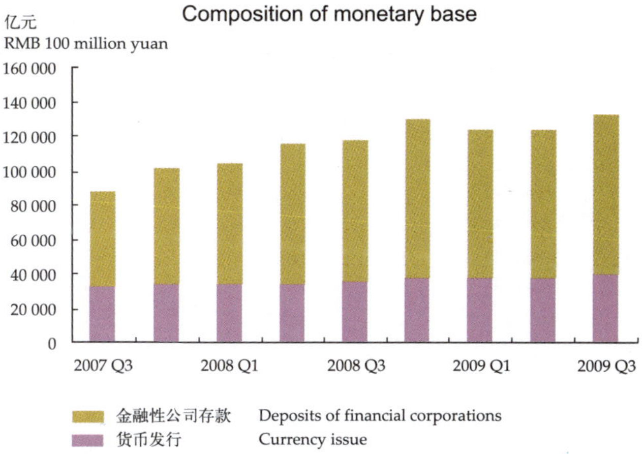

金融性公司存款
Deposits of financial corporations

单位：亿元
Unit: RMB 100 million yuan

年/季 Year/Quarter	金融性公司存款 Deposits of financial corporations	其他存款性公司存款 Deposits of other depository corporations	其他金融性公司存款 Deposits of other financial corporations
2007 Q3	56 133	55 979	154
2007 Q4	68 416	68 095	321
2008 Q1	70 787	70 608	178
2008 Q2	82 277	82 177	100
2008 Q3	82 460	82 379	81
2008 Q4	92 107	91 895	212
2009 Q1	87 423	87 319	104
2009 Q2	87 209	87 121	88
2009 Q3	92 902	92 798	104

金融机构存款准备金和超额存款准备金率
Reserves and excess reserve ratio of financial institutions

金融机构法定人民币存款准备金率
Official RMB reserve requirement ratios of financial institutions

单位：%，Unit: %

日期 Date	执行一般存款准备金率的金融机构* Financial institutions with common reserve requirement ratios	执行差别存款准备金率的金融机构 Financial institutions with differentiated reserve requirement ratios	农村合作银行 Rural cooperative banks	城市信用社 Urban credit cooperatives	农村信用社 Rural credit cooperatives
2006.07.05	8.0	8.5	7.5	6.5	6.0
2006.08.15	8.5	9.0	7.5	7.0	6.0
2006.11.15	9.0	9.5	8.0	7.5	6.5
2007.01.15	9.5	10.0	8.5	8.0	7.0
2007.02.25	10.0	10.5	9.0	8.5	7.5
2007.04.16	10.5	11.0	9.5	9.0	8.0
2007.05.15	11.0	11.5	10.0	9.5	8.5
2007.06.05	11.5	12.0	10.5	10.0	9.0
2007.08.15	12.0	12.5	11.0	10.5	9.5
2007.09.25	12.5	13.0	11.5	11.0	10.0
2007.10.25	13.0	13.5	12.0	11.5	10.5
2007.11.26	13.5	14.0	12.5	12.0	11.0
2007.12.25	14.5	15.0	13.5	13.0	12.0
2008.01.25	15.0	15.5	14.0	13.5	12.5
2008.03.25	15.5	16.0	14.5	14.0	13.0
2008.04.25	16.0	16.5	15.0	14.5	13.5
2008.05.20	16.5	17.0	15.5	15.0	14.0
2008.06.15	17.0	17.5	16.0	15.5	14.5
2008.06.25	17.5	18.0	16.5	16.0	15.0
2008.09.25	16.5①	17.0	15.5	15.0	14.0
2008.10.15	16.0②	16.5	15.0	14.5	13.5
2008.12.05	14.0③	14.5	13.0	11.5	11.5
2008.12.25	13.5④	14.0	11.0	11.0	11.0

注：*包括中国农业发展银行、国有商业银行、股份制商业银行、城市商业银行、农村商业银行、财务公司、金融租赁公司、有关外资金融机构，但执行差别存款准备金率的金融机构除外。

①中国工商银行、中国农业银行、中国银行、中国建设银行、交通银行和中国邮政储蓄银行的存款准备金率为17.5%。

②中国工商银行、中国农业银行、中国银行、中国建设银行、交通银行和中国邮政储蓄银行的存款准备金率为17%。

③中国工商银行、中国农业银行、中国银行、中国建设银行、交通银行和中国邮政储蓄银行的存款准备金率为16%。

④中国工商银行、中国农业银行、中国银行、中国建设银行、交通银行和中国邮政储蓄银行的存款准备金率为15.5%。

Notes: *Including the Agricultural Development Bank of China, state-owned commercial banks, joint-stock commercial banks, city commercial banks, rural commercial banks, finance companies, financial leasing companies, and foreign-funded financial institutions, excluding financial institutions with related differentiated reserve requirement ratios.

1. The deposit reserve rate of the Industrial and Commercial Bank of China,the Agricultural Bank of China,the Bank of China,the China Construction Bank,the Bank of Communication is 17.5 percent.
2. The deposit reserve rate of the Industrial and Commercial Bank of China,the Agricultural Bank of China,the Bank of China,the China Construction Bank,the Bank of Communication is 17 percent.
3. The deposit reserve rate of the Industrial and Commercial Bank of China,the Agricultural Bank of China,the Bank of China,the China Construction Bank,the Bank of Communication is 16 percent.
4. The deposit reserve rate of the Industrial and Commercial Bank of China,the Agricultural Bank of China,the Bank of China,the China Construction Bank,the Bank of Communication is 15.5 percent.

4.利率
(4) Interest rates

中央银行基准利率
Central bank benchmark interest rates

单位：年利率%
Unit: annual interest rate%

日期 Date	法定存款准备金 Required reserves	超额存款准备金 Excess reserves	对金融机构贷款 Lending to financial institutions				再贴现 Rediscount
			1年期 1-year	6个月以内 6-month and less	3个月以内 3-month and less	20天以内 20 days and less	
1996.05.01	8.82	8.82	10.98	10.17	10.08	9.00	*
1996.08.23	8.28	7.92	10.62	10.17	9.72	9.00	*
1997.10.23	7.56	7.02	9.36	9.09	8.82	8.55	*
1998.03.25	5.22	7.02	7.92	7.02	6.84	6.39	6.03
1998.07.01	3.51	7.02	5.67	5.58	5.49	5.22	4.32
1998.12.07	3.24	7.02	5.13	5.04	4.86	4.59	3.96
1999.06.10	2.07	7.02	3.78	3.69	3.51	3.24	2.16
2001.09.11	2.07	7.02	3.78	3.69	3.51	3.24	2.97
2002.02.21	1.89	7.02	3.24	3.15	2.97	2.70	2.97
2003.12.20	1.89	1.62	3.24	3.15	2.97	2.70	2.97
2004.03.25	1.89	1.62	3.87	3.78	3.60	3.33	3.24
2005.03.17	1.89	0.99	3.87	3.78	3.60	3.33	3.24
2008.01.01	1.89	0.99	4.68	4.59	4.41	4.14	4.32
2008.11.27	1.62	0.72	3.60	3.51	3.33	3.06	2.97
2008.12.23	1.62	0.72	3.33	3.24	3.06	2.79	1.80

注：①1998年3月法定存款准备金和超额存款准备金两个账户合并为准备金账户。
②*按同档次中央银行贷款利率下浮5%～10%。
③从2004年3月25日起，中国人民银行决定实行再贷款浮息制度。

Notes: 1. The required reserves account and excess reserves account were merged into the reserves account in March 1998.
2. *The interest rate is 5%−10% below that of the central bank lending rate of the same tranche.
3. Since March 25, 2004, the PBC has been authorized by the State Council to adjust the interest rates changed on central bank lending(rediscount)within the range specified by the State Council.

法定存款准备金利率和再贴现利率
Required reserves interest rates and rediscount interest rates

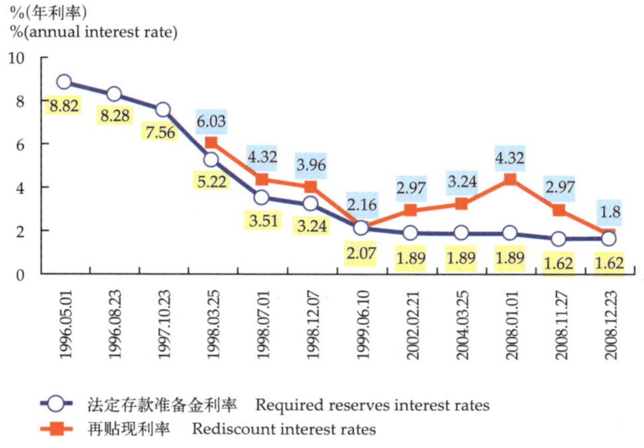

对金融机构贷款利率
Interest rates of central bank lending to financial institutions

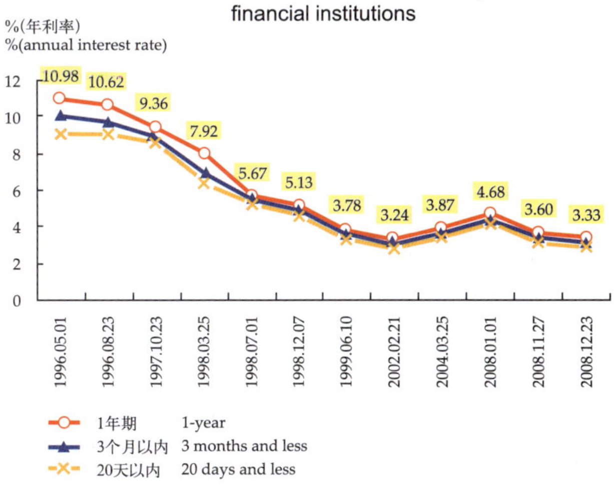

金融机构法定人民币存款利率
Official RMB deposit interest rates in financial institutions

单位：年利率%
Unit: annual interest rate %

日期 Date	活期 Demand deposits	定期 Time deposits					
		3个月 3-month	6个月 6-month	1年 1-year	2年 2-year	3年 3-year	5年 5-year
1990.04.15	2.88	6.30	7.74	10.08	10.98	11.88	13.68
1990.08.21	2.16	4.32	6.48	8.64	9.36	10.08	11.52
1991.04.21	1.80	3.24	5.40	7.56	7.92	8.28	9.00
1993.05.15	2.16	4.86	7.20	9.18	9.90	10.80	12.06
1993.07.11	3.15	6.66	9.00	10.98	11.70	12.24	13.86
1996.05.01	2.97	4.86	7.20	9.18	9.90	10.80	12.06
1996.08.23	1.98	3.33	5.40	7.47	7.92	8.28	9.00
1997.10.23	1.71	2.88	4.14	5.67	5.94	6.21	6.66
1998.03.25	1.71	2.88	4.14	5.22	5.58	6.21	6.66
1998.07.01	1.44	2.79	3.96	4.77	4.86	4.95	5.22
1998.12.07	1.44	2.79	3.33	3.78	3.96	4.14	4.50
1999.06.10	0.99	1.98	2.16	2.25	2.43	2.70	2.88
2002.02.21	0.72	1.71	1.89	1.98	2.25	2.52	2.79
2004.10.29	0.72	1.71	2.07	2.25	2.70	3.24	3.60
2006.08.19	0.72	1.80	2.25	2.52	3.06	3.69	4.14
2007.03.18	0.72	1.98	2.43	2.79	3.33	3.96	4.41
2007.05.19	0.72	2.07	2.61	3.06	3.69	4.41	4.95
2007.07.21	0.81	2.34	2.88	3.33	3.96	4.68	5.22
2007.08.22	0.81	2.61	3.15	3.60	4.23	4.95	5.49
2007.09.15	0.81	2.88	3.42	3.87	4.50	5.22	5.76
2007.12.21	0.72	3.33	3.78	4.14	4.68	5.40	5.85
2008.10.09	0.72	3.15	3.51	3.87	4.41	5.13	5.58
2008.10.30	0.72	2.88	3.24	3.60	4.14	4.77	5.13
2008.11.27	0.36	1.98	2.25	2.52	3.06	3.60	3.87
2008.12.23	0.36	1.71	1.98	2.25	2.79	3.33	3.60

注：从2004年10月29日起，中国人民银行允许存款利率下浮，即所有存款类金融机构对其吸收的人民币存款的利率，可在不超过各档次存款基准利率的范围内浮动。存款利率不能上浮。

Note: Effective from October 29, 2004, the PBC decided to allow all financial institutions to float RMB deposit interest rates to not higher than the benchmark rates of different tranches. Deposit rates cannot be adjusted upward.

法定人民币存款利率
Official RMB deposit interest rates

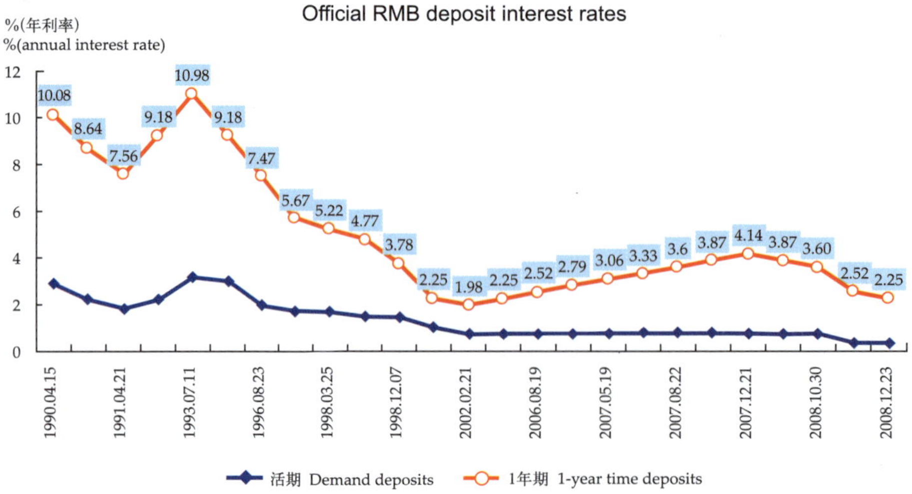

金融机构法定贷款利率
Official lending interest rates in financial institutions

单位：年利率%
Unit: annual interest rate %

日期 Date	短期贷款 Short-term loans		中长期贷款 Medium- and long-term loans		
	6个月以内(含6个月) 6-month and less (including 6 months)	6个月至1年(含1年) 6-month to 1-year (including 1 year)	1～3年(含3年) 1 to 3-year (including 3 years)	3～5年(含5年) 3 to 5-year (including 5 years)	5年以上 More than 5-year
1991.04.21	8.10	8.64	9.00	9.54	9.72
1993.05.15	8.82①	9.36①	10.80	12.06	12.24
1993.07.11	9.00①	10.98①	12.24	13.86	14.04
1995.01.01	9.00①	10.98①	12.96	14.58	14.76
1995.07.01	10.08①	12.06①	13.50	15.12	15.30
1996.05.01	9.72②	10.98②	13.14	14.94	15.12
1996.08.23	9.18②	10.08②	10.98	11.70	12.42
1997.10.23	7.65②	8.64②	9.36	9.90	10.53
1998.03.25	7.02②	7.92②	9.00	9.72	10.35
1998.07.01	6.57③	6.93③	7.11③	7.65③	8.01③
1998.12.07	6.12③	6.39③	6.66③	7.20③	7.56③
1999.06.10	5.58④	5.85④	5.94④	6.03④	6.21④
2002.02.21	5.04④	5.31④	5.49④	5.58④	5.76④
2004.10.29	5.22	5.58	5.76	5.85	6.12
2006.04.28	5.40	5.85	6.03	6.12	6.39
2006.08.19	5.58	6.12	6.30	6.48	6.84
2007.03.18	5.67	6.39	6.57	6.75	7.11
2007.05.19	5.85	6.57	6.75	6.93	7.20
2007.07.21	6.03	6.84	7.02	7.20	7.38
2007.08.22	6.21	7.02	7.20	7.38	7.56
2007.09.15	6.48	7.29	7.47	7.65	7.83
2007.12.21	6.57	7.47	7.56	7.74	7.83
2008.09.16	6.21	7.20	7.29	7.56	7.74
2008.10.09	6.12	6.93	7.02	7.29	7.47
2008.10.30	6.03	6.66	6.75	7.02	7.20
2008.11.27	5.04	5.58	5.67	5.94	6.12
2008.12.23	4.86	5.31	5.40	5.76	5.94

注：1. ①在法定贷款利率的基础上可上浮20%，下浮10%。城市信用社贷款利率可上浮30%，下浮10%。农村信用社贷款利率可上浮60%，下浮10%。②在法定贷款利率基础上可上浮10%，下浮10%。农村信用社贷款利率最高可上浮40%，下浮10%。③从1998年11月起，金融机构对小企业贷款利率可在法定利率基础上上浮20%，金融机构对大中型企业贷款利率可上浮10%。农村信用社贷款利率最高可上浮50%，金融机构贷款利率最低下浮10%。④从1999年9月起，金融机构对中小企业贷款利率可在法定利率基础上上浮30%，金融机构对大中型企业贷款利率最高上浮10%，金融机构贷款利率最低下浮10%。

2. 从2004年1月1日起，商业银行、城市信用社贷款利率的浮动区间上限扩大到贷款基准利率的1.7倍，农村信用社贷款利率的浮动区间扩大到贷款基准利率的2倍，金融机构贷款利率的浮动区间下限保持为贷款基准利率的0.9倍不变。

3. 从2004年10月29日起，金融机构（不含城乡信用社）的贷款利率原则上不再设定上限，贷款利率下限仍为基准利率的0.9倍。对城乡信用社贷款利率仍实行上限管理，最高上浮系数为贷款基准利率的2.3倍，贷款利率下浮幅度不变。

4. 从2005年3月17日起，调整商业银行自营性个人住房贷款政策：一是将现行的住房贷款优惠利率回归到同期贷款利率水平，实行下限管理，下限利率水平为相应期限档次贷款基准利率的0.9倍，商业银行法人可根据具体情况自主确定利率水平和内部定价规则。以5年期以上个人住房贷款为例，其利率下限为贷款基准利率6.12%的0.9倍（即5.51%），比现行优惠利率5.31%高0.20个百分点。二是对房地产价格上涨过快的城市或地区，个人住房贷款的最低首付比例可由现行的20%提高到30%；具体调整的城市或地区，可由商业银行法人根据国家有关部门公布的各地房地产价格涨幅自行确定，不搞“一刀切”。

5. 从2006年8月19日起，商业性个人住房贷款利率的下限由贷款基准利率的0.9倍变为0.85倍，其他商业性贷款利率下限保持0.9倍不变。从2008年10月27日起，将商业性个人住房贷款利率的下限扩大为贷款基准利率的0.7倍。

Notes: 1.① An upward floating band of 20% and a downward band of 10% is allowed. Urban credit cooperatives can have an upward floating band of 30% and a downward band of 10%. Rural credit cooperatives can have an upward floating band of 60% and a downward band of 10%. ②An upward floating band of 10% and a downward band of 10% is allowed. The floating band of the lending rates of rural credit cooperatives is upward by 40% and downward by 10% at maximum. ③ As of November 1998, lending rates to small- and medium-sized enterprises and to large enterprises can float upward by 20% and 10% at maximum respectively on the basis of the official rates. For rural credit cooperatives, the lending rate can be 50% higher than the official interest rates. All financial institutions can float downward by a maximum of 10%. ④ As of September 1999, lending rates to small- and medium-sized enterprises can float upward by 30% on the basis of the official rates at maximum, and to large enterprises by 10%. The lending rates of all financial institutions can float downward by a maximum of 10%.

2. From January 1, 2004, the upper limit on lending rates at commercial banks and urban credit cooperatives was increased to 1.7 times that of the benchmark rates, and at rural credit cooperatives to 2 times the benchmark rates, while the lower limit of the lending rates at all financial institutions remained unchanged at 0.9 time the benchmark rates.

3. Effective from October 29, 2004, no upper limits were set for lending rates of financial institutions (excluding rural and urban credit cooperatives), while the lower limit remained unchanged, at 90 percent of the benchmark rate. For the rural and urban credit cooperatives, the upper limit still exists, with a ceiling of 230 percent of the benchmark rate, and the floor remains unchanged.

4. From March 17, 2005, an adjustment was made in the consumer housing loan policy: first, the current preferential interest rate for housing loans was removed, and a lower limit of 0.9 times the benchmark lending rate with the same maturity was imposed. Commercial banks as legal persons were allowed to set the interest rate and the internal pricing rules based on their own situations. Taking the consumer housing loans with a maturity of longer than five years as an example, the lower limit is set at 5.51 percent, which is 0.9 times the benchmark lending rate of 6.12 percent, 0.20 percentage point higher than the current preferential interest rate (5.31 percent). Second, the downpayment for consumer housing loans was raised from 20 percent to 30 percent in cities and areas where the price of real estate was believed to be rising too quickly. Adjustments can be decided by the commercial banks based on the growth rates of local real estate prices as published by the related government departments.

5. From August 19, 2006, the floor interest rates on commercial individual housing loans were adjusted from 0.9 times to 0.85 times the benchmark lending interest rate, and the floor interest rates on other commercial loans remained unchanged at 0.9 times the benchmark. From October 27,2008, the floor interest rates on commercial individual housing loans were adjusted to 0.7 times the benchmark lending rate.

法定贷款利率
Official lending interest rates

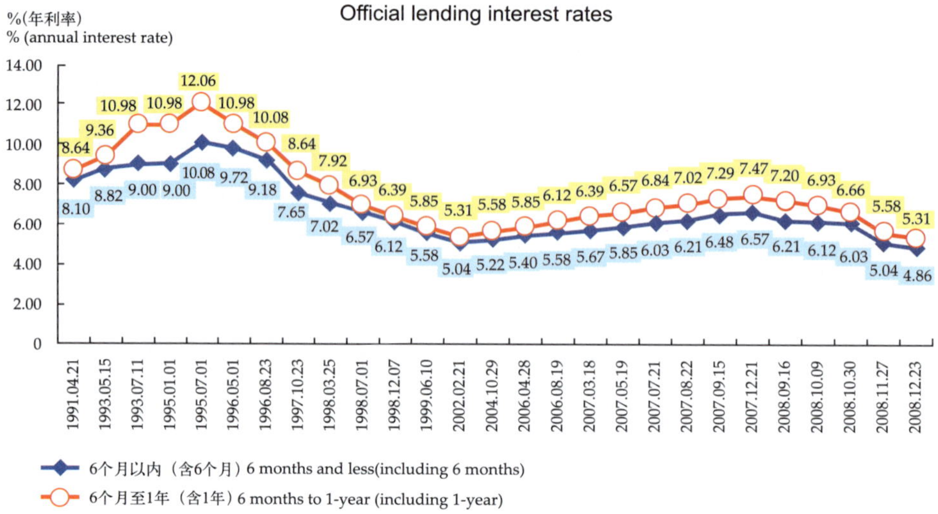

金融机构人民币贷款各利率区间占比表
Share of loans with floating rates in various ranges

单位：% Unit: %

日期 Date	下浮 Floating downward	基准 At benchmark	上浮 Floating upward					
	[0.9, 1.0)	1.0	小计 Subtotal	(1.0, 1.1]	(1.1, 1.3]	(1.3, 1.5]	(1.5, 2.0]	2.0以上 Above 2.0
2008.01	25.93	29.77	44.30	16.13	14.76	6.06	6.50	0.85
2008.02	26.51	30.04	43.45	15.46	14.22	5.92	6.91	0.94
2008.03	25.46	37.92	36.62	18.77	13.84	2.79	1.11	0.12
2008.04	20.47	28.87	50.66	17.10	16.34	7.32	8.60	1.30
2008.05	20.24	30.53	49.23	16.92	15.51	6.73	8.09	1.99
2008.06	21.60	32.81	45.58	16.40	14.24	6.13	7.66	1.15
2008.07	21.54	30.93	47.53	16.76	15.02	6.37	7.36	2.01
2008.08	18.92	30.46	50.62	17.81	15.79	7.31	8.07	1.64
2008.09	21.59	31.15	47.26	16.35	14.95	6.88	7.37	1.72
2008.10	23.34	29.87	46.79	15.59	13.90	6.81	8.40	2.10
2008.11	23.48	32.13	44.39	13.92	13.71	6.29	7.83	2.63
2008.12	25.56	30.13	44.31	14.00	13.81	5.75	7.27	3.49
2009.01	23.52	34.27	42.21	14.62	12.79	4.97	6.98	2.86
2009.02	28.82	33.56	37.62	12.29	10.36	4.82	6.98	3.18
2009.03	28.38	35.18	36.43	12.21	10.46	4.37	6.64	2.75
2009.04	26.72	33.48	39.80	12.18	11.07	5.46	7.97	3.12
2009.05	27.34	32.40	40.26	13.03	11.46	5.18	7.49	3.10
2009.06	30.47	33.70	35.83	12.66	10.24	4.70	5.82	2.41
2009.07	32.76	32.18	35.06	11.89	9.16	4.52	6.55	2.94
2009.08	30.91	30.79	38.31	13.34	10.68	5.03	6.45	2.81
2009.09	31.82	30.61	37.57	12.55	10.81	5.07	6.41	2.73

2009年第三季度金融机构人民币贷款各利率区间占比表
Share of loans with rates floating at various ranges in the third quarter of 2009

单位：% Unit: %

	下浮 Floating downward	基准 At benchmark	上浮 Floating upward					
	[0.9, 1.0)	1.0	小计 Subtotal	(1.0, 1.1]	(1.1, 1.3]	(1.3, 1.5]	(1.5, 2.0]	2.0以上 Above 2.0
四大国有商业银行 Four state-owned commercial banks	42.50	34.08	23.42	13.91	8.19	1.03	0.24	0.05
股份制商业银行 Joint-stock commercial banks	40.99	33.01	26.00	16.29	7.40	0.61	0.06	1.64
外资商业银行 Foreign commercial banks	37.85	28.41	33.74	19.67	10.47	2.34	0.84	0.42
城市商业银行 City commercial banks	19.00	23.59	57.41	15.39	23.15	9.18	7.70	1.99
城乡信用社 Urban and rural credit cooperatives	3.36	8.67	87.97	6.72	16.35	19.43	32.70	12.77
政策性银行 Policy banks	22.82	73.67	3.51	2.81	0.66	0	0.04	0
合计 Total	31.70	31.30	37.00	12.70	10.19	4.78	6.49	2.84

大额美元存款与美元贷款平均利率表
Average interest rates of large-value dollar deposits and loans

单位：% Unit: %

日期 Date	大额存款 Large-value deposits						贷款 Loans				
	活期 Demand	3个月以内 Within 3 months	3(含)～6个月 3~6 months (including 3 months)	6(含)～12个月 6~12 months (including 6 months)	1年 1 year	1年以上 Above 1 year	3个月以内 Within 3 months	3(含)～6个月 3~6 months (including 3 months)	6(含)～12个月 6~12 months (including 6 months)	1年 1 year	1年以上 Above 1 year
2008.01	1.95	3.77	4.21	3.81	4.21	5.43	6.04	5.95	5.68	5.30	4.42
2008.02	1.61	3.36	3.84	3.35	4.67	—	6.02	5.82	5.71	5.29	3.94
2008.03	1.69	3.36	3.33	3.43	4.98	5.62	6.55	5.82	6.28	5.82	4.98
2008.04	1.67	3.84	4.42	5.89	4.45	7.53	6.63	6.79	6.55	6.20	5.07
2008.05	1.65	4.00	3.17	4.37	7.11	3.34	6.29	6.43	6.27	6.35	4.70
2008.06	1.50	3.36	4.04	4.53	6.96	8.30	6.24	6.53	6.46	6.34	5.54
2008.07	1.73	3.71	5.11	4.60	6.43	4.30	6.27	6.33	5.95	6.14	4.79
2008.08	1.65	3.78	3.78	5.48	5.72	3.24	5.14	6.09	6.04	5.95	4.89
2008.09	1.75	3.40	4.39	4.29	5.22	4.97	6.16	5.71	5.88	5.58	5.35
2008.10	1.68	4.00	5.28	4.96	5.64	3.69	6.56	7.15	6.63	6.38	5.78
2008.11	1.18	2.01	2.98	4.28	3.48	3.29	3.93	4.73	5.30	5.08	4.32
2008.12	0.85	1.22	1.94	3.03	2.95	2.51	3.65	4.02	4.08	4.14	3.81
2009.01	0.34	0.55	1.36	1.26	1.91	1.46	2.89	3.33	3.48	3.04	3.62
2009.02	0.16	0.48	1.46	1.79	1.95	5.01	2.18	2.87	3.13	2.61	2.74
2009.03	0.15	0.55	1.32	1.77	2.20	1.30	2.23	2.44	3.05	2.51	3.39
2009.04	0.10	0.36	1.13	1.39	1.58	3.73	1.98	2.26	2.37	2.14	3.59
2009.05	0.11	0.36	0.90	1.17	1.49	5.00	1.59	1.86	1.79	1.49	2.63
2009.06	0.11	0.32	0.76	1.05	1.68	1.12	1.49	1.48	1.52	1.44	3.53
2009.07	0.10	0.32	0.65	1.08	1.52	1.98	1.51	1.47	1.51	1.36	2.61
2009.08	0.10	0.35	0.67	0.93	1.89	1.66	1.41	1.37	1.42	1.53	2.71
2009.09	0.13	0.37	0.61	0.74	1.82	2.33	1.33	1.37	1.51	1.59	2.59

八、金融市场
8. Financial Market

2009年前三个季度，我国国内非金融部门融资量达到112 328亿元，其中贷款融资占83.2%，国债、企业债和股票融资合计占16.8%。与2008年同期相比，贷款融资比重下降了3.6个百分点，股票融资比重下降了4.3个百分点，国债融资比重上升了5.9个百分点，企业债融资比重上升了2.0个百分点。

In the first three quarters of 2009, a total of RMB11,232.8 billion yuan worth of funds was raised by the domestic non-financial sectors, of which 83.2 percent was financed through banking loans and 16.8 percent was raised through the issuance of government securities and corporate bonds and stocks. The ratio of financing through the bank loans and stock market was down by 3.6 percentage points and 4.3 percentage points, while the ratio of government securities and corporate bonds were up by 5.9 percentage points and 2.0 percentage points respectively.

月度累计国内金融市场融资量构成变化
Structural change of accumulated funds raised in the domestic financial market

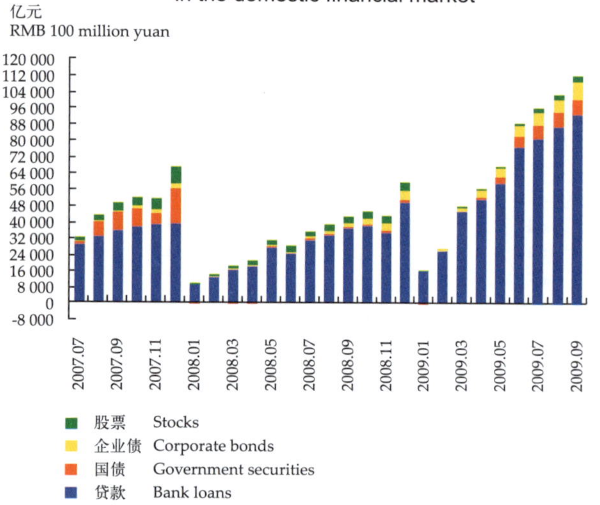

注：自2007年1月开始，股票融资额不再包含金融机构股票融资额。
Note: Since January 2007, fund raised through stocks does not be included.

1.货币市场
(1) Money market

银行间市场交易量
Transaction volume in the inter-bank market

单位：万亿元
Unit: RMB trillion yuan

年 Year	债券回购 Repurchasing	同业拆借 Inter-bank borrowing	现券买卖 Outright transactions
1999	0.39	0.33	0.01
2000	1.58	0.67	0.07
2001	4.01	0.81	0.08
2002	10.19	1.21	0.44
2003	11.72	2.41	3.08
2004	9.44	1.46	2.50
2005	15.90	1.28	6.01
2006	26.60	2.15	10.23
2007	44.79	10.65	15.60
2008	58.12	15.05	37.12

银行间市场交易量
Transaction volume in the inter-bank market

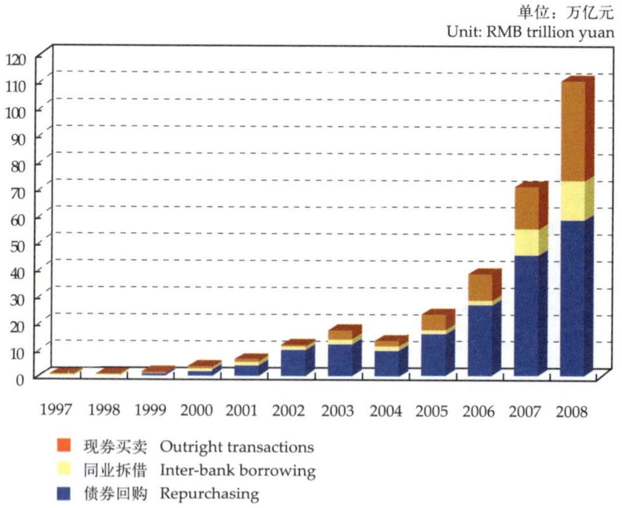

银行间市场月加权平均利率
Monthly weighted average interest rates in the inter-bank market

单位：% Unit: %

年/月 Year/Month	拆借市场 Inter-bank borrowing market	质押式债券回购 Bond-pledged repurchasing
2008.07	2.69	2.76
2008.08	2.80	2.86
2008.09	2.89	2.90
2008.10	2.70	2.68
2008.11	2.30	2.28
2008.12	1.24	1.22
2009.01	0.90	0.90
2009.02	0.87	0.86
2009.03	0.84	0.84
2009.04	0.86	0.84
2009.05	0.85	0.85
2009.06	0.91	0.91
2009.07	1.32	1.35
2009.08	1.21	1.23
2009.09	1.27	1.28

银行间市场月加权平均利率
Monthly weighted average interest rates in the inter-bank market

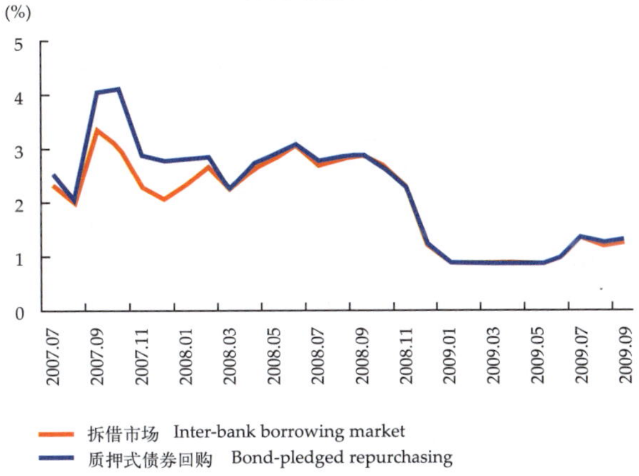

2009年1～9月各品种Shibor走势图
Movements of the Shibor in the first three quarters of 2009

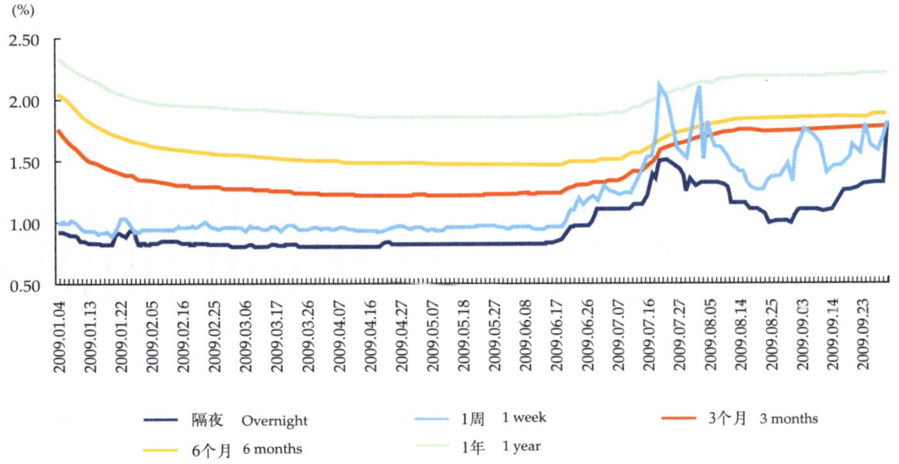

全国银行间同业拆借各期限当月交易量及月加权平均利率
Monthly transaction volume and monthly weighted average interest rates of inter-bank borrowing with different maturities

单位：亿元
Unit: RMB 100 million yuan

年/月 Year/Month	隔夜 Overnight		7天 7 days		8～14天 8 to 14 days		15～20天 15 to 20 days		21～30天 21 to 30 days		31～60天 31 to 60 days		3个月 3 months		4个月 4 months		6个月 6 months		9个月 9 months		1年 1 year	
	交易量 Volume	利率 Rate	交易量 Volume	利率 Rate	交易量 Volume	利率 Rate	交易量 Volume	利率 Rate	交易量 Volume	利率 Rate	交易量 Volume	利率 Rate	交易量 Volume	利率 Rate	交易量 Volume	利率 Rate	交易量 Volume	利率 Rate	交易量 Volume	利率 Rate	交易量 Volume	利率 Rate
2008.07	8 841.1	2.49	3 621.6	3.03	285.9	3.21	244.8	3.05	104.8	3.37	12.7	4.23	71.5	4.46	22.2	4.52	25.2	4.57	13.8	4.63	4.7	4.71
2008.08	10 882.6	2.66	2 278.9	3.26	108.3	3.19	27.2	3.35	132.8	3.45	11.5	3.34	43.0	4.39	31.8	4.45	56.0	4.54	51.5	4.65	18.7	4.77
2008.09	8 737.4	2.72	2 303.0	3.16	786.8	3.45	67.9	3.18	83.5	3.47	22.7	3.98	58.2	4.38	30.6	4.43	28.6	4.56	22.3	4.61	26.7	4.70
2008.10	8 471.6	2.50	2 750.5	3.08	178.6	3.21	0.3	0.00	76.3	3.38	36.5	3.73	87.6	4.31	28.1	4.35	30.5	4.44	62.4	4.50	79.4	4.61
2008.11	8 544.1	2.14	2 884.5	2.68	134.5	2.59	3.2	0.03	120.4	2.99	62.7	2.65	46.4	3.87	8.6	3.94	24.1	4.11	20.5	4.25	15.8	4.32
2008.12	10 400.3	1.14	2 323.9	1.56	322.5	1.31	188.4	1.39	96.9	1.42	170.2	1.27	16.8	2.81	—	—	6.3	3.34	—	—	10.0	4.19
2009.01	4 867.0	0.86	782.9	1.03	384.4	1.00	145.0	1.02	55.4	1.25	4.4	1.71	30.5	1.82	1.0	2.45	—	—	—	—	—	—
2009.02	7 694.5	0.83	1 231.8	1.01	209.6	0.96	4.2	1.10	69.6	1.12	25.1	1.31	24.4	1.55	7.6	1.60	8.5	1.54	1.2	2.23	2.0	1.83
2009.03	14 435.0	0.81	1 613.8	0.99	458.7	0.96	2.4	1.21	152.7	1.04	29.2	1.12	21.8	1.54	0.9	1.31	17.1	1.52	—	—	1.0	1.65
2009.04	9 461.8	0.82	1 928.6	1.00	492.6	0.96	12.0	0.97	134.4	1.06	22.0	1.13	33.0	1.65	3.7	1.62	10.8	1.71	1.1	1.63	—	—
2009.05	12 880.4	0.81	2 072.5	1.00	598.5	0.96	21.6	0.99	100.5	1.08	11.2	1.06	31.8	1.38	1.1	1.29	15.0	1.53	—	—	0.3	2.16
2009.06	15 721.6	0.87	2 912.5	1.06	377.3	1.06	23.0	0.99	114.7	1.10	29.0	1.33	45.0	1.38	1.2	1.38	2.0	2.20	2.0	2.26	1.0	1.85
2009.07	17 227.8	1.26	2 542.1	1.62	611.2	1.52	35.0	1.34	137.2	1.50	22.7	1.70	26.9	1.86	3.6	1.70	15.5	1.79	—	—	2.0	2.61
2009.08	14 310.2	1.16	1 450.9	1.49	587.8	1.57	60.5	1.27	49.2	1.72	1.0	1.76	43.1	1.80	—	—	2.0	2.94	1.5	3.20	2.0	2.80
2009.09	17 078.5	1.20	2 542.0	1.57	822.6	1.65	112.0	1.60	116.7	1.67	7.6	1.88	30.4	1.97	6.3	1.82	17.1	2.21	6.7	2.01	4.0	2.16

全国银行间同业拆借各期限月加权平均利率
Monthly weighted average interest rates of inter-bank borrowing with different maturities

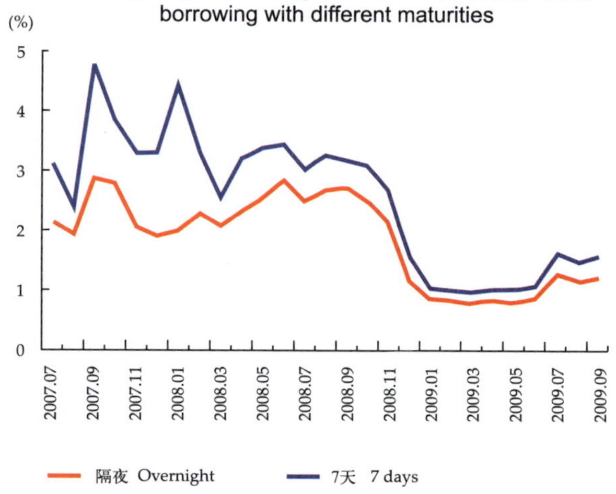

全国银行间同业拆借各期限当月交易量
Monthly transaction volume of inter-bank borrowing with different maturities

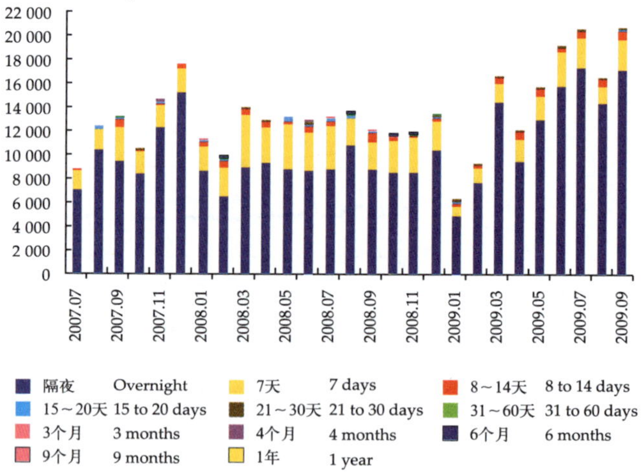

2.债券市场
(2) Bond market

债券回购交易成交金额
Turnover of repurchasing

单位：亿元
Unit: RMB 100 million yuan

年/月 Year/Month	银行间债券市场 Inter-bank bond market	交易所 Stock exchanges
2008.07	44 699	1 947
2008.08	52 254	1 920
2008.09	51 853	2 404
2008.10	48 450	2 788
2008.11	61 226	2 938
2008.12	65 397	2 647
2009.01	38 041	1 849
2009.02	59 339	2 100
2009.03	71 473	2 079
2009.04	55 061	2 195
2009.05	57 608	2 023
2009.06	74 831	2 955
2009.07	60 963	4 317
2009.08	53 418	3 495
2009.09	63 284	4 157

债券现券交易成交金额
Turnover of outright transactions

单位：亿元
Unit: RMB 100 million yuan

年/月 Year/Month	银行间债券市场 Inter-bank bond market	交易所 Stock exchanges
2008.07	34 780	106
2008.08	35 662	171
2008.09	30 888	198
2008.10	34 681	235
2008.11	34 217	316
2008.12	38 635	332
2009.01	24 352	156
2009.02	33 186	217
2009.03	44 009	209
2009.04	39 951	200
2009.05	32 347	149
2009.06	43 135	177
2009.07	48 607	202
2009.08	48 490	167
2009.09	51 023	218

债券回购交易成交金额
Turnover of repurchasing

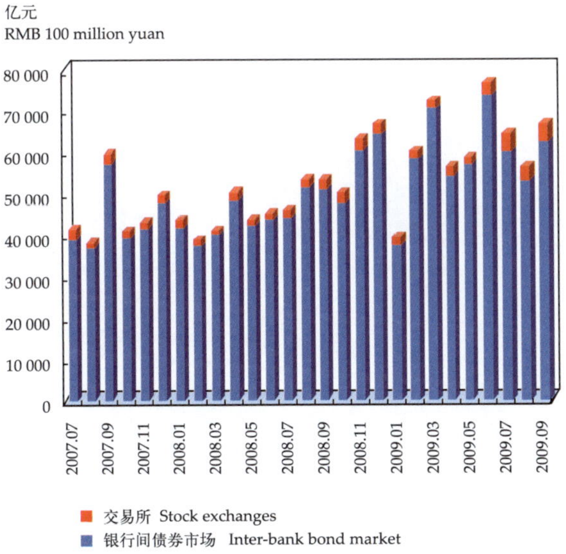

债券现券交易成交金额
Turnover of outright transactions

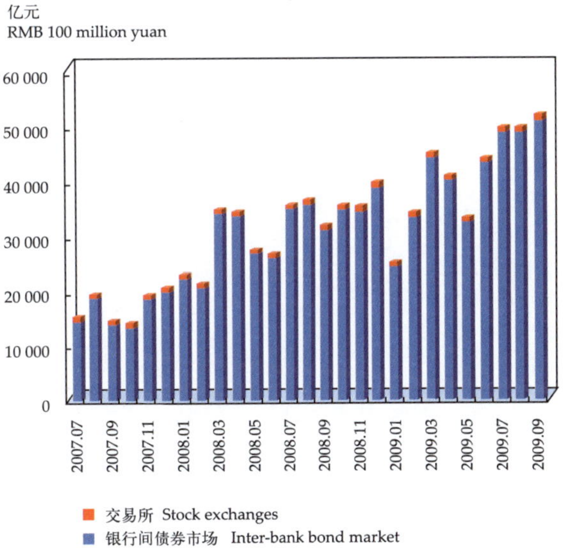

国债发行、兑付、期末余额
Issue and redemption values and end-period balance of government bonds

单位：亿元
Unit: RMB 100 million yuan

年/月 Year/Month	发行额 Issue value	兑付额 Redemption value	期末余额 End-period balance
2008.07	505.9	313.1	49 179.8
2008.08	906.0	325.4	49 375.5
2008.09	913.5	1 185.8	49 103.2
2008.10	673.8	243.0	49 534.0
2008.11	665.0	462.0	49 737.0
2008.12	991.9	961.0	49 767.8
2009.01	0.0	260.4	49 507.4
2009.02	489.3	240.5	49 756.2
2009.03	630.0	555.6	49 790.7
2009.04	2 489.2	1 556.9	50 574.1
2009.05	2 240.5	122.1	52 692.5
2009.06	2 828.7	1 040.6	54 480.6
2009.07	2 153.6	953.4	55 680.8
2009.08	1 711.9	761.9	56 630.9
2009.09	1 995.6	1 292.3	57 334.1

国债发行与兑付
Issue and redemption values of government bonds

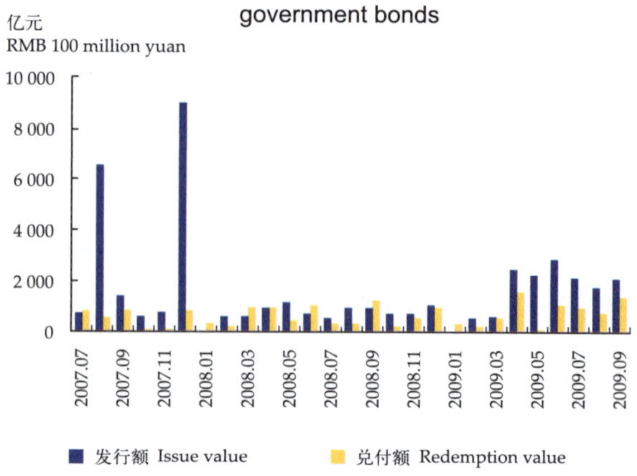

国债期末余额
Outstanding amounts of government bonds at end-period

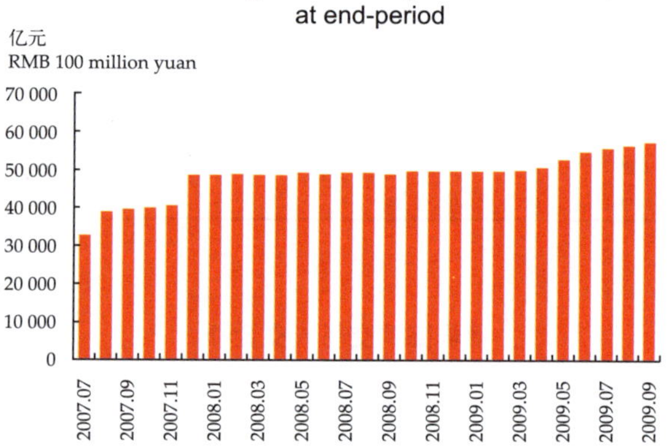

3.股票市场
(3) Stock market

股票成交、发行筹资额
Turnover of stock trading and funds raised in the stock market

单位：亿元
Unit: RMB 100 million yuan

年/月 Year/Month		成交金额 Turnover of stock trading		股票发行筹资额 Stock issues			股票配股筹资额 Issuance of share rights		企业可转债 Convertible corporate bonds	筹资合计 Total
		上海证券交易所 A股 A-shares on the Shanghai stock exchange	深圳证券交易所 A股 A-shares on the Shenzhen stock exchange	A股 A-shares	外资股(亿美元) Foreign-investment shares (USD100 million) B股 B-shares	外资股(亿美元) Foreign-investment shares (USD100 million) H股 H-shares	A股 A-shares	外资股(亿美元) Foreign-investment shares (USD100 million) B股 B-shares		
2005		19 061	12 038	336.4	—	189.1	2.6	—	0.0	1 883.6
2006		57 245	31 972	2 417.9	—	394.9	4.3	—	40.0	5 592.9
2007		301 960	152 811	7 292.8	—	125.4	227.8	—	52.3	8 521.5
2008		179 762	86 129	3 045.0	—	45.7	99.3	—	55.6	3 637.6
2006	1	2 167	1 283	—	—	1.4	—	—	—	11.0
	2	2 250	1 304	—	—	1.2	—	—	—	9.8
	3	2 463	1 451	—	—	6.35	—	—	—	50.9
	4	4 315	2 722	—	—	6.9	—	—	—	55.5
	5	6 642	3 952	18.7	—	6.2	—	—	—	68.2
	6	5 555	3 365	348.1	—	112.3	—	—	—	1 246.3
	7	4 991	3 047	200.5	—	—	—	—	7.4	207.8
	8	3 405	2 002	105.7	—	0.3	2.1	—	4.3	114.8
	9	4 205	2 265	193.4	—	40.1	—	—	—	511.0
	10	4 273	2 263	473.9	—	162.4	—	—	3.9	1 762.1
	11	6 817	3 322	321.8	—	—	—	—	3.2	325.0
	12	10 164	4 995	755.9	—	57.8	2.2	—	21.3	1 230.5
2007	1	16 993	8 169	265.1	—	—	7.2	—	2.0	274.3
	2	11 538	5 706	478.4	—	2.2	—	—	—	495.2
	3	20 976	10 825	117.2	—	—	—	—	—	117.2
	4	31 824	16 926	613.0	—	67.5	—	—	—	1 132.8
	5	38 259	19 167	92.2	—	5.4	—	—	4.4	138.0
	6	34 876	18 455	368.9	—	—	—	—	—	368.9
	7	21 292	11 262	295.0	—	1.9	—	—	20.0	329.6
	8	35 286	18 848	602.4	—	3.5	13.5	—	—	642.7
	9	30 218	15 660	1 823.0	—	0.4	14.8	—	6.4	1 847.1
	10	23 851	10 886	931.3	—	6.1	170.4	—	4.5	1 151.7
	11	17 241	7 649	742.3	—	4.4	10.7	—	—	785.2
	12	19 608	9 258	964.0	—	34.1	11.3	—	15.0	1 238.9
2008	1	30 623	15 665	771.1	—	—	16.6	—	—	787.6
	2	14 177	6 827	325.8	—	—	—	—	—	325.8
	3	19 350	9 056	115.1	—	28.8	—	—	—	369.5
	4	18 573	8 193	296.9	—	0.23	—	—	28	326.5
	5	19 727	9 627	310.2	—	3.49	37.44	—	—	428.8
	6	11 269	5 497	150.0	—	5.78	19.66	—	—	209.3
	7	15 275.8	7 909.1	180.4	—	—	—	—	—	191.1
	8	7 861.9	3 889.0	199.8	—	6.1	25.6	—	27.6	295.0
	9	8 086	3 395	15.8	—	—	—	—	—	15.8
	10	7 301	3 044	138.7	—	—	—	—	—	138.7
	11	11 839	5 201	264.9	—	—	—	—	—	264.9
	12	15 680	7 825	276.3	—	1.22	—	—	—	284.6
2009	1	9 737	5 136	86.7	—	—	—	—	—	86.7
	2	26 285	13 967	91.6	—	3.02	—	—	—	112.3
	3	24 997	12 432	86.4	—	—	—	—	—	76.9
	4	30 024	15 557	230.8	—	—	—	—	—	230.8
	5	24 141	12 805	213.7	—	—	—	—	—	213.7
	6	30 770	15 212	188.5	—	2.25	—	—	—	212.7
	7	47 202	23 434	853.7	—	11.16	—	—	—	937.0
	8	33 262	17 072	465.5	—	1.06	11.17	—	—	484.0
	9	28 262	15 791	324.2	—	36.48	4.38	—	21.15	600.2

月末加权平均市盈率
Weighted average price-earnings ratio at month-end

年/月 Year/Month	上海证券交易所A股 A-shares on the Shanghai stock exchange	上海证券交易所B股 B-shares on the Shanghai stock exchange	深圳证券交易所A股 A-shares on the Shenzhen stock exchange	深圳证券交易所B股 B-shares on the Shenzhen stock exchange
2008.07	20.9	18.4	25.3	11.9
2008.08	18.1	13.4	20.2	10.1
2008.09	18.7	14.1	18.9	8.2
2008.10	14.1	9.3	14.3	5.9
2008.11	15.2	11.2	16.5	6.6
2008.12	14.9	11.7	17.1	7.3
2009.01	16.3	13.2	19.1	7.6
2009.02	17.0	13.9	20.6	8.1
2009.03	19.4	17.1	25.5	11.1
2009.04	20.2	17.2	30.9	12.7
2009.05	22.5	15.1	32.8	14.7
2009.06	25.4	16.4	35.9	17.4
2009.07	29.5	18.8	41.9	19.2
2009.08	23.0	16.0	33.5	16.4
2009.09	24.1	16.6	35.4	17.6

成交金额
Turnover of stock trading

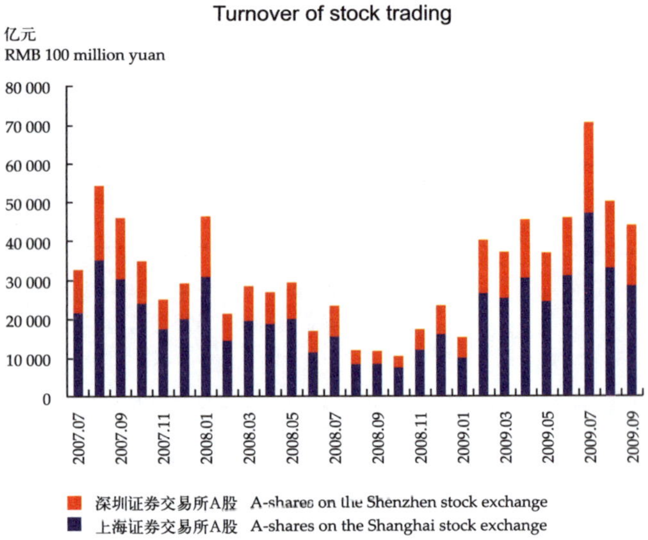

月末加权平均市盈率
Weighted average price-earnings ratio at month-end

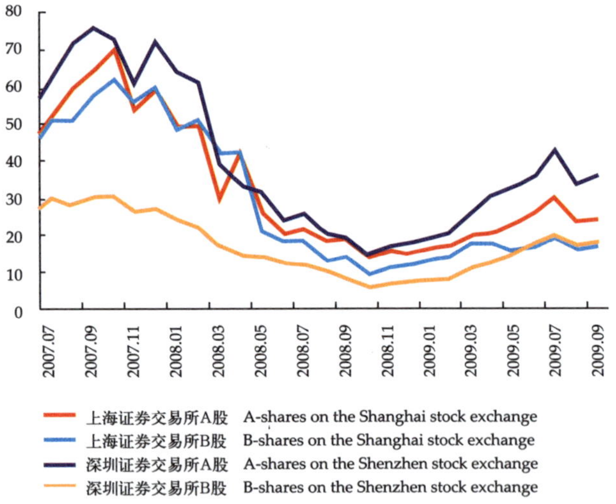

月末收盘指数
Closing index at month-end

4.票据市场
(4) Commercial paper market

票据市场交易额与期末余额
Transactions and outstanding balance of commercial paper market

单位：亿元
Unit: RMB 100 million yuan

年/月 Year/Month	商业汇票 Drafts	贴现 Discount bills	再贴现 Rediscount bills
发生额 Transactions during the period			
2008.07	5 790	11 300	5
2008.08	5 056	8 779	11
2008.09	6 758	16 531	14
2008.10	6 259	8 918	5
2008.11	5 112	12 420	1
2008.12	8 207	18 309	11
2009.01	9 121	19 051	2
2009.02	9 765	21 630	—
2009.03	10 802	21 040	3
2009.04	7 746	18 359	3
2009.05	7 297	16 558	1
2009.06	9 478	30 137	5
2009.07	7 967	17 787	13
2009.08	6 531	15 401	33
2009.09	9 584	20 873	42
期末余额 Outstanding balance at the end of the period			
2008.07	29 061	14 140	41
2008.08	30 237	14 486	45
2008.09	30 700	14 869	44
2008.10	29 839	15 335	33
2008.11	31 227	16 880	20
2008.12	31 888	18 924	23
2009.01	35 903	23 341	13
2009.02	40 468	27 999	8
2009.03	45 148	31 175	7
2009.04	43 157	31 393	7
2009.05	49 055	34 611	5
2009.06	50 397	34 093	9
2009.07	48 499	30 815	18
2009.08	46 222	29 273	50
2009.09	43 303	26 040	86

商业汇票交易情况
Draft transactions

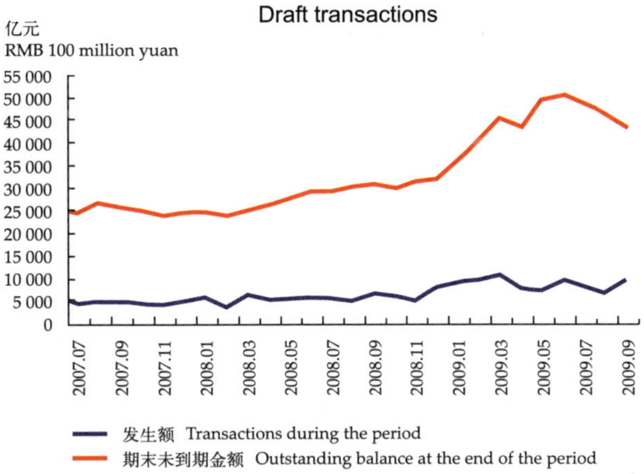

贴现情况
Discount bills

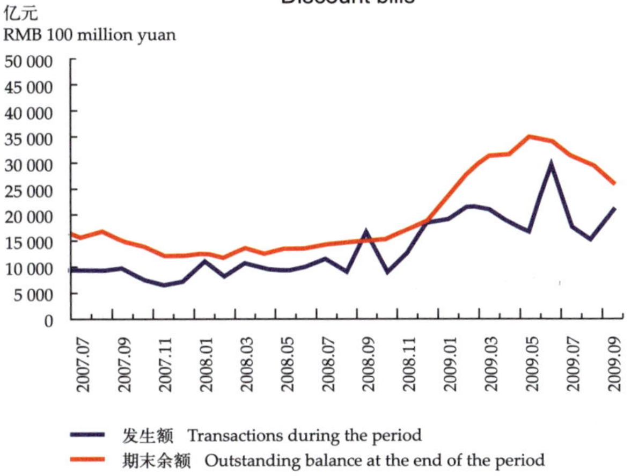

再贴现情况
Rediscount bills

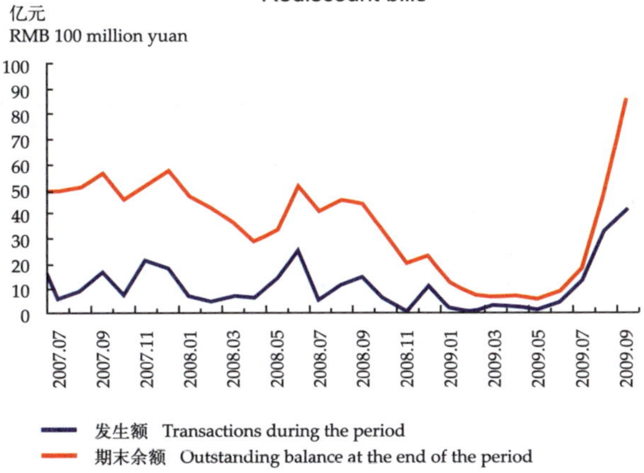

5.外汇市场
(5) Foreign exchange market

世界主要货币兑人民币月平均汇率
Monthly average exchange rate of the RMB against major foreign currencies

年/月 Year/Month	人民币元/美元 RMB yuan/USD	人民币元/欧元 RMB yuan/EUR	人民币元/100日元 RMB yuan/100JPY	人民币元/港元 RMB yuan/HKD
2008.07	6.8376	10.7794	6.4024	0.8766
2008.08	6.8515	10.2684	6.2684	0.8775
2008.09	6.8307	9.8285	6.3929	0.8767
2008.10	6.8316	9.0434	6.8560	0.8804
2008.11	6.8286	8.6809	7.0532	0.8810
2008.12	6.8424	9.2363	7.4888	0.8828
2009.01	6.8382	9.1043	7.5414	0.8816
2009.02	6.8357	8.7432	7.4097	0.8816
2009.03	6.8341	8.9150	6.9873	0.8814
2009.04	6.8312	8.9957	6.9072	0.8814
2009.05	6.8245	9.2922	7.0681	0.8805
2009.06	6.8332	9.5789	7.0765	0.8816
2009.07	6.8320	9.6145	7.2311	0.8815
2009.08	6.8322	9.7467	7.1994	0.8815
2009.09	6.8289	9.9354	7.4638	0.8811

世界主要货币兑人民币期末汇率
Exchange rate of the RMB against major foreign currencies at the end of the period

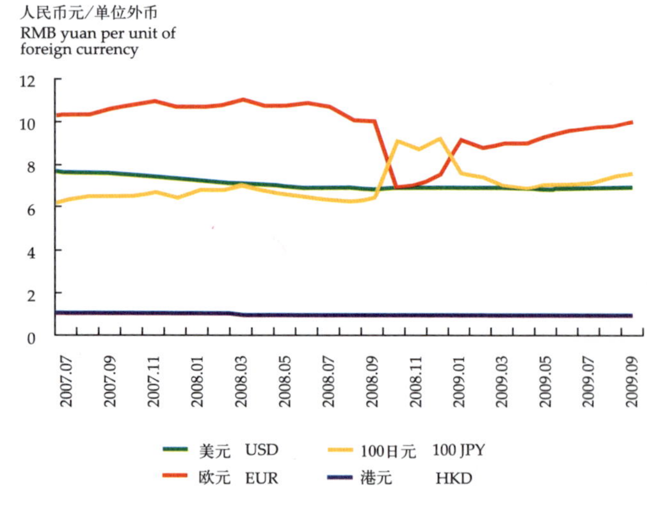

人民币元/美元中间价
Central parity of the RMB against the USD

2005年7月21日至2009年9月30日
From July 21, 2005 to Sept. 30, 2009

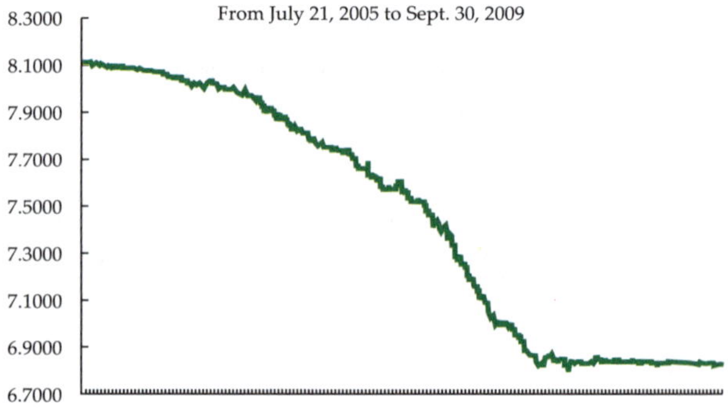

人民币元/欧元中间价
Central parity of the RMB against the EUR

2005年7月21日至2009年9月30日
From July 21, 2005 to Sept. 30, 2009

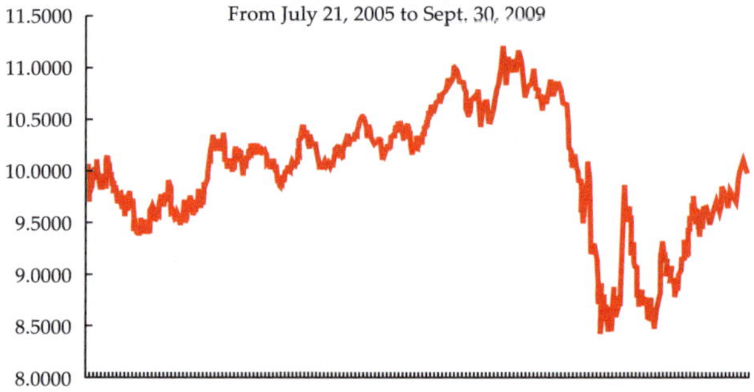

人民币元/日元中间价
Central parity of the RMB against the JPY

2005年7月21日至2009年9月30日
From July 21, 2005 to Sept. 30, 2009

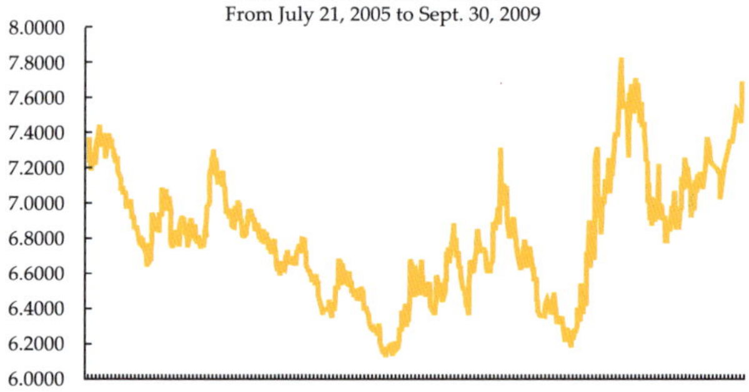

人民币元/港元中间价
Central parity of the RMB against the HKD

2005年7月21日至2009年9月30日
From July 21, 2005 to Sept. 30, 2009

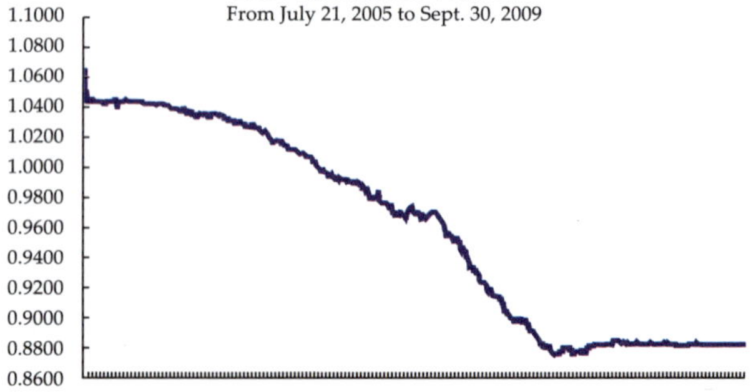

2009年1月5日以来人民币汇率中间价
Central parity of the RMB against major foreign currencies since January 5, 2009

日期 Date	人民币元/美元 RMB yuan/USD	人民币元/欧元 RMB yuan/EUR	人民币元/100日元 RMB yuan/100JPY	人民币元/港元 RMB yuan/HKD
2009.01.05	6.8367	9.5382	7.4284	0.8821
2009.01.06	6.8384	9.2927	7.3425	0.8820
2009.01.07	6.8389	9.2134	7.2758	0.8813
2009.01.08	6.8375	9.2795	7.3696	0.8812
2009.01.09	6.8363	9.3380	7.4832	0.8815
2009.01.12	6.8382	9.1659	7.6014	0.8815
2009.01.13	6.8395	9.1157	7.6462	0.8810
2009.01.14	6.8399	9.0379	7.6603	0.8813
2009.01.15	6.8392	9.0171	7.6668	0.8816
2009.01.16	6.8383	8.9927	7.5968	0.8818
2009.01.19	6.8360	9.1097	7.5096	0.8819
2009.01.20	6.8385	8.8938	7.5664	0.8815
2009.01.21	6.8396	8.8142	7.6089	0.8813
2009.01.22	6.8373	8.8762	7.6936	0.8820
2009.01.23	6.8380	8.8795	7.6715	0.8820
2009.02.02	6.8397	8.7261	7.6179	0.8818
2009.02.03	6.8398	8.7840	7.6516	0.8817
2009.02.04	6.8348	8.8668	7.6426	0.8817
2009.02.05	6.8360	8.7593	7.6491	0.8817
2009.02.06	6.8371	8.7457	7.5211	0.8813
2009.02.09	6.8346	8.8652	7.4386	0.8815
2009.02.10	6.8330	8.8071	7.4874	0.8815
2009.02.11	6.8337	8.8062	7.5577	0.8816
2009.02.12	6.8327	8.8183	7.5709	0.8815
2009.02.13	6.8334	8.8045	7.5357	0.8815
2009.02.16	6.8343	8.7284	7.4627	0.8815
2009.02.17	6.8352	8.7241	7.4433	0.8815
2009.02.18	6.8363	8.6103	7.4090	0.8815
2009.02.19	6.8369	8.5967	7.2915	0.8814
2009.02.20	6.8357	8.6372	7.2604	0.8814
2009.02.23	6.8337	8.7396	7.3354	0.8817
2009.02.24	6.8358	8.6637	7.2482	0.8816
2009.02.25	6.8361	8.7885	7.0665	0.8815
2009.02.26	6.8371	8.7122	7.0117	0.8821
2009.02.27	6.8379	8.6804	6.9924	0.8820
2009.03.02	6.8389	8.5996	7.0424	0.8812
2009.03.03	6.8392	8.5962	7.0348	0.8813
2009.03.04	6.8395	8.5309	6.9514	0.8813
2009.03.05	6.8365	8.6222	6.8843	0.8813
2009.03.06	6.8370	8.5886	6.9418	0.8811
2009.03.09	6.8355	8.6872	6.9658	0.8816
2009.03.10	6.8358	8.6343	6.9003	0.8816
2009.03.11	6.8347	8.6978	6.9254	0.8816
2009.03.12	6.8339	8.7730	7.0347	0.8812
2009.03.13	6.8334	8.8257	7.0050	0.8813
2009.03.16	6.8349	8.7996	6.9478	0.8816
2009.03.17	6.8327	8.8613	6.9389	0.8813
2009.03.18	6.8319	8.8880	6.9208	0.8813
2009.03.19	6.8301	9.1896	7.0863	0.8811
2009.03.20	6.8293	9.3271	7.2149	0.8810
2009.03.23	6.8304	9.3146	7.1024	0.8813
2009.03.24	6.8301	9.3374	6.9920	0.8813
2009.03.25	6.8328	9.2031	6.9779	0.8816
2009.03.26	6.8321	9.2882	6.9926	0.8816
2009.03.27	6.8317	9.2658	6.9364	0.8815
2009.03.30	6.8340	9.0684	6.9617	0.8818
2009.03.31	6.8359	9.0323	6.9630	0.8820
2009.04.01	6.8349	9.0159	6.9095	0.8818
2009.04.02	6.8341	9.0528	6.9339	0.8818

日期 Date	人民币元/美元 RMB yuan/USD	人民币元/欧元 RMB yuan/EUR	人民币元/100日元 RMB yuan/100JPY	人民币元/港元 RMB yuan/HKD
2009.04.03	6.8320	9.1873	6.8406	0.8815
2009.04.07	6.8340	9.1224	6.7926	0.8817
2009.04.08	6.8370	9.0303	6.7955	0.8821
2009.04.09	6.8358	9.0503	6.8488	0.8820
2009.04.10	6.8347	8.9610	6.7929	0.8819
2009.04.13	6.8332	8.9822	6.8107	0.8816
2009.04.14	6.8296	9.1035	6.8017	0.8812
2009.04.15	6.8293	9.0430	6.9098	0.8812
2009.04.16	6.8301	9.0557	6.8693	0.8813
2009.04.17	6.8311	8.9884	6.8513	0.8814
2009.04.20	6.8329	8.8712	6.8884	0.8817
2009.04.21	6.8342	8.8305	6.9705	0.8818
2009.04.22	6.8306	8.8279	6.9272	0.8813
2009.04.23	6.8295	8.8766	6.9828	0.8812
2009.04.24	6.8273	8.9642	6.9798	0.8809
2009.04.27	6.8253	9.0029	7.0429	0.8807
2009.04.28	6.8274	8.8869	7.0721	0.8809
2009.04.29	6.8265	8.9738	7.0496	0.8808
2009.04.30	6.8250	9.0837	6.9803	0.8806
2009.05.04	6.8225	9.0869	6.8668	0.8803
2009.05.05	6.8201	9.1294	6.8977	0.8800
2009.05.06	6.8232	9.0735	6.9127	0.8804
2009.05.07	6.8230	9.0661	6.9143	0.8804
2009.05.08	6.8221	9.1211	6.8740	0.8803
2009.05.11	6.8220	9.2977	6.9266	0.8803
2009.05.12	6.8242	9.2734	6.9934	0.8805
2009.05.13	6.8235	9.3537	7.1130	0.8804
2009.05.14	6.8250	9.2595	7.1537	0.8806
2009.05.15	6.8247	9.3120	7.1098	0.8806
2009.05.18	6.8267	9.1778	7.1974	0.8807
2009.05.19	6.8260	9.2414	7.0872	0.8804
2009.05.20	6.8251	9.2886	7.1165	0.8805
2009.05.21	6.8245	9.3973	7.2198	0.8803
2009.05.22	6.8239	9.5122	7.2525	0.8802
2009.05.25	6.8235	9.5543	7.2115	0.8802
2009.05.26	6.8285	9.5640	7.1970	0.8810
2009.05.27	6.8324	9.5500	7.1822	0.8813
2009.06.01	6.8317	9.6375	7.1913	0.8814
2009.06.02	6.8309	9.6630	7.0959	0.8812
2009.06.03	6.8302	9.7621	7.1427	0.8811
2009.06.04	6.8325	9.6844	7.1017	0.8814
2009.06.05	6.8334	9.6942	7.0721	0.8815
2009.06.08	6.8365	9.5513	6.9304	0.8819
2009.06.09	6.8366	9.5203	6.9446	0.8819
2009.06.10	6.8336	9.6118	7.0250	0.8816
2009.06.11	6.8348	9.5701	6.9572	0.8817
2009.06.12	6.8325	9.6379	6.9908	0.8815
2009.06.15	6.8343	9.5489	6.9635	0.8818
2009.06.16	6.8368	9.4136	7.0236	0.8821
2009.06.17	6.8340	9.4538	7.0848	0.8818
2009.06.18	6.8321	9.5366	7.1335	0.8815
2009.06.19	6.8338	9.5017	7.0681	0.8817
2009.06.22	6.8328	9.5072	7.1034	0.8816
2009.06.23	6.8339	9.4639	7.1619	0.8817
2009.06.24	6.8316	9.6230	7.1573	0.8815
2009.06.25	6.8331	9.5376	7.1200	0.8817
2009.06.26	6.8328	9.5895	7.1361	0.8816
2009.06.29	6.8316	9.5868	7.1674	0.8815
2009.06.30	6.8319	9.6408	7.1117	0.8815

2009年1月5日以来人民币汇率中间价
Central parity of the RMB against major foreign currencies since January 5, 2009

日期 Date	人民币元/美元 RMB yuan/USD	人民币元/欧元 RMB yuan/EUR	人民币元/100日元 RMB yuan/100JPY	人民币元/港元 RMB yuan/HKD
2009.07.01	6.8325	9.5911	7.0895	0.8816
2009.07.02	6.8309	9.6500	7.0761	0.8814
2009.07.03	6.8333	9.5461	7.1333	0.8817
2009.07.06	6.8330	9.5501	7.1374	0.8816
2009.07.07	6.8326	9.5482	7.1692	0.8816
2009.07.08	6.8336	9.4878	7.229	0.8817
2009.07.09	6.8325	9.4907	7.3555	0.8815
2009.07.10	6.8313	9.5580	7.3439	0.8814
2009.07.13	6.8320	9.5464	7.3625	0.8815
2009.07.14	6.8332	9.5610	7.3463	0.8817
2009.07.15	6.8328	9.5540	7.2988	0.8816
2009.07.16	6.8315	9.6167	7.2444	0.8815
2009.07.17	6.8310	9.6474	7.2821	0.8814
2009.07.20	6.8321	9.6633	7.2294	0.8815
2009.07.21	6.8311	9.7101	7.2675	0.8814
2009.07.22	6.8309	9.6920	7.3081	0.8814
2009.07.23	6.8307	9.7109	7.29	0.8814
2009.07.24	6.8318	9.6694	7.2035	0.8815
2009.07.27	6.8316	9.7016	7.201	0.8815
2009.07.28	6.8310	9.7229	7.1901	0.8814
2009.07.29	6.8314	9.6869	7.2175	0.8815
2009.07.30	6.8335	9.6045	7.1814	0.8817
2009.07.31	6.8323	9.625	7.158	0.8816
2009.08.03	6.8310	9.741	7.2087	0.8814
2009.08.04	6.8303	9.8315	7.1728	0.8813
2009.08.05	6.8306	9.8408	7.1701	0.8814
2009.08.06	6.8304	9.8433	7.1903	0.8813
2009.08.07	6.8316	9.8105	7.1591	0.8815
2009.08.10	6.8346	9.7068	7.0347	0.8818
2009.08.11	6.8352	9.6691	7.051	0.8819
2009.08.12	6.8351	9.6816	7.121	0.8819
2009.08.13	6.8343	9.717	7.112	0.8818
2009.08.14	6.8328	9.7644	7.1611	0.8816
2009.08.17	6.8333	9.679	7.2268	0.8817
2009.08.18	6.8339	9.6443	7.2107	0.8817
2009.08.19	6.8329	9.6692	7.2096	0.8814
2009.08.20	6.8318	9.7138	7.249	0.8813
2009.08.21	6.8313	9.7356	7.2646	0.8813
2009.08.24	6.8309	9.8027	7.2143	0.8813
2009.08.25	6.8311	9.7593	7.2498	0.8814
2009.08.26	6.8313	9.7643	7.2685	0.8814
2009.08.27	6.8320	9.7219	7.2739	0.8815
2009.08.28	6.8309	9.8116	7.2867	0.8813
2009.08.31	6.8312	9.7727	7.3537	0.8813
2009.09.01	6.8308	9.7885	7.339	0.8813
2009.09.02	6.8316	9.7033	7.3644	0.8814
2009.09.03	6.8307	9.745	7.417	0.8812
2009.09.04	6.8310	9.7379	7.3713	0.8813
2009.09.07	6.8305	9.7864	7.3391	0.8813
2009.09.08	6.8300	9.7952	7.3528	0.8813
2009.09.09	6.8292	9.903	7.3913	0.8812
2009.09.10	6.8288	9.939	7.4081	0.8811
2009.09.11	6.8282	9.9562	7.4527	0.8810
2009.09.14	6.8280	9.9242	7.536	0.8810
2009.09.15	6.8284	9.9964	7.5004	0.8811
2009.09.16	6.8281	10.0233	7.5133	0.8810
2009.09.17	6.8272	10.0428	7.4876	0.8809
2009.09.18	6.8271	10.0584	7.4879	0.8809
2009.09.21	6.8280	10.0426	7.4652	0.8810
2009.09.22	6.8289	10.0416	7.4352	0.8811
2009.09.23	6.8271	10.0959	7.5093	0.8809
2009.09.24	6.8280	10.0662	7.4807	0.8810
2009.09.25	6.8287	9.9924	7.5127	0.8811
2009.09.28	6.8279	10.0012	7.6744	0.8810
2009.09.29	6.8288	9.9724	7.5914	0.8811
2009.09.30	6.8290	9.9659	7.5747	0.8811

九、中央银行公开市场业务
9. Central Bank Open Market Operations

中央银行公开市场业务交易
Central bank open market operations

日期 Date		操作工具 Mode of transaction	招标方式 Mode of bidding	期限品种(天) Maturity (Day)	招标数量(亿元) Bidding amount (RMB 100 million yuan)	实际发行量/买入面额(亿元) Actual issue/ purchasing face value (RMB 100 million yuan)	发行价格(元)/买入金额(亿元) Issue price (RMB yuan)/ purchasing amount (RMB 100 million yuan)	中标利率/参考收益率(%) Interest rate of successful bidding/ reference yield (%)
2009.01.06	周二 Tuesday	正回购 Reverse repurchase	利率招标 Interest rate bidding	28天 28-day	500	500	—	0.9000
2009.01.08	周四 Thursday	中央银行票据 Central bank bills	价格招标 Price bidding	91天 91-day	500	500	99.76	0.9650
2009.01.13	周二 Tuesday	正回购 Reverse repurchase	利率招标 Interest rate bidding	28天 28-day	300	300	—	0.9000
2009.01.15	周四 Thursday	正回购 Reverse repurchase	利率招标 Interest rate bidding	91天 91-day	300	300	—	1.0000
2009.01.20	周二 Tuesday	正回购 Reverse repurchase	利率招标 Interest rate bidding	28天 28-day	200	200	—	0.9000
2009.01.22	周四 Thursday	中央银行票据 Central bank bills	价格招标 Price bidding	91天 91-day	200	200	99.76	0.9650
2009.02.03	周二 Tuesday	正回购 Reverse repurchase	利率招标 Interest rate bidding	28天 28-day	800	800	—	0.9000
2009.02.05	周四 Thursday	正回购 Reverse repurchase	利率招标 Interest rate bidding	91天 91-day	500	500	—	0.9600
		中央银行票据 Central bank bills	价格招标 Price bidding	91天 91-day	300	300	99.76	0.9650
2009.02.10	周二 Tuesday	正回购 Reverse repurchase	利率招标 Interest rate bidding	28天 28-day	650	650	—	0.9000
2009.02.12	周四 Thursday	中央银行票据 Central bank bills	价格招标 Price bidding	91天 91-day	350	350	99.76	0.9650
2009.02.17	周二 Tuesday	正回购 Reverse repurchase	利率招标 Interest rate bidding	91天 91-day	1 200	1 200	—	0.9600
2009.02.19	周四 Thursday	正回购 Reverse repurchase	利率招标 Interest rate bidding	28天 28-day	650	650	—	0.9000
		中央银行票据 Central bank bills	价格招标 Price bidding	91天 91-day	350	350	99.76	0.9650
2009.02.24	周二 Tuesday	正回购 Reverse repurchase	利率招标 Interest rate bidding	28天 28-day	800	800	—	0.9000
2009.02.26	周四 Thursday	正回购 Reverse repurchase	利率招标 Interest rate bidding	90天 90-day	500	500	—	0.9600
		中央银行票据 Central bank bills	价格招标 Price bidding	91天 91-day	400	400	99.76	0.9650

中央银行公开市场业务交易
Central bank open market operations

续表

日期 Date		操作工具 Mode of transaction	招标方式 Mode of bidding	期限品种(天) Maturity (Day)	招标数量(亿元) Bidding amount (RMB 100 million yuan)	实际发行量/买入面额(亿元) Actual issue/purchasing face value (RMB 100 million yuan)	发行价格(元)/买入金额(亿元) Issue price (RMB yuan)/purchasing amount (RMB 100 million yuan)	中标利率/参考收益率(%) Interest rate of successful bidding/reference yield (%)
2009.03.03	周二 Tuesday	正回购 Reverse repurchase	利率招标 Interest rate bidding	28天 28-day	950	950	—	0.9000
2009.03.05	周四 Thursday	中央银行票据 Central bank bills	价格招标 Price bidding	91天 91-day	500	500	99.76	0.9650
2009.03.10	周二 Tuesday	正回购 Reverse repurchase	利率招标 Interest rate bidding	28天 28-day	1 000	1 000	—	0.9000
2009.03.12	周四 Thursday	中央银行票据 Central bank bills	价格招标 Price bidding	91天 91-day	700	700	99.76	0.9650
2009.03.17	周二 Tuesday	正回购 Reverse repurchase	利率招标 Interest rate bidding	28天 28-day	1 000	1 000	—	0.9000
2009.03.19	周四 Thursday	中央银行票据 Central bank bills	价格招标 Price bidding	91天 91-day	700	700	99.76	0.9650
2009.03.24	周二 Tuesday	正回购 Reverse repurchase	利率招标 Interest rate bidding	28天 28-day	1 000	1 000	—	0.9000
2009.03.26	周四 Thursday	中央银行票据 Central bank bills	价格招标 Price bidding	91天 91-day	800	800	99.76	0.9650
2009.03.31	周二 Tuesday	正回购 Reverse repurchase	利率招标 Interest rate bidding	28天 28-day	800	800	—	0.9000
2009.04.02	周四 Thursday	中央银行票据 Central bank bills	价格招标 Price bidding	91天 91-day	800	800	99.76	0.9650
2009.04.07	周二 Tuesday	正回购 Reverse repurchase	利率招标 Interest rate bidding	28天 28-day	800	800	—	0.9000
		正回购 Reverse repurchase	利率招标 Interest rate bidding	91天 91-day	800	800	—	0.9600
2009.04.09	周四 Thursday	中央银行票据 Central bank bills	价格招标 Price bidding	91天 91-day	950	950	99.76	0.9650
2009.04.14	周二 Tuesday	正回购 Reverse repurchase	利率招标 Interest rate bidding	28天 28-day	800	800	—	0.9000
		正回购 Reverse repurchase	利率招标 Interest rate bidding	91天 91-day	600	600	—	0.9600
2009.04.16	周四 Thursday	中央银行票据 Central bank bills	价格招标 Price bidding	91天 91-day	750	750	99.76	0.9650
2009.04.21	周二 Tuesday	正回购 Reverse repurchase	利率招标 Interest rate bidding	28天 28-day	650	650	—	0.9000
		正回购 Reverse repurchase	利率招标 Interest rate bidding	91天 91-day	1 000	1 000	—	0.9600

中央银行公开市场业务交易
Central bank open market operations

续表

日期 Date		操作工具 Mode of transaction	招标方式 Mode of bidding	期限品种(天) Maturity (Day)	招标数量(亿元) Bidding amount (RMB 100 million yuan)	实际发行量/买入面额(亿元) Actual issue/purchasing face value (RMB 100 million yuan)	发行价格(元)/买入金额(亿元) Issue price (RMB yuan)/purchasing amount (RMB 100 million yuan)	中标利率/参考收益率(%) Interest rate of successful bidding/reference yield (%)
2009.04.23	周四 Thursday	中央银行票据 Central bank bills	价格招标 Price bidding	91天 91-day	550	550	99.76	0.9650
2009.04.28	周二 Tuesday	正回购 Reverse repurchase	利率招标 Interest rate bidding	28天 28-day	450	450	—	0.9000
2009.04.30	周四 Thursday	中央银行票据 Central bank bills	价格招标 Price bidding	91天 91-day	700	700	99.76	0.9650
2009.05.05	周二 Tuesday	正回购 Reverse repurchase	利率招标 Interest rate bidding	28天 28-day	800	800	—	0.9000
2009.05.07	周四 Thursday	中央银行票据 Central bank bills	价格招标 Price bidding	91天 91-day	800	800	99.76	0.9650
2009.05.12	周二 Tuesday	正回购 Reverse repurchase	利率招标 Interest rate bidding	28天 28-day	700	700	—	0.9000
2009.05.14	周四 Thursday	中央银行票据 Central bank bills	价格招标 Price bidding	91天 91-day	800	800	99.76	0.9650
2009.05.19	周二 Tuesday	正回购 Reverse repurchase	利率招标 Interest rate bidding	28天 28-day	1 000	1 000	—	0.9000
2009.05.21	周四 Thursday	中央银行票据 Central bank bills	价格招标 Price bidding	91天 91-day	800	800	99.76	0.9650
2009.05.26	周二 Tuesday	正回购 Reverse repurchase	利率招标 Interest rate bidding	28天 28-day	800	800	—	0.9000
2009.06.02	周二 Tuesday	正回购 Reverse repurchase	利率招标 Interest rate bidding	28天 28-day	800	800	—	0.9000
2009.06.04	周四 Thursday	中央银行票据 Central bank bills	价格招标 Price bidding	91天 91-day	800	800	99.76	0.9650
2009.06.09	周二 Tuesday	正回购 Reverse repurchase	利率招标 Interest rate bidding	28天 28-day	800	800	—	0.9000
2009.06.11	周四 Thursday	中央银行票据 Central bank bills	价格招标 Price bidding	91天 91-day	900	900	99.76	0.9650
2009.06.16	周二 Tuesday	正回购 Reverse repurchase	利率招标 Interest rate bidding	28天 28-day	900	900	—	0.9000
2009.06.18	周四 Thursday	中央银行票据 Central bank bills	价格招标 Price bidding	91天 91-day	900	900	99.76	0.9650
2009.06.25	周四 Thursday	中央银行票据 Central bank bills	价格招标 Price bidding	91天 91-day	500	500	99.76	0.9650
2009.06.30	周二 Tuesday	正回购 Reverse repurchase	利率招标 Interest rate bidding	28天 28-day	500	500	—	0.9500
		正回购 Reverse repurchase	利率招标 Interest rate bidding	91天 91-day	500	500	—	1.0000

中央银行公开市场业务交易
Central bank open market operations

续表

日期 Date		操作工具 Mode of transaction	招标方式 Mode of bidding	期限品种(天) Maturity (Day)	招标数量(亿元) Bidding amount (RMB 100 million yuan)	实际发行量/买入面额(亿元) Actual issue/purchasing face value (RMB 100 million yuan)	发行价格(元)/买入金额(亿元) Issue price (RMB yuan)/purchasing amount (RMB 100 million yuan)	中标利率/参考收益率(%) Interest rate of successful bidding/reference yield (%)
2009.07.02	周四 Thursday	中央银行票据 Central bank bills	价格招标 Price bidding	89天 89-day	500	500	99.75	1.0279
2009.07.07	周二 Tuesday	正回购 Reverse repurchase	利率招标 Interest rate bidding	28天 28-day	900	900	—	1.0000
		正回购 Reverse repurchase	利率招标 Interest rate bidding	91天 91-day	800	800	—	1.0500
2009.07.09	周四 Thursday	中央银行票据 Central bank bills	价格招标 Price bidding	91天 91-day	500	500	99.74	1.0456
		中央银行票据 Central bank bills	价格招标 Price bidding	1年 1-year	500	500	98.52	1.5022
2009.07.14	周二 Tuesday	正回购 Reverse repurchase	利率招标 Interest rate bidding	28天 28-day	800	800	—	1.0500
		正回购 Reverse repurchase	利率招标 Interest rate bidding	91天 91-day	700	700	—	1.1000
2009.07.16	周四 Thursday	中央银行票据 Central bank bills	价格招标 Price bidding	91天 91-day	300	300	99.71	1.1666
		中央银行票据 Central bank bills	价格招标 Price bidding	1年 1-year	200	200	98.43	1.5950
2009.07.21	周二 Tuesday	中央银行票据 Central bank bills	价格招标 Price bidding	1年 1-year	150	150	98.38	1.6467
		正回购 Reverse repurchase	利率招标 Interest rate bidding	28天 28-day	150	150	—	1.0900
2009.07.23	周四 Thursday	中央银行票据 Central bank bills	价格招标 Price bidding	91天 91-day	50	50	99.70	1.2069
2009.07.28	周二 Tuesday	中央银行票据 Central bank bills	价格招标 Price bidding	1年 1-year	150	150	98.33	1.6984
		正回购 Reverse repurchase	利率招标 Interest rate bidding	28天 28-day	500	500	—	1.1200
2009.07.30	周四 Thursday	中央银行票据 Central bank bills	价格招标 Price bidding	91天 91-day	450	450	99.69	1.2473
2009.08.04	周二 Tuesday	中央银行票据 Central bank bills	价格招标 Price bidding	1年 1-year	180	180	98.29	1.7397
		正回购 Reverse repurchase	利率招标 Interest rate bidding	28天 28-day	1 200	1 200	—	1.1600
2009.08.06	周四 Thursday	中央银行票据 Central bank bills	价格招标 Price bidding	91天 91-day	750	750	99.68	1.2876

中央银行公开市场业务交易
Central bank open market operations

续表

日期 Date		操作工具 Mode of transaction	招标方式 Mode of bidding	期限品种(天) Maturity (Day)	招标数量(亿元) Bidding amount (RMB 100 million yuan)	实际发行量/买入面额(亿元) Actual issue/ purchasing face value (RMB 100 million yuan)	发行价格(元)/买入金额(亿元) Issue price (RMB yuan)/ purchasing amount (RMB 100 million yuan)	中标利率/参考收益率(%) Interest rate of successful bidding/ reference yield (%)
2009.08.11	周二 Tuesday	中央银行票据 Central bank bills	价格招标 Price bidding	1年 1-year	200	200	98.27	1.7605
		正回购 Reverse repurchase	利率招标 Interest rate bidding	28天 28-day	850	850	—	1.1800
2009.08.13	周四 Thursday	中央银行票据 Central bank bills	价格招标 Price bidding	91天 91-day	900	900	99.67	1.3280
2009.08.18	周二 Tuesday	中央银行票据 Central bank bills	价格招标 Price bidding	1年 1-year	450	450	98.27	1.7605
		正回购 Reverse repurchase	利率招标 Interest rate bidding	28天 28-day	500	500	—	1.1800
2009.08.20	周四 Thursday	中央银行票据 Central bank bills	价格招标 Price bidding	91天 91-day	600	600	99.67	1.3280
2009.08.25	周二 Tuesday	中央银行票据 Central bank bills	价格招标 Price bidding	1年 1-year	500	500	98.27	1.7605
		正回购 Reverse repurchase	利率招标 Interest rate bidding	28天 28-day	100	100	—	1.1800
2009.08.27	周四 Thursday	中央银行票据 Central bank bills	价格招标 Price bidding	91天 91-day	800	800	99.67	1.3280
2009.09.01	周二 Tuesday	中央银行票据 Central bank bills	价格招标 Price bidding	1年 1-year	850	850	98.27	1.7605
		正回购 Reverse repurchase	利率招标 Interest rate bidding	28天 28-day	300	300	—	1.1800
2009.09.03	周四 Thursday	中央银行票据 Central bank bills	价格招标 Price bidding	91天 91-day	950	950	99.67	1.3280
2009.09.08	周二 Tuesday	中央银行票据 Central bank bills	价格招标 Price bidding	1年 1-year	950	950	98.27	1.7605
2009.09.10	周四 Thursday	中央银行票据 Central bank bills	价格招标 Price bidding	91天 91-day	800	800	99.67	1.3280
		正回购 Reverse repurchase	利率招标 Interest rate bidding	91天 91-day	500	500	—	1.3300
2009.09.15	周二 Tuesday	中央银行票据 Central bank bills	价格招标 Price bidding	1年 1-year	850	850	98.27	1.7605
		正回购 Reverse repurchase	利率招标 Interest rate bidding	28天 28-day	500	500	—	1.1800
2009.09.17	周四 Thursday	中央银行票据 Central bank bills	价格招标 Price bidding	91天 91-day	400	400	99.67	1.3280
		正回购 Reverse repurchase	利率招标 Interest rate bidding	91天 91-day	500	500	—	1.3300

中央银行公开市场业务交易
Central bank open market operations

续表

日期 Date		操作工具 Mode of transaction	招标方式 Mode of bidding	期限品种(天) Maturity (Day)	招标数量(亿元) Bidding amount (RMB 100 million yuan)	实际发行量/买入面额(亿元) Actual issue/purchasing face value (RMB 100 million yuan)	发行价格(元)/买入金额(亿元) Issue price (RMB yuan)/purchasing amount (RMB 100 million yuan)	中标利率/参考收益率(%) Interest rate of successful bidding/reference yield (%)
2009.09.22	周二 Tuesday	中央银行票据 Central bank bills	价格招标 Price bidding	1年 1-year	930	930	98.27	1.7605
		正回购 Reverse repurchase	利率招标 Interest rate bidding	28天 28-day	300	300	—	1.1800
2009.09.24	周四 Thursday	中央银行票据 Central bank bills	价格招标 Price bidding	91天 91-day	300	300	99.67	1.3280
2009.09.29	周二 Tuesday	正回购 Reverse repurchase	利率招标 Interest rate bidding	28天 28-day	100	100		1.1800

一、经济增长率

1. Economic Growth Rate

世界经济增长率

World economic growth rate

单位：% Unit: %

		2006	2007	2008	2009年7月预计 Projection in July, 2009		2009年10月预计 Projection in October, 2009	
					2009	2010	2009	2010
国际货币基金组织 IMF	按购买力平价方法计算的实际GDP增长率 Real GDP growth rate based on PPP	5.1	5.2	3.0	-1.4	2.5	-1.1	3.1
	按市场汇率法计算的实际GDP增长率 Real GDP growth rate based on market exchange rate	3.9	3.8	1.8	-2.6	1.7	-2.3	2.3
世界银行 World Bank	按2000年不变价及市场汇率法计算的实际GDP增长率 Real GDP growth rate based on 2000 constant price and market exchange rate	4.0	3.7	1.9	—	—	—	—

数据来源：国际货币基金组织《世界经济展望最新预测》（2009年10月），世界银行《全球经济展望预测更新》（2009年3月）。

Source : *World Economic Outlook Update*, IMF, October, 2009; *Global Economic Prospects Forecast Updated*, The World Bank, March, 2009.

世界经济增长率

World economic growth rate

单位：% Unit: %

年 Year	国际货币基金组织按购买力平价方法计算的实际GDP增长率 Real GDP growth rate based on PPP (IMF)	国际货币基金组织按市场汇率法计算的实际GDP增长率 Real GDP growth rate based on market exchange rate (IMF)
1982	0.9	0.7
1983	2.8	2.8
1984	4.6	4.6
1985	3.6	3.6
1986	3.5	3.3
1987	3.7	3.5
1988	4.5	4.5
1989	3.7	3.7
1990	2.9	2.8
1991	1.5	1.0
1992	2.0	1.2
1993	2.0	1.2
1994	3.4	3.0
1995	3.3	2.9
1996	3.7	3.2
1997	4.0	3.5
1998	2.5	2.1
1999	3.5	3.1
2000	4.7	4.1
2001	2.2	1.5
2002	2.8	1.9
2003	3.6	2.6
2004	4.9	4.0
2005	4.4	3.4
2006	5.1	3.9
2007	5.2	3.8
2008	3.0	1.8
2009*	-1.1	-2.3
2010*	3.1	2.3

注：＊为预测数。

Note: * Projection.

世界经济增长循环

World economic growth cycles

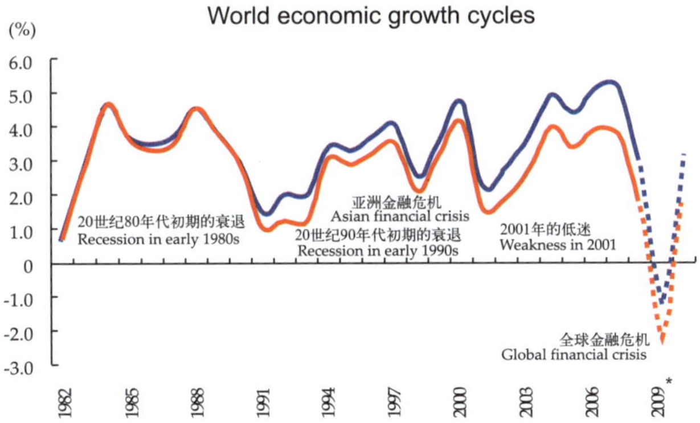

国际货币基金组织按购买力平价方法计算的实际GDP增长率
Real GDP growth rate based on PPP (IMF)

国际货币基金组织按市场汇率法计算的实际GDP增长率
Real GDP growth rate based on market exchange rate (IMF)

注：＊为预测数。

Note: * Projection.

GDP年度增长率
Annual growth rate of GDP

单位：% Unit: %

年 Year	美国 U.S.	日本 Japan	欧元区 Euro Area	英国 U.K.
1998	4.2	-2.0	2.8	3.4
1999	4.5	-0.1	3.0	3.0
2000	3.7	2.9	3.8	3.8
2001	0.8	0.2	1.9	2.4
2002	1.6	0.3	0.9	2.1
2003	2.5	1.4	0.8	2.8
2004	3.6	2.7	2.1	3.3
2005	2.9	1.9	1.6	1.8
2006	2.8	2.4	2.8	2.8
2007	2.1	2.3	2.7	2.6
2008	0.4	-0.7	0.7	0.7
2009 *	-2.7	-5.4	-4.2	-4.4
2010 *	1.5	1.7	0.3	0.9

注：＊为预测数。
Note: *Projection.

GDP季度同比增长率
Year-on-year growth rate of GDP

单位：% Unit: %

年/季 Year/Quarter	美国 U.S.	日本 Japan	欧元区 Euro Area	英国 U.K.
2006Q1	5.4	2.5	2.2	3.2
2006Q2	1.4	2.0	2.9	2.8
2006Q3	0.1	1.6	2.7	2.7
2006Q4	3.0	2.0	3.1	2.8
2007Q1	1.2	3.5	3.2	2.4
2007Q2	3.2	2.3	2.6	2.7
2007Q3	3.6	1.7	2.7	2.7
2007Q4	2.1	1.9	2.1	2.4
2008Q1	-0.7	1.3	2.1	2.5
2008Q2	1.5	-0.3	1.4	1.8
2008Q3	-2.7	-1.4	0.6	0.5
2008Q4	-5.4	-4.1	-1.7	-1.8
2009Q1	-6.4	-8.9	-4.9	-4.9
2009Q2	-0.7	-5.8	-4.6	-5.6
2009Q3	2.2	-5.1	-4.1	-5.1

GDP年度增长率
Annual growth rate of GDP

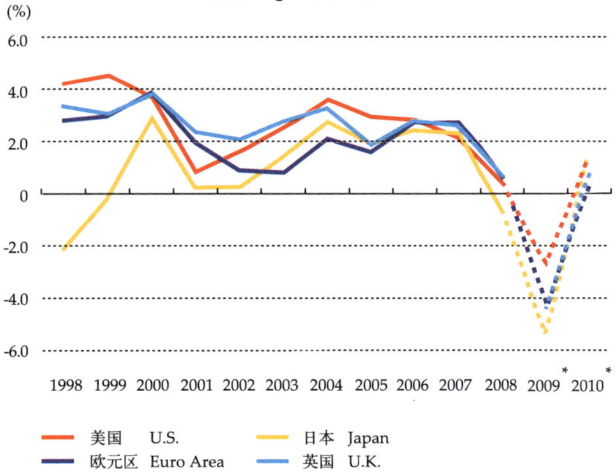

注：＊为预测数。
Note: * Projection.
数据来源：国际货币基金组织《世界经济展望最新预测》(2009年10月)。
Source: *World Economic Outlook Update*, IMF, Oct, 2009.

GDP季度同比增长率
Year-on-year growth rate of GDP

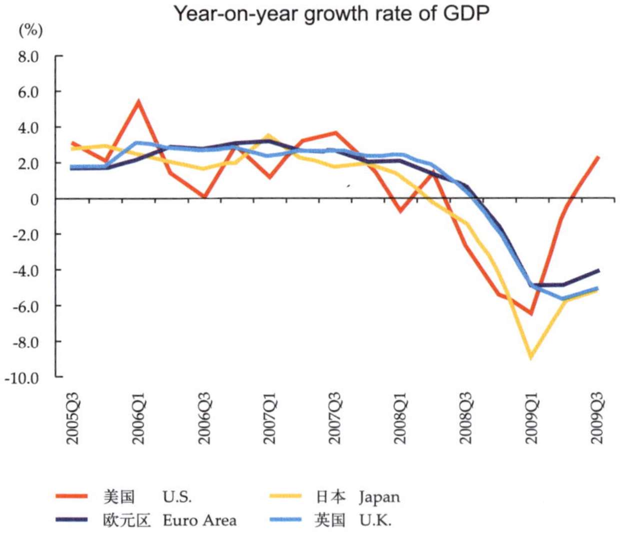

注：美国GDP增长率为环比折年率季节调整后的数据，折年率方法为[$(GDP_1/GDP_0)^4-1$]x100。
Note: The U.S. GDP growth rate is an annualized rate after a seasonal adjustment. It can be written as [$(GDP_1/GDP_0)^4$-1]x100.
数据来源：各经济体官方统计网站。
Source: Official Statistical Websites of the Economies.

二、消费价格指数
2. CPI

消费价格当月同比指数
Monthly CPI (YOY)

单位：% Unit: %

年/月 Year/Month	美国 U.S.	日本 Japan	欧元区 Euro Area	英国 U.K.
2008.07	5.6	2.3	4.0	4.4
2008.08	5.4	2.1	3.8	4.7
2008.09	4.9	2.1	3.6	5.2
2008.10	3.7	1.7	3.2	4.5
2008.11	1.1	1.0	2.1	4.1
2008.12	0.1	0.4	1.6	3.1
2009.01	-0.2	0.0	1.1	3.0
2009.02	0.1	-0.1	1.2	3.2
2009.03	-0.4	0.3	0.6	2.9
2009.04	-0.6	-0.1	0.6	2.3
2009.05	-1.0	-1.1	0.0	2.2
2009.06	-1.2	-1.8	-0.1	1.8
2009.07	-1.9	-2.2	-0.7	1.7
2009.08	-1.4	-2.2	-0.2	1.5
2009.09	-1.3	-2.2	-0.3	1.1

消费价格当月同比指数
Monthly CPI (YOY)

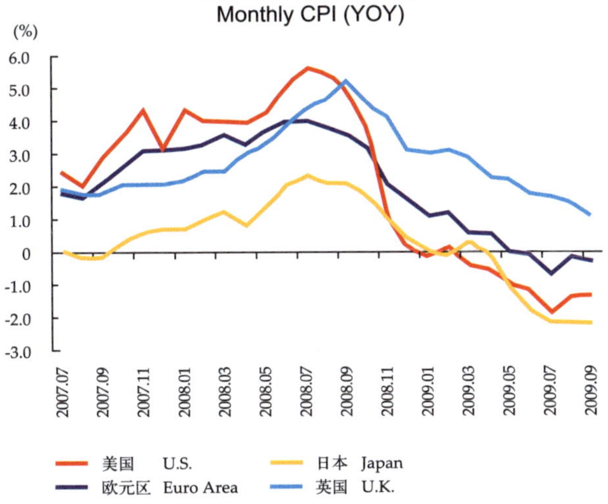

数据来源：各经济体官方统计网站。
Source: Official Statistical Websites of the Economies.

三、失业率
3. Unemployment Rate

失业率（季节调整后）
Unemployment rate
(after seasonal adjustment)

单位：% Unit: %

年/月 Year/Month	美国 U.S.	日本 Japan	欧元区 Euro Area	英国 U.K.
2008.07	5.7	4.0	7.4	5.9
2008.08	6.1	4.2	7.5	6.0
2008.09	6.2	4.0	7.6	6.1
2008.10	6.6	3.7	7.8	6.3
2008.11	6.8	3.9	7.9	6.5
2008.12	7.2	4.4	8.0	6.1
2009.01	7.6	4.1	8.3	6.7
2009.02	8.1	4.4	8.7	7.1
2009.03	8.5	4.8	8.9	7.2
2009.04	8.9	5.0	9.2	7.6
2009.05	9.4	5.2	9.3	7.8
2009.06	9.5	5.4	9.4	7.9
2009.07	9.4	5.7	9.5	7.8
2009.08	9.7	5.5	9.6	7.8
2009.09	9.8	5.3	9.8	

失业率（季节调整后）
Unemployment rate
(after seasonal adjustment)

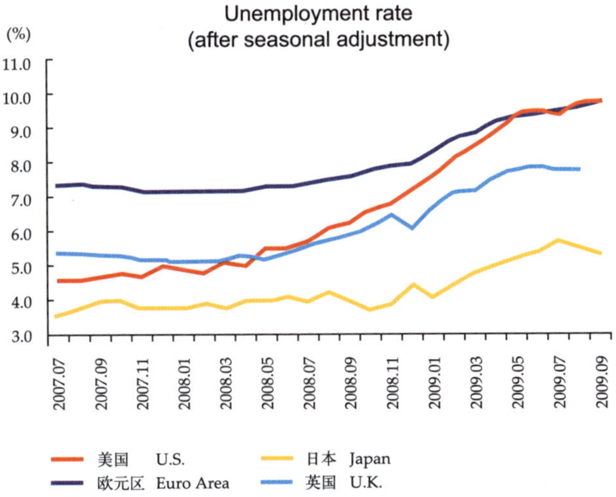

数据来源：各经济体官方统计网站。
Source: Official Statistical Websites of the Economies.

四、国际收支
4. BOP

经常项目差额
Current account balance

单位：10亿美元
Unit: USD billion

年/季 Year/Quarter	美国 U.S.	日本 Japan	欧元区 Euro Area	英国 U.K.
2004Q2	-156.95	41.38	11.81	-12.09
2004Q3	-166.24	43.88	17.91	-13.51
2004Q4	-178.53	39.52	25.85	-2.15
2005Q1	-157.57	44.51	2.60	-13.04
2005Q2	-180.31	38.04	-0.32	-6.26
2005Q3	-182.42	42.69	7.53	-20.47
2005Q4	-208.70	40.54	12.71	-15.23
2006Q1	-178.30	47.27	-7.91	-21.90
2006Q2	-201.50	34.73	-15.23	-18.01
2006Q3	-224.82	45.55	-0.22	-28.48
2006Q4	-183.50	42.97	24.91	-25.22
2007Q1	-177.98	57.19	5.30	-24.55
2007Q2	-193.37	46.41	-2.98	-19.80
2007Q3	-186.53	58.23	12.69	-26.36
2007Q4	-169.08	48.66	15.49	-5.84
2008Q1	-156.50	62.55	-23.63	-5.22
2008Q2	-189.67	36.72	-45.14	-12.48
2008Q3	-205.68	38.98	-32.17	-15.46
2008Q4	-154.21	18.38	-36.55	-12.52
2009Q1	-83.44	27.07	-55.18	-12.88

资本项目差额
Capital account balance

单位：10亿美元
Unit: USD billion

年/季 Year/Quarter	美国 U.S.	日本 Japan	欧元区 Euro Area	英国 U.K.
2004Q2	-0.43	-0.29	4.23	1.14
2004Q3	-0.95	-0.63	4.89	0.51
2004Q4	-0.50	-1.76	7.46	0.84
2005Q1	-2.59	-1.17	1.24	1.39
2005Q2	-0.51	-0.66	4.50	1.30
2005Q3	-0.47	-0.34	3.23	0.67
2005Q4	-0.47	-2.71	4.89	-0.55
2006Q1	-1.72	-2.52	1.35	1.01
2006Q2	-1.01	-1.23	1.69	-1.21
2006Q3	-0.53	-0.30	2.76	0.85
2006Q4	-0.63	-0.71	5.91	0.93
2007Q1	-0.54	-2.09	6.07	0.71
2007Q2	-0.11	-0.18	2.82	0.91
2007Q3	-0.63	-0.60	2.13	1.26
2007Q4	-0.60	-1.16	7.50	2.29
2008Q1	-0.64	-1.54	9.00	1.91
2008Q2	-0.68	-0.72	4.82	2.01
2008Q3	2.97	-1.10	2.85	1.18
2008Q4	-0.70	-2.11	1.21	1.24
2009Q1	-0.69	-1.04	2.00	1.06

经常项目差额
Current account balance

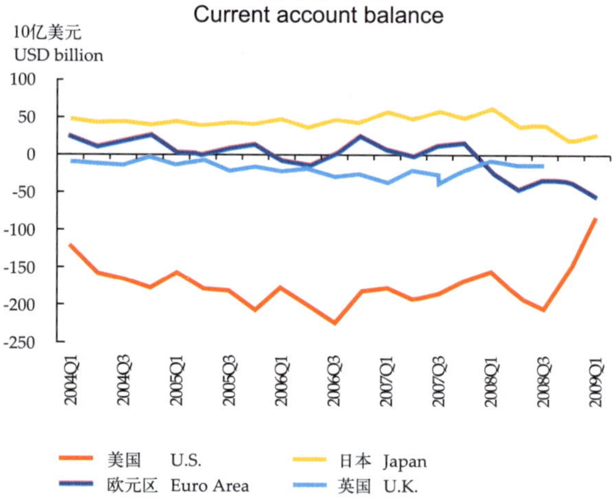

数据来源：国际货币基金组织《国际金融统计》(2009年10月)。
Source: *International Finance Statistics*, IMF, Oct, 2009.

资本项目差额
Capital account balance

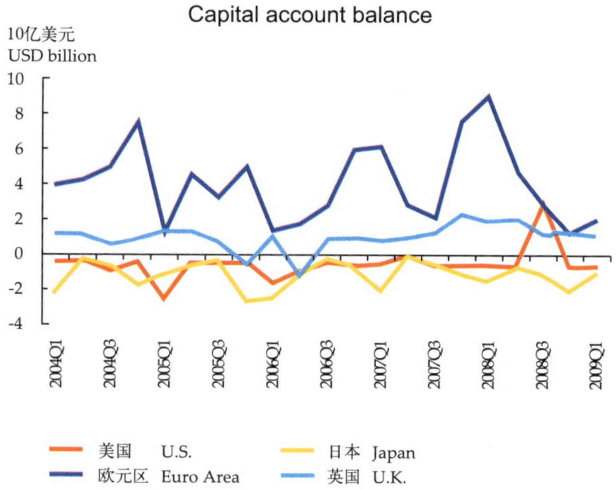

数据来源：国际货币基金组织《国际金融统计》(2009年10月)。
Source: *International Finance Statistics*, IMF, Oct, 2009.

金融项目差额
Financial account balance

单位：10亿美元
Unit: USD billion

年/季 Year/Quarter	美国 U.S.	日本 Japan	欧元区 Euro Area	英国 U.K.
2004Q2	159.26	-34.55	-21.52	15.87
2004Q3	99.84	-36.09	7.93	2.92
2004Q4	170.77	-15.53	-4.69	2.82
2005Q1	95.41	-41.88	6.09	-2.32
2005Q2	84.45	-23.21	17.42	12.47
2005Q3	208.69	-29.83	27.53	29.89
2005Q4	298.08	-27.76	-65.45	33.76
2006Q1	171.56	-36.34	76.79	16.44
2006Q2	187.01	-18.31	43.76	13.44
2006Q3	246.71	-28.39	51.14	31.72
2006Q4	231.42	-19.30	-41.89	20.51
2007Q1	258.76	-59.10	38.10	25.07
2007Q2	193.52	-36.70	82.24	10.62
2007Q3	82.87	-50.32	155.08	20.61
2007Q4	168.38	-41.12	-150.52	20.37
2008Q1	158.73	-66.17	57.83	-22.62
2008Q2	107.18	-37.24	122.82	23.67
2008Q3	138.94	-28.34	89.35	8.26
2008Q4	105.06	-40.88	162.14	18.42
2009Q1	41.00	-64.68	185.07	12.42

金融项目差额
Financial account balance

10亿美元
USD billion

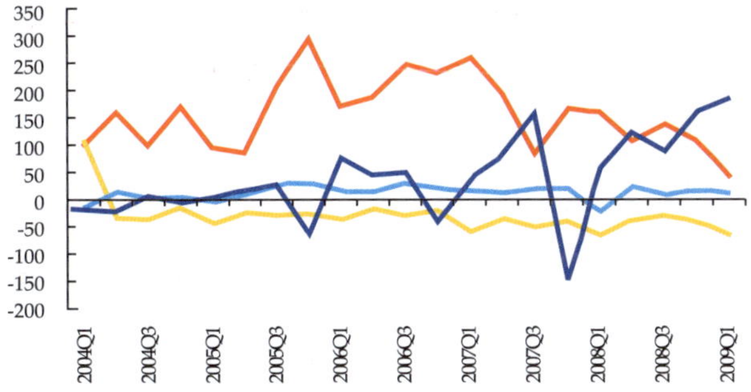

美国 U.S. 日本 Japan
欧元区 Euro Area 英国 U.K.

数据来源：国际货币基金组织《国际金融统计》(2009年10月)。
Source: *International Finance Statistics*, IMF, Oct, 2009.

五、利率

5. Interest Rates

1. 中央银行目标利率

(1) Central bank base rates

中央银行目标利率
Central bank base rates

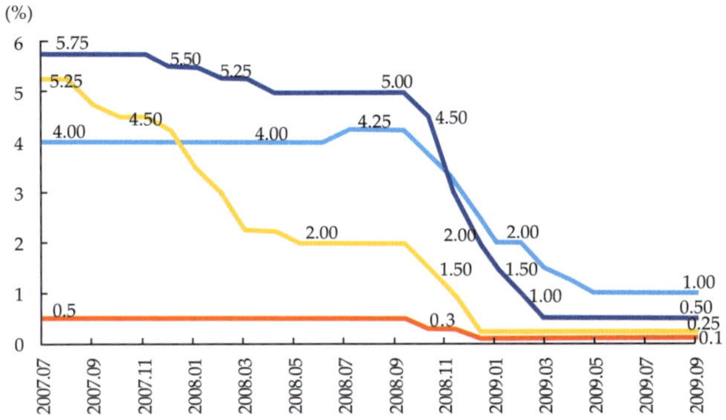

美国联邦基金目标利率
Target for the federal funds rate

日本同业拆借市场隔夜利率
The weighted average of the uncollateralized overnight call rate

欧元区再融资利率
The minimum bid rate on the main refinancing operations

英格兰银行官方利率
Official bank rate

数据来源：各经济体中央银行统计网站。
Source: Central Bank Websites of the Economies.

2. 短期利率
(2) Short-term interest rates

3个月期银行间市场拆借利率（年率，月平均）
3-month inter-bank rate (annualized, monthly average)

单位：% Unit: %

年/月 Year/Month	美元 USD	日元 JPY	欧元 EUR	英镑 GBP
2008.07	2.79	0.92	4.96	5.80
2008.08	2.81	0.92	4.97	5.76
2008.09	3.12	0.91	5.02	5.87
2008.10	4.06	1.04	5.11	6.18
2008.11	2.28	0.91	4.24	4.40
2008.12	1.83	0.92	3.29	3.21
2009.01	1.21	0.73	2.46	2.28
2009.02	1.24	0.64	1.94	2.08
2009.03	1.27	0.62	1.64	1.83
2009.04	1.11	0.57	1.42	1.48
2009.05	0.82	0.53	1.28	1.30
2009.06	0.62	0.49	1.23	1.21
2009.07	0.52	0.43	0.97	1.03
2009.08	0.42	0.40	0.86	0.80
2009.09	0.30	0.36	0.77	0.62

3. 长期利率
(3) Long-term interest rates

10年期国债收益率（年率，月平均）
10-year government bond yield (annualized, monthly average)

单位：% Unit: %

年/月 Year/Month	美元 USD	日元 JPY	欧元 EUR	英镑 GBP
2008.07	4.01	1.70	4.81	4.99
2008.08	3.89	1.53	4.50	4.69
2008.09	3.69	1.49	4.50	4.54
2008.10	3.81	1.53	4.42	4.61
2008.11	3.53	1.50	4.20	4.33
2008.12	2.42	1.38	3.89	3.68
2009.01	2.52	1.28	4.11	3.77
2009.02	2.87	1.30	4.20	3.80
2009.03	2.82	1.30	4.15	3.33
2009.04	2.93	1.35	4.09	3.49
2009.05	3.29	1.45	4.14	3.73
2009.06	3.72	1.53	4.32	3.82
2009.07	3.56	1.35	4.09	3.91
2009.08	3.59	1.45	3.89	3.81
2009.09	3.40	1.33	3.86	3.76

3个月期银行间市场拆借利率（年率，月平均）
3-month inter-bank rate (annualized, monthly average)

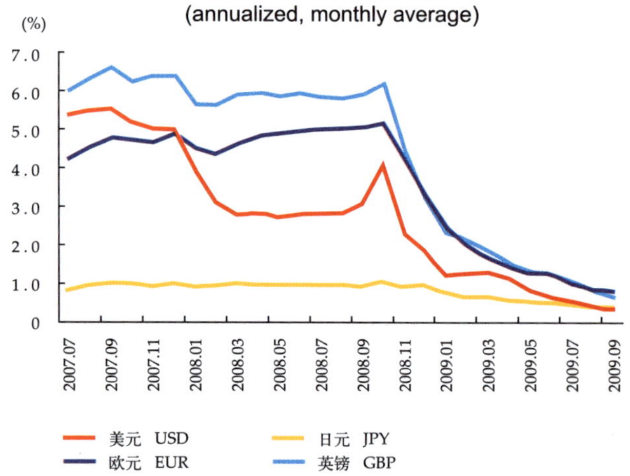

数据来源：《欧洲中央银行统计月报》及CEIC。
Source: *Monthly Bulletin of ECB*,CEIC.

10年期国债收益率（年率，月平均）
10-year government bond yield (annualized, monthly average)

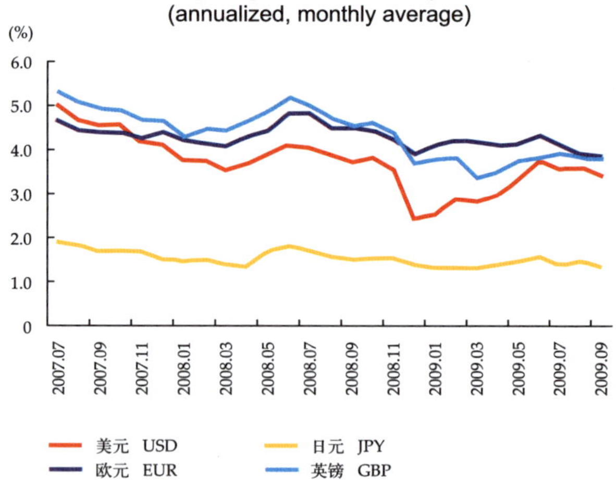

数据来源：CEIC。
Source: CEIC.

六、汇率
6. Exchange Rates

汇率（月平均）
Exchange rates (monthly average)

年/月 Year/Month	美元/欧元 USD/EUR	美元/英镑 USD/GBP	日元/美元 JPY/USD
2008.08	1.4969	1.8904	109.28
2008.09	1.4366	1.7970	106.75
2008.10	1.3305	1.6920	100.33
2008.11	1.2731	1.5357	96.68
2008.12	1.3622	1.4875	91.32
2009.01	1.3240	1.4422	90.48
2009.02	1.2784	1.4405	92.50
2009.03	1.3038	1.4189	98.16
2009.04	1.3188	1.4697	99.00
2009.05	1.3628	1.5413	96.30
2009.06	1.4015	1.6356	96.52
2009.07	1.4087	1.6349	94.50
2009.08	1.4267	1.6548	94.84

实际有效汇率（月平均，2005年=100）
Real effective exchange rates (monthly average, year 2005=100)

年/月 Year/Month	美元 USD	欧元 EUR	日元 JPY	英镑 GBP
2008.08	89.3	109.8	91.6	89.4
2008.09	90.9	107.7	95.6	87.7
2008.10	95.9	102.7	105.9	87.3
2008.11	98.6	102.0	112.5	81.9
2008.12	95.9	107.1	116.8	76.3
2009.01	96.3	106.1	118.3	74.8
2009.02	98.7	103.7	117.3	76.9
2009.03	99.7	106.9	110.0	75.1
2009.04	101.8	106.8	111.6	77.0
2009.05	98.1	106.7	112.5	78.4
2009.06	96.0	107.2	110.6	81.6
2009.07	95.3	107.1	112.8	81.2

汇率（月平均）
Exchange rates (monthly average)

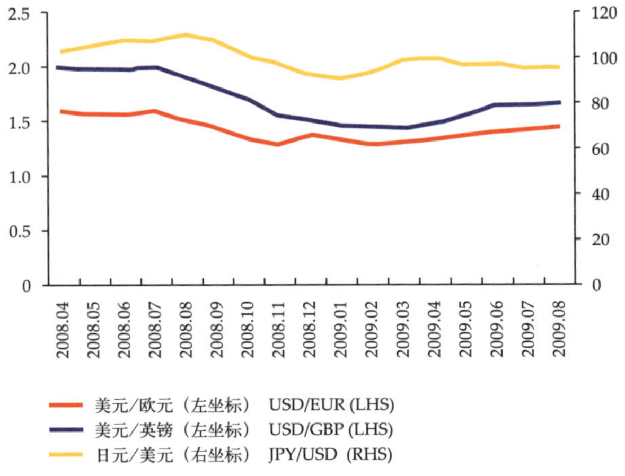

数据来源：国际货币基金组织《国际金融统计》(2009年10月)。
Source: *International Finance Statistics*, IMF, Oct, 2009.

实际有效汇率（月平均，2005年=100）
Real effective exchange rates (monthly average, year 2005=100)

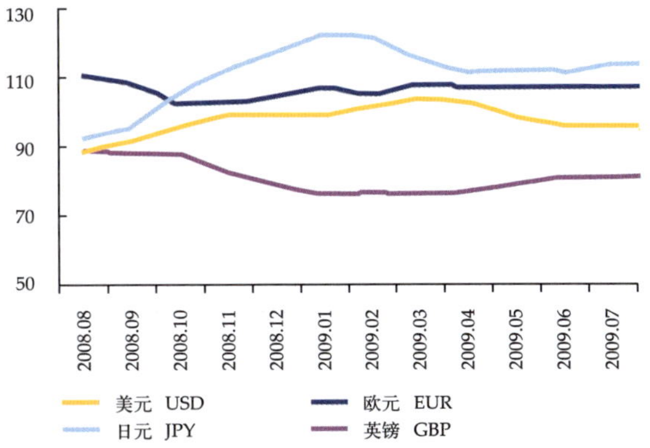

数据来源：国际货币基金组织《国际金融统计》(2009年10月)。
Source: *International Finance Statistics*, IMF, Oct, 2009.

七、股票市场指数
7. Stock Market Indices

主要股票市场指数(期末)
Major stock market indices (end-period)

年/月 Year/Month	美国道琼斯30种股票平均价格指数 Dow Jones 30	纳斯达克综合指数 NASDAQ	日本日经225种股票平均价格指数 Nikkei 225	道琼斯欧元区STOXX50股票指数 Dow Jones EURO STOXX 50
2008.07	11 378	2 326	13 377	3 368
2008.08	11 544	2 368	13 073	3 366
2008.09	10 851	2 092	11 260	3 038
2008.10	9 337	1 721	8 577	2 592
2008.11	8 829	1 536	8 512	2 755
2008.12	8 776	1 577	8 860	2 448
2009.01	8 001	1 476	7 994	2 237
2009.02	7 063	1 378	7 568	1 976
2009.03	7 609	1 529	8 110	2 071
2009.04	8 168	1 717	8 828	2 380
2009.05	8 500	1 774	9 523	2 451
2009.06	8 447	1 835	9 958	2 402
2009.07	9 172	1 979	10 357	2 638
2009.08	9 496	2 009	10 493	2 775
2009.09	9 712	2 122	10 133	2 873

主要股票市场指数(期末)
Major stock market indices (end-period)

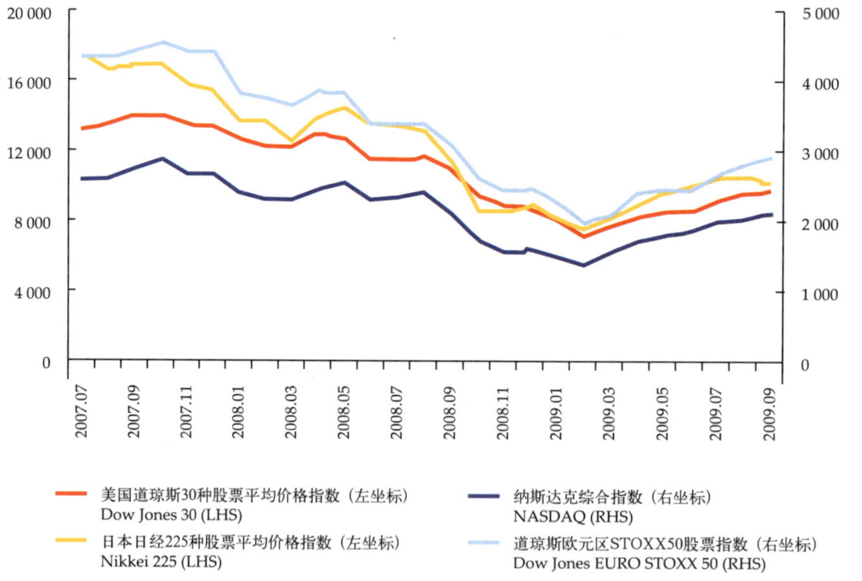